MICHAEL GERWIEN
Gründerjahr

MICHAEL GERWIEN

Gründerjahr

100 Jahre Freistaat Bayern

GMEINER SPANNUNG

Bisherige Veröffentlichungen im Gmeiner-Verlag:
Schattenrächer (2017), Schattenkiller (2016), Stückerlweis (2016),
Brummschädel (2015), Krautkiller (2015), Andechser Tod (2014),
Wer mordet schon am Chiemsee? (2014),
Jack Bänger (E-Book Only, 2014), Alpentod (2014),
Mordswiesn (2013), Raintaler ermittelt (2013), Isarhaie (2013),
Isarblues (2012), Isarbrodeln (2011), Alpengrollen (2011)

Personen und Handlung sind frei erfunden.
Ähnlichkeiten mit lebenden oder toten Personen
sind rein zufällig und nicht beabsichtigt.

Besuchen Sie uns im Internet:
www.gmeiner-verlag.de

© 2018 – Gmeiner-Verlag GmbH
Im Ehnried 5, 88605 Meßkirch
Telefon 07575/2095-0
info@gmeiner-verlag.de
Alle Rechte vorbehalten

Lektorat: Claudia Senghaas, Kirchardt
Herstellung: Mirjam Hecht
Umschlaggestaltung: U.O.R.G. Lutz Eberle, Stuttgart
unter Verwendung eines Fotos von: © ullstein bild – A. & E. Frankl
Druck: Libri Plureos GmbH, Friedensallee 273, 22763 Hamburg
Printed in Germany
ISBN 978-3-8392-2214-0

Vielen Dank an Patrick und Lilli. Großen Dank wie immer auch an meine Lektorin, Claudia Senghaas.

»Die Dynastie Wittelsbach ist abgesetzt! Bayern ist fortan ein Freistaat!« Freitag, 8. November 1918. Ausrufung Kurt Eisners in der ersten Sitzung der Arbeiter- und Soldatenräte im Mathäserbräu, München.

1

Freitag, 22. November 1918

Die junge Frau mit den blonden Haaren, die er sich vorhin am Eingang zu den südlichen Isarauen im Dunkeln über die Schultern gelegt hatte, stöhnte laut. *Aha, sie ist wieder wach.* Er warf sie zwischen zwei hohen Bäumen abseits des Weges auf den Boden. Da er ihr die Hände auf den Rücken gefesselt hatte, konnte sie sich nicht abfangen und schlug hart mit dem Kopf auf. Nur der Mond schickte sein fahles Licht durch die kahlen Äste über ihnen. Das Gras glänzte feucht vom nächtlichen Tau. Es war kalt. Vorgestern hatte es zum ersten Mal geschneit. Sie riss mit schmerzverzerrter Miene die Augen auf, zappelte und schrie. Er schlug ihr hart mit der Faust ins Gesicht. »Schrei noch einmal und du kannst was erleben!«, zischte er. Holte dabei erneut aus. »Wenn du ruhig bleibst, passiert dir nichts.«

Sie nickte schnell. Atmete hektisch durch ihre blutende Nase. Starrte ihn panisch aus angsterfüllten Augen an.

Er hatte sie zunächst aus der Ferne beobachtet. Wie sie an der Haltestelle Humboldtstraße aus der Tram stieg. Dann hatte er sich ihr unauffällig genähert. Sie gefragt, ob sie Feuer habe.

Sie hatte sich sogleich hilfsbereit und freundlich gezeigt. Schenkte ihm eine Schachtel Zündhölzer. Lachte ihn dabei offen an. Sie brauche sie sowieso nicht. Habe sie ebenfalls von jemandem geschenkt bekommen.

Großzügig, hatte er vermerkt. Obwohl ihr billiger Mantel und die abgewetzten Schuhe an ihren Füßen unschwer darauf schließen ließen, dass sie nicht zu den Bessergestellten gehörte.

Bestimmt arbeitete sie als Wäscherin, Zimmermädchen oder in einer Fabrik. Möglicherweise bei den Bayerischen Motorenwerken oder bei der Reinlicht Farben GmbH. Oder gleich drüberhalb der Isar beim Handschuh-Roeckl.

Viele Engel tarnten sich mit solch irdischen Tätigkeiten. Damit sie nicht erkannt wurden. Aber er war schlauer als sie. Er durchschaute sie sofort.

Sie war Mitte zwanzig, hatte blondes Haar, blaue Augen, wie er aus der Entfernung bereits innig gehofft hatte, und war von kleinem Wuchs.

Alles an ihr entsprach seinen Vorstellungen. Sie war perfekt.

Er hatte ihr höflich angeboten, sie nach Hause zu begleiten. Bei dem ganzen politischen Gschwerl, das sich zurzeit in den Untergiesinger Straßen herumtriebe, sollte eine junge Frau nicht alleine unterwegs sein. Noch dazu eine so ansehnliche. Viel zu gefährlich.

Sie hatte geschmeichelt eingewilligt. Sich ohne Arg bei ihm untergehakt. Ihm mitgeteilt, dass sie nicht weit entfernt im Kutscher- und Geflügelviertel wohne. Dann hatte sie eine Konversation über das zurzeit allgegenwärtige Thema begonnen. Den Niedergang der Monarchie und die kürzliche Ausrufung des Freistaates.

»Der Kurt Eisner ist ein großartiger, gerechter Mensch, meint mein älterer Bruder«, hatte sie gesagt. »Er verhilft uns kleinen Leuten zu einem anständigen Leben. Sogar uns Frauen will er erlauben, zur Wahl zu gehen. Der König hat nichts auf uns gegeben.«

»Mag sein«, hatte er erwidert und sogleich das Thema gewechselt. Politik war nicht gerade sein Steckenpferd. Er bewegte sich dabei auf unsicherem Terrain. »Wohnen Sie noch bei Ihrer Familie?«

»Wieso interessiert Sie das?« Eine Spur von Misstrauen war in ihren Augen aufgeblitzt.

»Nur so. Weil Sie von Ihrem Bruder erzählt haben.«

»Ach so.« Sie hatte genickt und verstehend gelächelt. »Nein. Der lebt in Dachau. Wir sehen uns kaum. Ich lebe allein. Mein Mann und unser Vater sind vor Lüttich gefallen. Unsere Mutter ist vor drei Jahren gestorben. Beidseitige Lungenentzündung. Nichts mehr zu machen.«

»Mein Beileid. Schwere Zeiten für uns alle.«

Lieber Herrgott im Himmel. Besser hätte es gar nicht kommen können. Niemand würde sie in den nächsten Stunden vermissen.

»Ja, es ist nicht leicht in dieser Zeit. Gerade für eine junge Frau. Das kann ich Ihnen sagen.«

Ihre Augen, ihr Mund, ihr Blick. Alles an ihr hatte ihn immer stärker dazu gedrängt, sein Werk endlich zu beginnen.

Sobald niemand mehr um sie herum zu sehen gewesen war, hatte er ihr den Mund zugehalten, sie fest von hinten gepackt, hinter ein Gebüsch geschleift, schnell mit

Chloroform betäubt und hierher in die Nähe des Fluss-
ufers getragen, wo um diese Zeit keine Spaziergänger
mehr unterwegs waren.

Ein heruntergekommener Kriegsheimkehrer hatte
ihm das Betäubungsmittel in einem kleinen Lokal beim
Hauptbahnhof verkauft. Er war Sanitäter gewesen, wie er
sagte. Wollte weitertrinken, um die Gräuel der Schlacht
zu vergessen, und hatte kein Bargeld mehr dafür.

Er hatte ihm beileibe nichts Falsches angedreht. Die
Flüssigkeit in dem braunen Fläschchen wirkte enorm
schnell, wie er zufrieden feststellen konnte.

2

Samstag, 23. November 1918

»Nicht zu fassen. Wer tut denn so was? Das ist doch fast
noch ein Kind. Höchstens Mitte zwanzig.« Der 58jährige
Kriminaloberinspektor Karl Weinberger blickte schockiert auf die blondhaarige Frauenleiche vor ihnen im
Gras.

Musste er denn in seinem Alter wirklich noch solche
grässlichen Dinge sehen? Er war ihrer längst überdrüssig

bis zum St. Nimmerleinstag. Vor allem jetzt nach dem Krieg. Sehnte sich bereits seit Jahren immer mehr danach, die Welt nur noch in hellem Licht zu sehen. Sich ausschließlich um seine Lieben daheim zu kümmern.

Grantig war er obendrein.

Das hatte seine vornehmliche Ursache darin, dass er am Samstag in aller Früh zu Hause von seinem militärisch kurzgeschorenen Assistenten Hubert Ratgeber geweckt worden war, um zusammen mit ihm hierher in die südlichen Isarauen zu kommen. Das Ganze auch noch zu Fuß und mit der Trambahn, da sein Dienstfahrrad seit gestern einen Plattfuß hatte.

Genau genommen war allein das bereits eine Zumutung für einen stattlichen Mann von Karls Gewichtsklasse, der das Sitzen hinter dem Schreibtisch jeglicher Bewegung vorzog. Nicht einmal für eine Tasse echten Bohnenkaffee, den seine Frau ihnen gelegentlich auf dem Schwarzmarkt organisierte, hatte die Zeit vor dem eiligen Abmarsch gereicht.

Die dicken, grauen Wolken am Himmel sahen nach Schneefall aus. Der Herbst würde bald in den Winter übergehen.

Er fröstelte in seinem dunklen Anzug und dem eher leichten Sommermantel, obwohl er immer noch vom beschwerlichen Herweg schwitzte. Vielleicht aber auch gerade deswegen. Die kalte, zugige Luft und der Schweiß ergaben ein unangenehmes Gefühl auf der Haut.

Zu dumm, dass er keinen Wintermantel und keine warme Unterwäsche angezogen hatte. Aber so war das nun einmal, wenn einer partout nicht auf sein wohlmeinendes Weib zu Hause hören wollte.

Er gelobte stillschweigend Besserung. Gott sei Dank hatte er wenigstens seinen dunkelgrünen Filzhut aufgesetzt, der ihm den Wind einigermaßen vom nur noch spärlich behaarten Kopf abhielt.

»Tja, wer tut so etwas wohl? Das frage ich mich auch schon die ganze Zeit über«, erwiderte einer der beiden Wachtmeister im schwarzen Mantel der Schutzpolizei, die den Tatort bis jetzt abgesichert hatten. »Es ist irgendwie … absolut unfassbar.«

Er war ein kräftiger, rotgesichtiger Bursche, der Karl sofort angenehm auffiel. Mochte um die dreißig Jahre alt sein, genau wie Karls Kriminalassistent Hubert.

»Es muss eine regelrechte Bestie gewesen sein«, fuhr der Uniformierte fort. »Sieht so aus, als hätte er ihr zuerst die Wangen von den Mundwinkeln aus mit einem Messer aufgeschnitten, sie anschließend bei lebendigem Leib ausgeweidet und ihr dann den Schädel eingeschlagen. Oder umgekehrt. Auf jeden Fall hat sie sich gewehrt. Das sieht man an ihren abgebrochenen Fingernägeln und dem zerrissenen Mantel.«

»Habt ihr eine Tatwaffe gefunden?«, erkundigte sich Karl, der aufmerksam zugehört hatte. Er war erstaunt und zugleich erfreut über die überdurchschnittlich gute Beobachtungsgabe des Mannes.

»Da drüben liegt ein großer Stein. Er ist voller Blut. Könnte die Tatwaffe sein, die zum Tod geführt hat.«

»Ein Stein? Dann hat er die Tat also nicht geplant. Sieht demnach eher nach einem schnellen Entschluss aus«, sagte Karl. »Vielleicht ein Ehepaar. Sie hatten einen spontanen Streit. Die Sache eskalierte. Er nahm den Stein zur Hand und schlug zu.«

»Aber warum sollte er ihr dann die Wangen aufschneiden und sie ausweiden?«, gab der Uniformierte zu bedenken. »So was tut doch kein normaler Mensch. Außerdem war sie eine Kriegerwitwe, sagt die Frau, die sie gefunden hat.«

»Auch Kriegerwitwen haben ihre Gspusis«, entgegnete ihm Karl. »Gerade die jungen und hübschen. Und unsere Blonde hier war auf jeden Fall eine kleine Schönheit.« Seine klugen grauen Augen betrachteten sein Gegenüber neugierig. »Und was ist schon normal?«

»Ein Freund, meinen Sie? Kurz nachdem ihr Mann gefallen ist? Und so ein blinder Hass? Wohl eher ein Todfeind.«

Karl staunte erneut über die offenbar naturgegebenen kriminalistischen Fähigkeiten seines Gegenübers.

»Wie heißen Sie, junger Mann?«

»Martin Brandl.« Der Polizist salutierte stramm. Zog dabei gekonnt seinen Bauch ein.

»Guter Einwand, Brandl. Sie können übrigens wieder ausatmen. Keine Frauen in der Nähe. Was machen Sie bei der Hilfspolizei? Sie sollten besser für uns arbeiten. Ernsthaft. Unser Kriminalassistent, der Herr Ratgeber hier, hätte das gerade auch nicht besser sagen können. Stimmt's, Hubsi?«

»Na ja.« Der schmale, knapp 30jährige Hubert nickte errötend. So ganz schien er nicht mit der Einschätzung seines Chefs übereinzustimmen.

»Keine finanziellen Mittel für die Ausbildung, Herr Kriminaloberinspektor.« Martin salutierte erneut. »Und dann der Krieg. Habe an der Front gedient, wie die meisten.«

»So,so.« Karl strich sich kurz über seinen imposanten grauen Schnauzbart. »Aber Ambitionen zu Höherem scheinen mir durchaus bei Ihnen vorhanden.«

»Jawohl, Herr Kriminaloberinspektor.«

»Sieht ganz so aus, als wollte der Täter ihr ein Grinsen ins Gesicht schneiden«, wechselte Karl unvermittelt das Thema. »Aber wozu die Entnahme der Eingeweide? Ich sehe sie übrigens gar nirgends. Hat er sie etwa mitgenommen?«

»Wahrscheinlich.« Martin zuckte die Achseln. »Oder streunende Hunde haben sich darüber hergemacht. Füchse haben wir auch hier in den Isarauen. Wir fanden jedenfalls nicht ein Stück davon.«

»Ein Schlachter oder Fischer? Oder ein geisteskranker Chirurg?« Karl bückte sich zu ihr hinunter. Rollte seinen rechten Ärmel hoch. Untersuchte sie eingehend. »Ich glaub es nicht!«, rief er überrascht. »Es sieht so aus, als hätte ihr jemand etwas in den Bauch gelegt.«

Mit geschlossenen Augen griff er noch ein bisschen tiefer in sie hinein und brachte eine kleine, blutverschmierte Holzfigur zum Vorschein. Sie sah aus wie ein Baby oder eine Putte. So ein kleiner nackter Engel, wie sie oft auf Heiligenbildern auftauchten. Handgeschnitzt, so wie es aussah.

»Aber ... das ... so etwas tut doch nun wirklich nur ein armer Irrer.« Hubert Ratgeber wurde noch ein gutes Stück blasser, als er es für gewöhnlich war. Er schüttelte fassungslos den Kopf. »Ich glaub, mir wird schlecht.«

»Meinen Sie etwa, das war ein Frauenmörder wie dieser ›Jack The Ripper‹ dereinst in London, Herr Kriminalassistent?« Martin machte große Augen.

»Den kennen Sie also auch?«, stellte Karl in Richtung Martin fest, als er sich wieder erhoben hatte. »Ich sag's ja, ambitioniert. Wenn auch etwas vorlaut.« Er drehte sich zu Hubert um. »Kotz mir bloß nicht auf die Schuhe, Hubsi.«

»Verzeihung. Kriminalfälle sind nun mal mein Steckenpferd, Herr Kriminaloberinspektor.« Martin salutierte zum wiederholten Male.

»Geh, hören Sie schon mit dem militärischen Herumgekaschperl auf. Der Krieg ist aus. Der König im Ausland. Und lassen Sie den Oberinspektor weg, Brandl. Ich bin der Herr Weinberger. Den blassbleichen Herrn Ratgeber hab ich Ihnen ja bereits vorgestellt.«

»Jawohl, Herr Weinberger.« Martins Hand bewegte sich erneut automatisch in Richtung Pickelhaube. Er besann sich aber sogleich eines Besseren.

»Ein Jammer. So eine hübsche junge Frau.«

Karl versuchte, sich wieder auf die vordringlichen Aufgaben zu konzentrieren. Über ihre Steckenpferde konnten sie auch später noch ratschen. Vielleicht bei einem kleinen Frühschoppen im Heumarkt in der Claude-Lorrain-Straße oder im Gasthaus zum Fiakerheim in der Birkenau. Oder in einer der anderen wunderbaren Wirtschaften in der Nähe. Es gab gerade genug davon hier unten.

Dieser Martin Brandl sah ganz so aus, als würde ihm das Bier genauso gut munden wie ihm selbst. Auch wenn es nur ein Dünnbier war.

Anders als der blutleere Hubsi Ratgeber mit seiner ewigen Limonade und seiner überkorrekten Art, die manchmal schon an Selbstgerechtigkeit grenzte.

»Der Leichenstarre nach ist sie wohl schon längere Zeit tot«, fuhr Karl fort. »Die Tat könnte gestern Abend begangen worden sein.«

»Würde ich auch meinen, Chef. Aber da kann uns der Arzt von der Gerichtsmedizin sicher noch Genaueres dazu sagen.« Hubert machte ein wichtiges Gesicht. »Auch darüber, ob sie vergewaltigt wurde.«

»Wo bleibt denn der Doktor Riesler eigentlich?«

»Er sollte längst hier sein. Aber bei den momentanen Verhältnissen auf den Straßen kann er sich auch durchaus noch weiter verspäten.«

»Welche Verhältnisse meinst du?« Karl sah seinen Assistenten neugierig an.

»Die kommunistischen Truppen, die kreuz und quer durch die Stadt laufen und Angst und Schrecken verbreiten.« Hubert zog konsterniert die Augenbrauen hoch.

»Blödsinn, Hubsi. Es gibt keine kommunistischen Truppen. Das ist reine Einbildung. Der Machtwechsel ist friedlich verlaufen und so wird's auch bleiben. Oder hat uns auf dem Weg hierher etwa jemand angegriffen?«

Im Gegensatz zu seinem glattgeschniegelten Assistenten in den neumodischen Knickerbockern hatte es Karl nie großartig mit den Monarchisten oder den Nationalisten gehabt.

Essen, Trinken, ein Dach über dem Kopf. Von jeher waren bei ihm diese wahren Bedürfnisse des einfachen Volkes immer an erster Stelle gestanden. Sowie diejenigen, die auf politischer Seite dafür einstanden.

Es mochte zum einen daran liegen, dass er selbst sich als braver Bub vom Land aus einfachsten Verhältnissen bis in seine heutige Position hinaufgearbeitet hatte. Dabei aber nie vergessen hatte, wo er herkam. Zum anderen war eine Politik, die die soziale Gerechtigkeit hintenanstellte, noch nie die seine gewesen. Schließlich war er selbst in erster Linie Polizist geworden, um für Gerechtigkeit jeglicher Couleur zu sorgen. Wobei er im Laufe der Jahre festgestellt hatte, dass dieses edle Ansinnen leichter gesagt als getan war. Es gab am Ende zu wenige Möglichkeiten, die schlechten Dinge ins Positive zu verkehren.

»Na ja, nein.« Hubert sah zu Boden. »Angegriffen hat uns niemand. Aber es hätte durchaus sein können.«

»Mumpitz.« Damit war das Thema für Karl erledigt. »Du kümmerst dich wie immer mit dem Doktor um die Spurensicherung, Hubsi. Auch wenn dir dabei schlecht wird. Das Leben ist eben hart. Frag mal die Tote. Fußabdrücke, Fingerabdrücke, Fotografien. Aber das weißt du ja selbst am besten von der Polizeischule her. Kommt der Johann Fetzner vom polizeilichen Erkennungsdienst auch dazu?«

»Natürlich, Chef. Bei Morddelikten immer. Das wissen wir doch.«

»*Wir* vielleicht. *Ich* nicht. Hoffentlich bringt der ganze neumodische Kram etwas.« Karl schnaubte ärgerlich. »Ich weiß nur, dass wir früher auch ohne das ganze Zeug ausgekommen sind.«

»Es ist einfach unglaublich. Nicht nur dem Herrn Kriminalassistenten ist schlecht. Mir geht es genauso.« Martin kratzte sich umständlich am Hinterkopf.

»Hilft nichts. Da müssen wir durch als Polizisten. Auch wenn es schwerfällt.« Niemandem am Tatort konnte entgangen sein, dass auch Karls Gesicht blass war. Natürlich ließ ihn die Sache hier auf keinen Fall kalt. Ganz im Gegenteil. Jedoch verdrängte er seinen Schrecken, um den anderen beispielhaft voranzugehen. Leicht fiel ihm das allerdings nicht.

»Vielleicht war es ja doch ihr Freund oder Geliebter«, meinte Martin. »Sie wurde von ihm schwanger, ließ es wegmachen und er rächte sich an ihr, indem er sie umbrachte. Deshalb auch der kleine Engel aus Holz. Ein Symbol für das nicht geborene Kind.«

»Also kein ›Jack The Ripper‹?« Karl knöpfte seinen Sommermantel bis ganz oben zu, damit der eisige Wind nicht länger hineinpfeifen konnte. »Aber was sollen dann die Schnitte in den Wangen und das mit den Eingeweiden, wie Sie vorhin so trefflich bemerkten, Brandl? Weiß man denn schon, wer sie war?«

»Sie hieß Anna Haberer. Kriegerwitwe, wie gesagt. Arbeitete als Tagelöhnerin bei den Bayerischen Motorenwerken. Die alte Frau Büchner, die sie vor zwei Stunden beim Spaziergang aufgefunden hat, kannte sie anscheinend recht gut. Sie wartet da hinten.« Martin zeigte auf das alte Mütterlein mit gebeugtem Rücken, das in zwanzig Metern Entfernung auf einem abgeschnittenen Baumstumpf saß.

Karl nickte Martin und Hubert kurz zu. Dann näherte er sich der Frau, um sie persönlich zu befragen.

»Haben Sie jemanden in der Nähe gesehen, als Sie die Tote fanden?«, wollte er wissen, nachdem er sich ihr vorgestellt hatte.

»Nein.« Sie schüttelte den Kopf. »Es ist so schrecklich. Die Anna war ein so freundlicher junger Mensch.

Sie hat keiner Seele etwas zuleide getan. Niemals. Wer tut so etwas Furchtbares bloß?« Ihre Stimme brach. Tränen stiegen ihr in die Augen.

»Das werde ich herausfinden, Frau Büchner.« Karl schnaufte tief durch. Es war wirklich zum Aus-der-Haut-Fahren. Bisher hatte er versucht, sich seine Empörung und sein Entsetzen über den über alle Maßen grausamen Mord nicht anmerken zu lassen. Doch jetzt konnte er nicht mehr an sich halten. »Ich werde das miese Schwein erwischen, versprochen. Er wird seine gerechte Strafe bekommen.«

»Tun Sie das, Herr Oberinspektor.« Sie schnäuzte kräftig in das weiße Stofftaschentuch, das sie zuvor aus ihrem Jackenärmel gefummelt hatte.

»Hatte sie Feinde?«

»Nicht dass ich wüsste.« Frau Büchner zuckte die Achseln.

»Wer geht hier am Abend normalerweise entlang?«

»Um diese Jahreszeit eigentlich so gut wie niemand. Es ist zu kalt, und wenn es schneit, wird es rutschig. Ich hab mir selbst letztes Jahr bei einem Sturz sauber den Kopf angeschlagen.«

»Und trotzdem kommen Sie her?«

»Was soll ich machen? Der Herr Doktor hat mir Spaziergänge an der frischen Luft verordnet. Ich hab's auf der Lunge, wissen's, Herr Kriminaloberinspektor. Die schlechte Ernährung. Was will man machen.«

»Besser, Sie haben es auf der Lunge als ein Loch im Kopf beim nächsten Sturz. Gehen Sie auf alle Fälle vorerst nicht mehr hierher. Wer weiß. Vielleicht kommt der Täter noch mal zurück.«

3

Es war später Vormittag. Er wusch sich nun bestimmt schon zum zwanzigsten Mal ausgiebig die Hände. Betrachtete erneut eingehend das Ergebnis. War nicht zufrieden. Grunzte kurz. Schüttelte den Kopf. Nahm die Seife. Begann von vorne. Keine Spur von ihrem Blut sollte auf seiner Haut zurückbleiben. Jemand hätte sonst bemerken können, dass er nun ihr Herz und damit auch ihre Seele besaß. Das durfte auf gar keinen Fall geschehen. Niemand durfte sie ihm mehr wegnehmen. Sie gehörte nun ihm. Nur ihm ganz allein, während ihre Seele zu den Ihrigen ging.

So sollte es bleiben, bis er sie sich ganz und gar einverleibt hatte.

Letzte Nacht hatte er ihre Eingeweide in seinem Rucksack aus den südlichen Isarauen hierher in seine ärmliche und winzige Zweizimmerwohnung in Haidhausen mitgebracht. Allerdings immerhin mit Kellerabteil.

Gott sei Dank besaß er noch das alte Fahrrad, das ihm ein Bekannter einmal geschenkt hatte. Sonst wäre er ewig lange unterwegs gewesen.

Er hatte ihren Darm sorgfältig entleert, ausgekocht und in Zeitungspapier eingeschlagen. Würde ihn bestimmt irgendwann zum Wurstmachen brauchen.

Leber, Milz und Herz hatte er anschließend in Salzwasser pochiert, fein portioniert, sobald es gargezogen war, und zusammen mit dem Darm in der winzigen Speisekammer, die direkt an die Küchenzeile anschloss, verstaut.

Eine kleine Kostprobe von allem hatte er sich zuvor schon einmal gegönnt. Pfeffer, Salz und ein hartes Stück altes Brot dazu. Gar nicht mal so schlecht.

Fröstelnd vor Freude hatte er dabei bereits gespürt, wie er eins mit ihr wurde. Wie ihre Engelenergie tief in ihn eindrang. Ihm neue Lebenskraft verlieh.

4

»So etwas Grausiges hast du noch nicht gesehen, Marlene.« Karl hatte seiner Frau gerade von dem Leichenfund in den südlichen Isarauen heute Morgen erzählt. Er schüttelte langsam den Kopf. Wieder und wieder. »Un – vor – stell – bar! Und dann so ein junges Ding. Jünger als unser Bernhard, als er fiel.«

»Wer tut so etwas bloß?« Marlene setzte sich zu ihm an den aufgeräumten Esstisch. Jugendstil, wie nahezu die gesamte restliche Einrichtung. Sie wollte es unbedingt so, als sie damals einzogen, und sie hatte sich durchgesetzt.

Nur wenige Stücke von Karl waren darunter. Er hatte sie von seinen Eltern zur Hochzeit bekommen. Zwei Bauernschränke, drei Truhen sowie der urbequeme Sessel, in dem er es sich nach Feierabend am liebsten gemütlich machte.

Den Hinweis auf ihren geliebten toten Sohn ignorierte Marlene. Es war nach wie vor zu schmerzhaft für sie, an ihn zu denken. Geschweige denn, über ihn zu reden.

Stattdessen richtete sie geistesabwesend ihr brünettes Haar, das sie, wie meistens, bereits in der Früh zu einem Dutt hochgesteckt hatte.

Sie hatten ihr spätes Mittagessen vor einer halben Stunde um kurz vor zwei beendet. Bauchspeck mit Steckrüben oder Dodschen, wie man hier in München sagte. Wie immer ein wahres Luxusmenü, verglichen mit der allgemeinen Versorgungslage. Zu verdanken hatten sie das jedes Mal Marlenes außerordentlichem Talent, wie keine Zweite auf dem Schwarzmarkt die besten Preise auszuhandeln.

Am Tisch saßen Karl, sie selbst und Bernhards junge Witwe Eva mit ihrem Sohn, dem fünfjährigen Hans, Marlenes und Karls heißgeliebtem Enkelkind. Ihr kleiner Sonnenschein, der die Welt um sie herum mit seinem unwiderstehlichen Lächeln auch an trüben Tagen im schönsten Licht erstrahlen ließ.

Die fast schon als mager zu bezeichnende blonde Eva wohnte, seit Bernhard gefallen war, mit Hans bei ihnen in ihrer Dreizimmerwohnung im Erdgeschoss hier im Lehel.

Sie war nach dem Essen mit ihrem Filius nach draußen gegangen. Frische Luft schnappen.

Marlene schenkte sich selbst und Karl noch einen Schluck von dem Rotwein ein, den sie heute Morgen zusammen mit dem Bauchspeck auf dem Schwarzmarkt ergattert hatte. Der Preis dafür war sogar einigermaßen erschwinglich gewesen, wie sie berichtete. Was Karl nicht weiter überraschte.

Allerdings hatte sie ihr alter Bekannter, Hans Becker, bei dem sie normalerweise kaufte, auch gewarnt. Die Soldaten würden immer schärfere Kontrollen abhalten. Es wäre wohl bald nicht mehr so einfach, gute Ware vom Land in die Stadt hineinzubringen. Gestern hätten ihn die roten Truppen bereits am Stadtrand nach Fleisch durchsucht. Gott sei Dank wäre er gewarnt worden und hätte vorsorglich nichts dabeigehabt. Sie hätten ihm garantiert alles abgenommen und ihn auch noch eingekerkert oder erschossen.

Karl hatte sie nichts davon erzählt. Sie wusste, dass er nur ärgerlich abwinken würde. Für ihn gab es keine roten oder sonstigen Truppen in der Stadt. Diesbezüglich war nicht mit ihm zu reden.

Hans Beckers Neuigkeit hatte Marlene nicht weiter beunruhigt. Sie würde einfach wieder vermehrt für Lebensmittelmarken anstehen, wenn auf dem Schwarzmarkt nichts mehr zu tauschen oder zu kaufen war. Und wenn gar nichts mehr ginge, gäbe es auch noch die Suppenküchen, von denen zurzeit immer mehr eingerichtet wurden.

»Es kann sich nur um einen total Verrückten handeln«, sagte Karl, nachdem sie jeder einen Schluck getrunken hatten. »Wer sonst schneidet eine Frau auf und legt ihr einen kleinen geschnitzten Holzengel in den Bauchraum. Bestimmt war es ein Ausbrecher aus der Kreisirrenanstalt in Haar.«

»*Was* hat er getan? Sag das noch mal.« Ihre Stimme zitterte.

»Du hast mich schon richtig verstanden. Ein wahres Monster.«

»Gott steh uns allen bei.« Marlen wurde leichenblass.

»Habt ihr das genau überprüft?«

»Was?«

»Na, ob in letzter Zeit jemand in Haar draußen ausgebrochen ist.«

»Sicher. Denen geht aber keiner ihrer Irren ab.« Karl nickte mit nachdenklicher Miene. Er fuhr sich dabei mit der Hand über die kurzen grauen Stoppeln auf seinem breiten Haupt.

Mein geliebter Schwollschädel. Seine niederbayerische Herkunft sei eben nicht zu verleugnen, sagte Marlene gerne.

»Also kommt er von weiter weg«, meinte sie jetzt.

»Gut möglich. Oder er ist bisher noch nicht aufgefallen. Der Arzt meinte, dass es gestern Abend gegen acht Uhr geschah. Da war es längst dunkel. Fußspuren und Fingerabdrücke hat der Hubsi auch sichergestellt. Aber wir können sie nicht zuordnen. Sie befinden sich nicht in unserer Kartei.«

»Man ist sich seines Lebens nicht mehr sicher in diesen Tagen. Erst der schreckliche, sinnlose Krieg. Jetzt die Aufstände. Und dann auch noch so etwas Grauenhaftes.« Marlene sah ihn aus traurigen Augen an.

»Die arme Frau.« Karl nickte. »Ich muss diese Bestie

unbedingt erwischen. Und wie oft muss ich es dir eigentlich noch sagen. Es gibt keine Aufstände. Nur einen friedlichen Machtwechsel und einen Haufen sonstiges lichtscheues Gesindel. Ach, ihr Weibsbilder!« Er winkte ärgerlich ab.

»Da seid ihr ja wieder.« Marlene lächelte erfreut, als sie ihren kleinen Enkel zur Tür hereinstürmen sah.

Die Situation war gerettet. Sonst hätte es nur wieder eine von Karls berühmten Endlosdiskussionen gegeben, aus denen er dank seiner Sturheit und Eloquenz immer als Sieger hervorging.

»Na, wie war es draußen, Hansi?«, fragte sie.

»Wir haben Soldaten gesehen.« Hans riss seine Mütze vom Kopf. Er warf sie achtlos auf den Tisch.

Marlene nahm sie wortlos an sich, um sie später aufzuräumen.

»Ja, da schau her. Hatten sie Gewehre?«, erkundigte sich Karl mit einem gutmütigen Lächeln im Gesicht.

»Ja.« Hans nickte begeistert. »Ganz große sogar. Was ist eine Bestie, Großvater?« Er sah Karl neugierig an.

»Hast du etwa gelauscht?« Karl hob mahnend den Zeigefinger. »Wie lange steht ihr denn schon vor der Tür?«

»Nicht lange.«

»Na gut. Eine Bestie ist ein böses Tier«, erklärte er ihm. »Ein wilder Tiger zum Beispiel, der ohne Grund auf alles und jeden losgeht. Manchmal nennt man aber auch böse Menschen so.«

»Und du musst so ein böses Tier erwischen?«

»Nein.« Karl schüttelte langsam den Kopf.

»Dann einen bösen Menschen?«

»So ist es, Hansi.«

»Aber Karl, nicht doch«, protestierte Marlene empört.
»Das ist nichts für den Jungen.«

»Er darf ruhig wissen, dass es böse Menschen gibt. Darum soll man auch nie mit Fremden mitgehen. Stimmt's, Bub?« Hans nickte erneut, während er mit seinen großen braunen Augen von einem zum anderen sah.

5

»Ich muss los.« Die gestern 24 Jahre alt gewordene Sarah Hartmann schlüpfte hastig in ihre Schnürstiefel.

Sie war wie immer spät dran zu ihrer Verabredung mit ihrer besten Freundin Lissi Angerer.

Die beiden wollten um halb neun mit Freunden im Café Größenwahn in der Amalienstraße sein. Bekannte und unbekannte Künstler gaben sich dort die Klinke in die Hand.

Ein höchst aufregendes Ambiente, wie Sarah fand.

Ihre Mutter durfte allerdings nichts davon spitzkriegen. Sie hätte sofort wieder geschimpft, dass das kein Umgang wäre dort. Schon gar nicht für eine junge Dame der gehobenen Kreise aus Bogenhausen.

Was auch immer das heißen sollte.

Sarah selbst hielt nichts davon, die Menschen in Kategorien wie reich und arm, gut und böse oder hübsch und hässlich einzuteilen. Bogenhausen war ihrer Meinung nach genauso gut oder schlecht wie jedes andere Viertel von München.

Zum Beispiel das benachbarte Haidhausen. Oft wohnten dort die Arbeiter zu mehreren in einer kleinen Wohnung. Das war sicher unterhaltsam. Wiewohl auch etwas beengt. Trotzdem erschienen ihr diese Menschen meist freundlich.

Ihre Mutter dachte da ganz anders. Für sie waren die Leute in ihren heruntergekommenen Mietshäusern nichts als arme Schlucker, mit denen man sich am besten nicht einließ.

»Mach's gut, Kind!«, rief sie jetzt aus dem Wohnzimmer herüber. »Und bleib immer da, wo die Leute sind. Es ist dunkel und gefährlich draußen.«

»Schon gut, Mama. Mir wird schon nichts passieren. Lissi und ein paar unserer besten Freunde sind dabei. Die sind alle kräftig und beschützen uns.«

»Komm nicht zu spät heim, und geh bloß nicht in die Amalienstraße. Da sind nur die ganzen Verrückten. Hörst du?«

»Ja, Mama. Mach dir keine Sorgen. Mir wird schon nichts geschehen.« Sarah schüttelte entnervt ihren hübschen blondgelockten Kopf. »Servus!«

Sie öffnete die Tür. Trat fröhlich vor sich hin summend in den Garten hinaus.

Endlich. Der Abend konnte beginnen. Ohne Gezeter und Angstmacherei.

Auf der Straße angelangt, schlug sie den Weg zur Tramhaltestelle der Linie 4 am Max-Weber-Platz ein. Die fuhr vom Ostbahnhof nach Neuhausen.

Am Promenadeplatz würden Lissi und sie aussteigen und den Rest zu Fuß gehen. Wenn es hochkam, brauchten sie von dort eine halbe Stunde bis ins Café Größenwahn.

Sie entschied sich wie immer für den karg beleuchteten Fußweg am Hochufer entlang. Dort war es um diese Zeit besonders romantisch. Allerdings auch reichlich dunkel.

Egal. Wovor sollte sie schon groß Angst haben. Der liebe Gott würde sie auf jeden Fall beschützen, so wie er das immer tat. Außerdem kannte sie die Strecke seit Jahren in- und auswendig.

Eine wunderschöne Geburtstagsfeier hatte sie gestern zu Hause gehabt. Mit all ihren alten Freundinnen. Ihre Mutter hatte einen feinen Blechkuchen mit Äpfeln darauf gebacken. Sogar echten Bohnenkaffee hatte sie ihnen gemacht.

Er musste ein halbes Vermögen auf dem Schwarzmarkt gekostet haben. Und sie hatte ihr ein Kleid genäht, so wie sie zurzeit modern waren.

Sarah hatte es heute natürlich gleich angezogen.

Die Leute im Café würden sicher große Augen machen, wenn sie sie darin sahen.

Sie seufzte. Ihre Mutter war wirklich herzensgut, aber eben auch viel zu ängstlich und ganz gewiss zu streng.

Es war nicht mehr weit.

Mit flotten Schritten betrat sie den kleinen Park am Hochufer. Nur wenige Laternen und der Mond beleuchteten ab hier den Kiesweg zu ihren Füßen.

6

Ihm war unerträglich heiß. Außerdem hielt er es nicht mehr in der bedrückenden Enge seiner winzigen Wohnung aus.

Gott sei Dank war der Mietzins so niedrig, dass er sie nicht auch noch mit jemandem teilen musste, wie es zurzeit wegen der Arbeitslosigkeit und der großen Wohnungsnot überall in der Stadt üblich war.

Das hätte er ganz sicher keine zwei Stunden lang ausgehalten.

Er lief hektisch hin und her. Vom Eingang zum Fenster und zurück. Fand und fand keine Ruhe.

Das musste sich sofort ändern. Bevor er platzte.

Da es draußen zurzeit immer kälter wurde, zog er sich warm an. Schal und Hut dazu.

Dann begab er sich vor die Tür, um sich bei einem ausgiebigen Spaziergang Entspannung zu verschaffen.

Zunächst würde er Richtung Prinzregentenstraße marschieren. Dann über das Isarhochufer und den Max-Weber-Platz zurück nach Haidhausen hierher in die Weißenburger Straße.

Eine schöne Runde.

Das Herz des blonden Engels von gestern hatte er vorhin vollständig zum Abendbrot verzehrt.

Doch anstatt ihn nachhaltig zu sättigen und zu beglücken, hatte es ihn noch hungriger gemacht. Als gäbe es ein riesiges Loch in seinem Magen, das umso größer wurde, je mehr er davon aß.

Es mochte an dem intensiv blutigen Geschmack gelegen haben.

Ihre Leber und die Milz hatte er bereits zum Frühstück und als Mittagstisch gehabt. Beides mit dem gleichen anfänglichen unbeschreiblichen Glücksgefühl und der anschließenden brennenden Leere in seinem Inneren, die ihn auch jetzt noch nicht wieder verlassen wollte.

So wurde das nichts. Er würde keine anhaltende Freude empfinden.

Nur ein weiteres Herz konnte ihn zufriedenstellen, ahnte er. Ein Engel- und Seelensammler wie er sollte so viele wie möglich von ihnen einfangen, um satt zu werden, und dabei so wenig Zeit wie möglich verlieren.

Bald schon würde er sich wieder auf die Suche machen.

Vielleicht war er bereits morgen oder an einem der nächsten Tage erfolgreich.

So dachte er.

Doch das Schicksal plante offenbar anders für ihn.

Kaum hatte er während seines Rückweges einige Schritte auf dem Bogenhausener Isarhochufer hinter sich gebracht, blieb er mit vor Staunen offenem Mund stehen.

Sie kam direkt vor ihm aus einer schmalen Gasse. Blond und von zierlichem, kleinem Wuchs.

Er wusste sofort, dass sie die Richtige war.

Unfassbar, welch ausgesuchtes Glück ihm zurzeit beschieden war. Zwei wunderschöne Engel innerhalb von zwei Tagen. Beide waren ihm geradezu rein zufällig vor die Füße gestolpert.

Eins stand fest. Der Herrgott meinte es gut mit ihm. Er hatte ihn zu seinem Auserwählten gemacht und räumte ihm den Weg frei.

Als er sie überholte, um unauffällig einen Blick auf ihre Augen zu erhaschen, stöhnte er leise wohlig auf.

Sie waren blau, und dem jungen straffen Gesicht nach sollte sie keinesfalls älter als 26 Jahre sein.

Perfekt.

Er sprach sie nicht an. Das hätte sie möglicherweise frühzeitig verschreckt, da außer ihnen niemand auf der Straße unterwegs war.

Flugs bog er in die nächste Gasse links ein, versteckte sich in einem Hauseingang und wartete geduldig, bis sie an ihm vorbei war.

Eine halbe Minute später folgte er ihr.

Gut 500 Meter, bevor sie die Tramhaltestelle am Max-Weber-Platz erreicht hätten, beschleunigte er seinen Schritt.

7

»Großvater, wollen wir Karten spielen?« Hans sprang auf Karls Schoß, der, wie immer nach dem Abendbrot, in seinem Lieblingssessel beim Fenster saß, und zog an seinem Hemdkragen.

»Gerne.« Karl grinste stolz. Er hatte seinem Enkel bereits vor Monaten den aufgedeckten Schafkopf beigebracht, den man auch zu zweit spielen konnte. Seitdem war Hans kaum noch ohne mindestens eine Partie ins Bett zu bekommen. »Aber erst in einer Stunde vor dem Schlafengehen. Bis dahin muss der Großvater noch nachdenken.«

»Über die Bestie?« Hans sah ihn neugierig an.

»Genau, mein Kleiner. Frag solange die Mama oder die Oma, ob sie etwas mit dir malen.«

»Au ja. Ich male eine Bestie.« Hans sprang mit einem Satz auf den Fußboden.

Er sauste wie ein Wirbelwind zu Marlene und seiner Mutter hinüber, die es sich ohne ihre obligatorischen Haushaltsschürzen um die Körper am Esstisch gemütlich gemacht hatten. Eva nähte eine Hose für Hans. Marlene schmökerte in einem Kochbuch, um sich Inspirationen für den morgigen Mittagstisch zu holen.

Aus wenig viel zu machen, hieß dabei, wie bereits in den Jahren zuvor, die Devise. Schmalhans war zurzeit in allen Münchner Haushalten Küchenmeister. Da biss die Maus keinen Faden ab.

»Oder mal ein schönes Haus«, rief Karl Hans noch nach.

Da hab ich ja was Schönes angerichtet. Hoffentlich bekommt er keine Alpträume, schoss es ihm kurz durch den Kopf.

In der Inspektion hatten sie heute Nachmittag gemeinsam mit allen beteiligten Abteilungen etliche Fälle durchgesprochen, die in eine ähnliche Richtung gingen wie der Mord an der jungen Anna Haberer in den Isarauen.

Recht viel weitergekommen waren sie dabei jedoch nicht.

Brutale Mörder gab es zwar immer wieder. Aber das mit dem geschnitzten Engel im Bauchraum der Toten war ihnen allen ein Rätsel geblieben.

Der Amtsarzt hatte ihnen nach seiner eingehenderen Untersuchung in der Gerichtsmedizin noch mitgeteilt, dass die junge Frau nicht vergewaltigt wurde. Also war das Motiv nicht unbedingt im Bereich etwaiger verrückt gewordener Sittentäter zu suchen, sondern möglicherweise woanders. Fragte sich nur, wo.

Wer tat so etwas Schreckliches?

Und warum?

Eine feste Beziehung schien Anna Haberer nach den Aussagen ihres näheren Umfeldes – Arbeitskolleginnen, Nachbarn, Bekannte – aktuell nicht gehabt zu haben.

In ihrer näheren Verwandtschaft ließ sich kein Motiv finden. Sie hatte nur noch einen Bruder, der sie offensichtlich sehr geliebt hatte und ein hieb- und stichfestes Alibi besaß. Er hatte zum Tatzeitpunkt Überstunden gemacht, was etliche Arbeitskollegen von ihm bestätigten.

Ihre Eltern und Annas Mann lebten nicht mehr.

Martin Brandls Theorie mit der Abtreibung und dem sich am Opfer rächenden Freund lag einerseits durchaus im Bereich des Möglichen. Aber welcher einigermaßen normale Mensch schlitzte andererseits eine Frau deswegen gleich von unten bis oben auf und entstellte überdies auch noch ihr Gesicht auf solch brutale Weise, wie es der Täter getan hatte?

Das wäre Karl lediglich dann als einigermaßen logisch erschienen, wenn der Täter bereits, als er sie kennengelernt hatte, verrückt gewesen wäre. So einen ausgeprägten Wahn, wie er ihn offensichtlich mit sich trug, holte man sich nicht von einem Tag auf den anderen.

Außerdem, welcher Freund sollte das sein, wenn ihn niemand jemals gesehen hatte?

Nein, der Mörder musste von außerhalb kommen. Jemand, der einer krankhaften Obsession folgte. Eindeutig irgendein zwanghafter Irrer.

Auch aus den Irrenhäusern bis nach Stuttgart hinüber und nach Würzburg hinauf war jedoch aktuell und in den letzten Monaten niemand geflohen. So viel wussten sie seit heute Nachmittag bereits.

Die Antwort der norddeutschen Kollegen würde erst morgen erfolgen.

Was könnte den Täter angetrieben haben?

Eine schwere Kindheit?

Wurde er gar von seiner Mutter abgelehnt?

Kam er aus dem Waisenhaus?

Hatte seine Frau ihr gemeinsames Kind durch Krankheit verloren und er verarbeitete seinen Schmerz auf die grausame Weise, wie dieser Martin Brandl das am Tatort vermutet hatte?

Stammte daher tatsächlich auch die abartige Idee mit dem kleinen hölzernen Engel in der Bauchhöhle?

Wenn es also wirklich so war, dass er in seinen eigenen Augen einen triftigen Grund für seine Tat gehabt hatte, musste man befürchten, dass bald weitere Morde an jungen Frauen folgen würden.

Karl sagte sich, dass er auf jeden Fall versuchen musste, Martin Brandl zur Verstärkung seiner Truppe in den Kriminaldienst überstellt zu bekommen.

Ein wahrer Jammer, dass ein solch ausgemachtes Naturtalent bei den Uniformierten verkümmerte.

Das durfte einfach nicht sein.

Der Mann war jung, voller Feuereifer und gar nicht dumm. Einen wie ihn konnte er gerade für diesen besonders undurchsichtigen Fall gut gebrauchen.

Karl würde sich höchstpersönlich für seine Ausbildung und seine spätere offizielle Aufnahme bei der Kriminalpolizei bemühen.

8

Sarah erblickte bereits die Lichter vom Max-Weber-Platz. Gott sei Dank. Gleich hatte sie es geschafft. Lissi war bestimmt verärgert, dass sie schon wieder zu spät zu ihrer Verabredung kam.

Sie ging schneller.

Wenig später beschlich sie das unbestimmte Gefühl, dass sie von jemandem verfolgt wurde. Möglicherweise der schlanke Mann mit der russischen Pelzmütze, der sie vorhin überholt hatte, bevor er links abgebogen war.

Er hatte lange zu ihr herübergeschaut. Das hatte sie eindeutig aus den Augenwinkeln heraus bemerkt. Sein

Gesicht konnte sie dabei allerdings nicht erkennen. Sein Schal war bis über die Nasenspitze hochgezogen gewesen.

Als sie sich jetzt möglichst unauffällig umdrehte, war jedoch niemand zu sehen.

Falscher Alarm.

»Nichts als Einbildung. Du bist schon wie deine Mutter, Sarah!«, schimpfte sie laut mit sich selbst und stapfte entschlossen weiter.

Keine Minute später hörte sie ein knackendes Geräusch direkt hinter sich. Als wäre jemand auf einen herumliegenden Ast getreten.

Die Sache wurde ihr nun doch unheimlich.

Sie legte noch einmal an Tempo zu, sah sich mehrmals um, entdeckte zuletzt vage die Umrisse eines Menschen nicht weit hinter ihr.

Er holte schnell auf.

Bald wäre er bei ihr.

Ihre Nackenhaare stellten sich auf. Nackte Angst ergriff Besitz von ihr. Einfach so, aus dem Nichts heraus.

Sie hastete weiter.

Stolperte über irgendetwas – eine aus dem Boden gewachsene Wurzel oder einen großen Stein.

Fiel hin, schlug sich das Knie auf. Schrie schmerzgeplagt und erschrocken auf.

Rappelte sich schwer atmend wieder hoch.

Begann zu rennen, so schnell sie konnte.

Sie blickte jetzt nicht mehr zurück. Lief nur noch blindlings geradeaus in die Dunkelheit hinein. Rief dabei laut um Hilfe.

Aber niemand war in der Nähe.

Ihr Herz schlug immer schneller. Sie atmete keuchend, bekam kaum noch Luft.

Stolperte erneut.

9

»Es ist doch immer dasselbe mit dieser blöden Nuss«, schimpfte Lissi lauthals, nachdem sie die Trambahn Richtung Innenstadt schweren Herzens hatte fahren lassen, um weiter auf Sarah zu warten.

Die nächste Tram würde frühestens erst wieder in einer halben Stunde kommen. Wegen der Folgen des Krieges waren zurzeit nur noch wenige von ihnen im Einsatz, und die fuhren überdies zumeist auch noch unpünktlich.

»Nie kommt sie rechtzeitig«, fuhr Lissi ärgerlich fort. »Mit der nächsten fahre ich auf alle Fälle mit. Egal ob Sarah dann da ist oder nicht.«

Zu Fuß würde sie auf gar keinen Fall von hier aus in die Amalienstraße gehen. Das war ihr zu weit.

Es fühlte sich seltsam für sie an, so ganz alleine an der Haltestelle laut vor sich hin zu schimpfen. Wenn sie jemand hörte, musste er glattweg denken, sie sei verrückt geworden.

Andererseits musste sie ihrem Ärger Luft machen, sonst wäre sie geplatzt. Schließlich war es nicht das erste Mal, dass Sarah zu spät kam oder sie versetzte.

Es geschah immer wieder. Ihre beste Freundin schien einfach kein Zeitgefühl zu haben. Oder sie war einfach nur rücksichtslos.

Beides war möglich.

Zweites wollte Lissi ihr allerdings nicht wirklich unterstellen. Immerhin kannten sie sich von Kindheit an. Da lernte man die Vorteile und die Nachteile eines Menschen so anzunehmen, wie sie waren.

Gut möglich, dass Sarahs Mutter den Ausflug nicht erlaubt hatte. Wegen der angeblich so vielen Soldaten und Aufständischen, die in der Stadt unterwegs waren, wie sie gestern auf Sarahs Geburtstagsfeier behauptet hatte.

Aber wo waren die denn? Lissi hatte bisher keine gesehen.

Sarahs Mutter war von jeher überbesorgt und streng, obwohl Sarah gestern 24 Jahre alt geworden war.

Normalerweise ein Alter, in dem einem die Mutter nichts mehr zu verbieten hatte. Aber das schien Sarahs Mutter nicht zu kümmern.

Lissis eigene Mutter, eine früher sehr bekannte Sängerin, war diesbezüglich schon immer viel großzügiger gewesen. Sie war sogar froh, wenn sie die Wohnung für sich und ihre häufig wechselnden Liebhaber alleine hatte. Gab Lissi auch noch Geld, damit sie sich irgendwo etwas zu trinken oder zu essen kaufen konnte. Ganz wie sie Lust hätte. Nur zurückkommen solle sie nicht so bald.

Ihren Vater hatte Lissi nie kennengelernt. Angeblich war er heldenhaft im Krieg gefallen.

Etliche verräterische Bemerkungen ließen Lissi jedoch an dieser Geschichte zweifeln. So sprach ihre Mutter zum Beispiel nie in der Vergangenheitsform von ihm, wie es bei einem Toten normalerweise der Fall gewesen wäre.

10

Nicht mehr weit, dann hatte er sie eingeholt. Sie stolperte inzwischen mehr als zu laufen. Bestimmt hatte sie ihn längst bemerkt und wollte ihm, von ihrer kleinmütigen Angst getrieben, entkommen.

Wenn sie wüsste, wie zwecklos ihr Vorhaben war, würde sie sogleich stehenbleiben und seine Ankunft ergeben erwarten.

Sie stürzte, schrie erneut um Hilfe.

Das war seine Gelegenheit. Schnell, bevor noch jemand auf sie aufmerksam wurde.

Mit einem Satz war er über ihr. Sah die Todesangst in ihren Augen. Schlug mit eiserner Faust zu, bevor sie erneut laut werden konnte.

Ins Gesicht.

Auf ihren Kopf.

Bis sie, über und über von Blut bedeckt, besinnungslos liegen blieb.

Für alle Fälle trug er immer zwei oder drei seiner kleinen Holzengel in der Manteltasche mit sich. Genau wie sein Jagdmesser. Besonders gut geschärft, verstand sich. Es verlieh ihm überdies Sicherheit. Auch wenn er nicht auf der Jagd war.

Im Moment konnte er beides trefflich gebrauchen. Langsam holte er eine der winzigen Schnitzereien heraus. Legte sie andächtig neben den Kopf der jungen Frau.

Mein Gott, wie schön sie war. Gepflegte glatte Haut, sanft geschwungene Lippen, eine wohlgeformte Nase. Bis er sie ihr gerade gebrochen hatte zumindest. Tatsächlich ein wahrer Glücksfall.

Niemand in der Nähe. Gut so.

Seine heilige Messe begann.

Er stach ihr tief mit dem Jagdmesser in den Unterleib. Hielt ihr dabei den Mund zu. Für den unwahrscheinlichen Fall, dass sie vor Schmerzen aus ihrer Ohnmacht erwachte und schrie.

Doch sie blieb ruhig.

Kraftvoll fuhr er mit dem Messer bis zum Brustbein hinauf. Zerbrach mit einem kräftigen Schlag seines Ellenbogens ihre Rippen.

Riss sie mit beiden Händen auf wie ein Geschenkpaket. Trennte flugs die Adern von ihrem pochenden Herzen. Nahm es heraus.

Lockerte mit gekonnten Schnitten den Darm, die Nieren, die Milz, den Magen, die Gallenblase und die Leber. Legte die in der Kälte dampfenden Innereien neben sie.

Dabei dachte er kurz an seine Lehrzeit im Schlachthof. Lächelte versonnen.

Genau betrachtet, war ein Mensch auch bloß ein
Schwein, kam es ihm in den Sinn. Was die Innereien
betraf zumindest.

Alle auf der Arbeit waren damals angesichts seines
großen Fleißes immer sehr nett zu ihm gewesen. Mancher Vorgesetzte und Kollege hatte ihm gar eine Brot-
zeit spendiert. Andere wiederum luden ihn gelegentlich
zum gemeinsamen Kartenspiel ein.

Eine wunderbare Zeit.

Bis sie ihn entließen.

Zu wenig zu tun für alle, hatte es geheißen. Die Jüngs-
ten, die am kürzesten da waren, so wie er, mussten als
Erste gehen.

Jetzt platzierte er seinen Holzengel in ihrem Inneren.
Dort, wo vorher Enddarm und Uterus gewesen waren.
Sprach ein inwendiges Gebet, in welchem er dem all-
mächtigen Herrgott innig dankte.

Zuletzt bekreuzigte er sich.

Zog ihr den Mantel vom Leib.

Breitete ihn sorgfältig neben ihr aus.

Legte die immer noch warmen Organe darauf.

Schlug sodann den dicken Wollstoff drumherum ein.

Trug alles zusammen fort.

11

Die nächste Tram bremste laut quietschend.

Lissi blickte sich noch ein letztes Mal suchend um.

Dann stieg sie verärgert ein.

Sie hatte wahrlich keine große Lust, alleine ins Café Größenwahn zu gehen. Aber wenn Sarah, die ewig Späte, einfach nicht kam. Was sollte sie tun. Noch länger warten würde sie ganz sicher nicht auf sie.

Bestimmt hatte Sarahs Mutter ihr den Ausflug in die Innenstadt, wie so oft, in letzter Minute verboten, und Sarah, die blöde Nuss, hatte gehorcht.

Sarah war wirklich selbst schuld, wenn Lissi in nächster Zeit nicht mehr mit ihr ausgehen würde. Irgendwann hatte die Geduld von jedem einmal ein Ende. Auch die einer besten Freundin.

Mit finsterem Blick reichte sie der müde wirkenden Schaffnerin das Geld für den Fahrschein.

Aber was, wenn Sarah auf dem Weg zur Haltestelle nun doch etwas zugestoßen war? Die Zeiten waren alles andere als sicher.

Bestimmt hätte sie in diesem Fall wie immer den Weg entlang des Isarhochufers genommen. Da war es nahezu stockfinster. Alles andere als ungefährlich in der Nacht.

Lissi selbst traute sich nie dort entlang. Schon gar nicht im Dunkeln.

Aber Sarah liebte nun mal die angeblich so romantische Abendstimmung dort.

Ach wo. Ihr würde schon nichts passiert sein. Sarah ließ sich nichts gefallen. Von Kindheit an. Sie konnte sauber kratzbürstig werden und die Krallen ausfahren, wenn es darauf ankam.

Außerdem war das sicher nicht einmal notwendig gewesen und sie lag längst gemütlich in ihrem warmen Bett in der schönen Villa ihrer Mutter. Träumte von einem Leben als erwachsene Frau, die tun und lassen durfte, was immer sie wollte.

Lissi setzte sich auf einen der vielen freien Plätze. Richtete räuspernd ihren roten Mantel und ihren gestern neu erstandenen, dazu passenden Hut. Ein Sonderangebot natürlich. Sonst hätte sie ihn sich gar nicht leisten können.

Sie blickte sich um.

Nur wenige Leute waren unterwegs. Obwohl es Samstagabend war.

Das liebe Geld fehlte wohl in vielen Taschen. Auch die Angst, von den Milizen oder irgendwelchen Aufständischen überfallen zu werden, schien groß zu sein.

Was der fesche dunkelhaarige Rudolf wohl dazu sagen würde, wenn sie heute ganz allein ins Café käme. Der junge, halbverhungert daherkommende Maler, der sich vor einigen Wochen so unsterblich in Sarah verliebt hatte.

Auf jeden Fall würde er enttäuscht sein.

12

Sonntag, 24. November 1918

»Gott sei Dank hab ich heute meinen Wintermantel angezogen. Es wird immer kälter. Man merkt, dass es bis Weihnachten nicht mehr lang hin ist.« Kriminaloberinspektor Karl Weinberger blickte zu dem Raben empor, der über ihm und seinem Assistenten Hubert auf einem kahlen Ast laut vor sich hin krächzte. »Elendige Mistviecher, nichts als Totenvögel. Ich mag sie einfach nicht. Hab sie nie gemocht.« Er schüttelte energisch den Kopf.

»Ich auch nicht. Adler sind mir lieber. Viel edler und so majestätisch, wie sie sich auf weiten Schwingen durch die Lüfte tragen lassen«, erwiderte Kriminalassistent Hubert Ratgeber.

»An dir ist glattweg ein Poet verloren gegangen, Hubsi. Vielleicht solltest du den Beruf wechseln.« Karl feixte, während er die Hände aneinanderrieb, um sie zu wärmen. Seine Handschuhe hatte er natürlich wieder zu Hause liegen lassen.

So kalt würde es schon nicht sein, hatte er Marlene beim Abschied zugerufen, als sie ihn mahnend darauf aufmerksam machte.

»Lieber nicht. Kunst ist meistens brotlose Kunst, Herr Weinberger.« Hubert schüttelte den Kopf. »Herrschaft, richtig eisig ist es geradezu. Und dann schon wieder eine Frauenleiche.«

»Nicht einmal am Sonntag hat man seine Ruh.« Karl schnaufte verärgert auf. »Aber was soll's. War ja nicht weit von mir daheim hier herauf. Gehen wir schnell zu den Kollegen von der Schutzpolizei hinüber. Bin schon gespannt, was uns diesmal erwartet. Hoffentlich nicht wieder so eine Verstümmelte wie gestern. Ich spür es heut noch im Magen deswegen. Hab keinen Bissen vom Frühstück runtergebracht. Obwohl meine Frau gestern noch extra Marmelade gekauft hat.«

»Marmelade?« Hubert horchte neugierig auf. »Hatte ich schon ewig nicht mehr. Wo bekommt man die denn zurzeit?«

»Frag mich nicht, wo Marlene die Sachen immer herzaubert.« Karl schüttelte lächelnd den Kopf. »Wenn du das nächste Mal vorbeikommst, bekommst du auch ein Marmeladenbrot. Versprochen, Hubsi.«

»Wirklich?«

»Wirklich.«

Sie betraten den kleinen Park am Hochufer auf dem Kiesweg, der von der Trambahnhaltestelle am Max-Weber-Platz wegführte. Nach ungefähr 150 Metern warteten bereits zwei Uniformierte, die den Tatort sicherten, auf sie.

»Also schon wieder die gleiche Sauerei!«, platzte es aus Karl heraus, als sie bei der Toten ankamen.

Ihr Bauchraum war aufgeschnitten. Auch ihr Gesicht wies dieselben Schnitte von den Mundwinkeln aus in Richtung der Ohren auf.

»Nicht zu fassen.« Hubert wurde wie gestern schlagartig bleich im Gesicht. Er wandte sich geschockt ab.

Karl hatte sich bald wieder gefangen.

»Da sind auch ähnliche Fußspuren wie gestern im Gras«, sagte er. »Siehst du das, Hubsi? Mach bitte wieder Gipsabdrücke davon. Nimm auch alle Fingerabdrücke, die du finden kannst. Wir vergleichen sie auf der Inspektion mit denen von gestern aus den Isarauen. Aber nicht die Abdrücke von den Kollegen hier nehmen. Die schließen wir zuerst einmal aus.«

»Wird gemacht, Herr Weinberger.« Hubert nickte leicht indigniert. »Und zwar nicht zum ersten Mal, wie Sie wissen.«

»Schon recht. Ich weiß, dass du ein Genie bist. Aber jetzt geht es nicht um uns, sondern darum, den Mörder dieser armen Geschöpfe zu schnappen.«

»Ist klar, Chef.«

»Ab sofort trampelt hier bitte niemand mehr herum!«, fuhr Karl im lauten Befehlston an alle Anwesenden fort. »Dabei verwischen uns nur die Spuren. Hamma uns?«

Die beiden Uniformierten in schwarzem Mantel, Pickelhaube und schwarzer Hose mit rotem Streifen nickten und salutierten zackig.

»Bis der Doktor Riesler und der Johann kommen, fang ich schon mal an«, sagte Hubert. »Bleibt mir eh nichts anderes übrig. So eine verdammte Scheiße, das Ganze.«

Er holte Wasser und den Gips aus seinem Rucksack, den er, nach der Erfahrung mit dem gestrigen Leichenfund, vorsorglich sogleich aus der Polizeidirektion in der Ettstraße mitgebracht hatte.

Gott lobe die weise Voraussicht.

»Wer hat sie gefunden?«, fragte Karl die Uniformierten.

»Ein älterer Herr, der heute Morgen zur Trambahnhaltestelle gehen wollte.« Der kleinere der beiden Beamten zeigte auf die Haltestelle beim Max-Weber-Platz, die man von hier aus gut erkennen konnte. »Außerdem hat ihre Mutter bereits heute Nacht um zwei bei uns auf der Dienststelle angerufen und sie als vermisst gemeldet.«

»Dann weiß man also, wie die Tote heißt?«

»Jawohl, Herr Kriminaloberinspektor.« Der Mann salutierte erneut. »Sarah Hartmann. Ihre Mutter ist Sabine Hartmann, die Frau vom berühmten Architekten Walter Hartmann. 1916 gefallen. Sehr viel Geld. Die haben sogar eins der ersten Privattelefone. Daher auch der Anruf. Sie wohnt jetzt ganz allein in ihrer Villa. Nicht weit von hier, in der Möhlstraße.«

»So,so. Und wie heißen Sie?«, fragte Karl sein Gegenüber.

»Heribert Staubberger, Herr Kriminaloberinspektor.«

»Guter Mann.« Karl lächelte wohlwollend.

»Danke untertänigst, Herr Kriminaloberinspektor.«

»Ach was.« Karl winkte ab. »Halblang, Staubberger. Ich bin der Herr Weinberger, nicht der geflohene König.«

»Jawohl, Herr Weinberger.« Heribert gab sich Mühe, sein unwillkürliches Grinsen zu verbergen.

»Dann war sie wohl auch auf dem Weg zur Tramhaltestelle.« Karl bückte sich langsam zu ihr hinunter. »Sicher gestern Abend. Sie ist ebenfalls schon so steif wie das arme Geschöpf gestern. Wahrscheinlich wollte sie in die Stadt, wollte ausgehen.«

Er wusste längst, dass er sich nie an den Anblick von Toten gewöhnen würde. Aber vor allem nicht an den solcherart verstümmelter Leichen junger Menschen. Es drückte ihm kräftig aufs Gemüt.

Aber was half es. Irgendwer musste die Drecksarbeit schließlich machen und grausame Morde wie diesen aufklären.

Bisher war er immer gut darin gewesen. Fragte sich, ob das in nächster Zukunft auch noch so wäre. Bei der Sache hier stieß wohl jeder Mensch, der noch nicht vollständig dem Zynismus anheimgefallen war, an seine Grenzen.

»Stimmt. Ihre Mutter sagte so etwas«, wusste Heribert. »Zusammen mit Lissi Angerer, ihrer besten Freundin.«

»Wo finden wir dieses Fräulein Angerer?«

»Gleich in der Nähe.«

»Gut. Bei ihr schauen wir später noch vorbei.«

»Wenn Sie wollen, erledige ich das, Herr Weinberger.« Heribert stand stramm.

»Gute Idee. Tun Sie das, Staubberger.«

»Bin schon weg.«

»Bis später.« Karl lüpfte seinen Hut. »So ein hübsches junges Ding«, sagte er dann kopfschüttelnd. Seine Stimme klang, als hätte er zuvor mit einer Handvoll Reisnägeln gegurgelt. »Wenn ich dieses Schwein erwische, darf er sich auf etwas gefasst machen.«

»Das sehe ich ähnlich, Herr Weinberger«, meinte Hubert.

»Ob ich wohl in ihrer Bauchhöhle wieder so einen geschnitzten Engel finde?«

»Dann wäre es eindeutig ein Serienmörder.« Hubert machte ein wichtiges Gesicht, während er routiniert seinen Gips anrührte. »Deren Taten ähneln sich bis in die Details. Das ist ganz typisch.«

»Da hast du wohl auf dem letzten Lehrgang gut aufgepasst.«

»Jawohl, Herr Weinberger.« Hubert nickte. »Sehr nützlich, die modernen Erkenntnisse.«

»Aber die gute alte Erfahrung ist durch nichts zu ersetzen. Das darfst du mir ruhig glauben, Hubsi.«

Karl zog seinen Mantel aus. Drückte ihn Hubert in die Hand.

Er krempelte seinen rechten Hemdsärmel nach oben. Fast bis zur Schulter hinauf.

Dann griff er tief in die Bauchhöhle der Toten.

Wenig später zog er seinen Arm wieder heraus.

Als er seine Hand öffnete, kam eine daumengroße blutige Figur zum Vorschein. Wie schon beim ersten Opfer. Sie ähnelte wieder einem kleinen Engel oder einer Putte in der Kirche. Der Künstler hatte ihr einen winzigen Penis verpasst, eine Kurzhaarfrisur und dicke Arme und Schenkel.

Karl betrachtete sie kopfschüttelnd.

Zwei Morde, mit dem gleichen Ritual begangen.

Beide Opfer blond, klein, blauäugig.

Hubert hatte wohl recht. Es konnte sich nur um einen Serienmörder handeln. So wie es Martin Brandl gestern, wohl rein instinktiv, ebenfalls gesagt hatte.

Das hieß allerdings, dass es weitere Opfer geben würde.

Es würde bestimmt nicht einfach werden, den Täter zu erwischen. Verbrecher wie er wählten ihre Opfer zwar immer nach ähnlichen Vorgaben aus, wusste Karl. Aber wo sie als Nächstes zuschlugen, konnte niemand voraussagen. Es sei denn, sie folgten auch hierbei einem Ritual, das es allerdings erst mal herauszufinden galt.

Dieser Fall würde ihm alles abverlangen, ahnte er.

Er tat es eigentlich jetzt schon. Mit dem Anblick der

so grausam misshandelten jungen Opfer, die ihr ganzes Leben noch vor sich gehabt hatten. Genau wie sein Sohn Bernhard.

Tränen stiegen ihm in die Augen.

Er starrte weiter auf den Boden, um sie vor den anderen zu verbergen. Wo käme man denn hin, wenn der leitende Oberinspektor sich eine solche Blöße gäbe.

13

Er aß lustlos.

Heute Morgen hatte die Energie ihres gebratenen Herzens seine Seele zuerst aufblühen lassen.

Doch nur wenig später hatte er, wie schon beim Verspeisen des ersten Engels, erneut das unbezähmbare Hungergefühl verspürt, das ihn seit einiger Zeit unentwegt heimsuchte.

Es erschöpfte ihn überdies.

Jetzt zur Mittagszeit kehrten erst nach der dritten Gabel von ihrer gedünsteten Leber die Lebensgeister und damit auch der Herrgott langsam in seinen Körper zurück.

Nachdem er sie zur Gänze aufgegessen hatte, verspürte er endlich die wohlige Zufriedenheit, nach der er sich zuvor so dringlich gesehnt hatte.

Er erledigte rasch den Abwasch.

Dann legte er sich auf sein Bett, das direkt neben dem Esstisch stand. Ein entspanntes Nickerchen war nach dem lukullischen Mahl angebracht.

Im Zimmer nebenan befand sich ein weiteres Bett. Er mochte den Geruch dort drinnen aber nicht. Lag lieber hier in der Küche. Außerdem war es drüben noch enger als hier.

Merkwürdig. So viele Jahre hatte er sich zurückgehalten. Hatte dem Drang zu töten widerstanden.

Doch jetzt hatte er es gleich zweimal getan.

Hand aufs Herz. Ein wahrhaft erhabenes Gefühl.

Wie es schien, hatte er alles richtig gemacht. Niemand hatte ihn bei seinen Taten beobachtet. Niemand hegte einen Verdacht.

Er wusste, dass er es wieder tun würde. Sobald er erneut das Gefühl des Hungers verspürte und den Drang, einen seiner geschnitzten Engel im richtigen Körper platzieren zu müssen.

Der richtige Körper war enorm wichtig. Niemals durfte er den falschen wählen. Eine heilige Regel, die es unbedingt zu beachten galt.

Er begann leise zu singen: »Schlaf', Kindlein, schlaf'. Der Vater hüt' die Schaf'. Die Mutter schüttelt's Bäumelein. Da fällt herab ein Träumelein ...«

14

Montag, 25. November 1918

»Warum schlug er wohl beide Male im Freien zu?« Karl sah seinen Assistenten über die gegenüberstehenden Schreibtische in ihrem engen Büro hinweg an. »Sucht er seine Opfer auf der Straße? Findet er sie rein zufällig?«

»Dann musste er aber riesiges Glück haben, dass die beiden sich auf Anhieb ähnlich sahen«, erwiderte Hubert.

»Offenbar hat er es auf junge blonde Frauen mit blauen Augen abgesehen, die eher klein sind.«

»Also nicht zufällig. Er guckt sie sich vorher aus.«

»Mag sein, ja.« Hubert nickte. »Vielleicht musste er auch nicht lange suchen.«

»Was mag ihn dazu bringen, die geschnitzten Engelfiguren in der Bauchhöhle zu verstecken?«

»Das kann nur die Tat eines Irren sein.« Hubert bekam einen geistesabwesenden Blick. Er schüttelte langsam den Kopf. »Ich hab zumindest keine Erklärung dafür.«

»Was sagte die Freundin der Toten, diese Lissi Angerer?«

»Sie hat nichts gehört oder gesehen. Fuhr, nachdem das Opfer nicht zur verabredeten Zeit zur Haltestelle kam, alleine in die Stadt.«

Jemand klopfte.

»Herein!« Karl räusperte sich. Der Fall ging ihm nicht nur an die Nieren sondern auch auf die Stimmbänder, wie es schien.

Martin Brandl trat ein.

»Ja, der Herr Nachwuchsdetektiv. Servus, Herr Brandl. Kommen Sie flink herein und machen Sie die Tür zu, bevor uns der kalte Wind noch hinausweht.« Karl grinste breit.

Er hatte es schneller als gedacht geschafft, Martin Brandl in seine Abteilung bei der Mordkommission zu holen. Ein paar private Gespräche hier und dort, einige Unterschriften. Fertig.

Seine Reputation bei den Oberen schien nach wie vor keine größeren Makel aufzuweisen. Auch wenn dort seit Kurzem ein anderer Wind wehte, da im Rahmen der Freistaatsausrufung so manche Besetzung in den Führungsetagen verändert worden war.

»Grüß Gott, Herr Weinberger. Grüß Gott, Herr Ratgeber.« Martin hatte die Tür hinter sich geschlossen. Er blieb unschlüssig davor stehen.

»Willkommen bei der Mordkommission, Herr Brandl. Schön, dass Sie da sind. Wir haben eine zweite Frauenleiche und können jede Hilfe gebrauchen. Setzen Sie sich.« Karl zeigte auf den dritten, noch unbesetzten Schreibtisch in dem ansonsten eher karg eingerichteten Büroraum. »Ihren Arbeitsplatz haben wir bereits aufbauen lassen.«

»Danke, Herr Weinberger.« Martin hängte Jacke und Mütze an die vorgesehenen Garderobenhaken neben dem Eingang. Er setzte sich, die steifgefrorenen Hände aneinanderreibend. »Schön warm haben Sie's hier.«

»Das ist anders als auf Streife, stimmt's?« Karl lächelte. Er mochte den Burschen einfach. Hoffentlich erwies er sich tatsächlich als so hilfreich, wie er es seit ihrer ersten Begegnung am Samstag in den Isarauen vermuten ließ.

»Unbedingt. Was ist mit der zweiten Frauenleiche?«
Martin blickte neugierig von einem zum anderen. »Dieselben Merkmale wie am Samstag?«

»So ist es recht. Gleich einmal in medias res gehen. Sehr gut, Brandl.« Karl nickte erfreut. Das ging schon mal gut los und konnte auch gerne so weitergehen. »Rein äußerlich ähnelt sie der ersten. Jung, blond, blaue Augen, von kleinem Wuchs.«

»Also doch ein Serienmörder, der einen bestimmten Opfertypus bevorzugt?« Martin hob erstaunt die Brauen. »Ganz wie ›Jack The Ripper‹.«

»Es sieht danach aus, Brandl.« Karl nickte erneut. »Obwohl es unserem Ripper offenbar rein ums Aussehen geht. Das erste Opfer stammte aus eher ärmlichen Verhältnissen. Sarah Hartmann dagegen kam aus sehr reichem Hause. Ehemals zumindest. Die Inflation und die Kriegsfolgen verschonen keinen von uns.«

Er dachte kurz an sein eigenes Familienvermögen, das er nur zum Teil vernünftigerweise in Immobilien und Grundstücke angelegt hatte. Solange er nicht verkaufen musste, war das eine gute Sache. Das Bare auf der Bank und unter den Kopfkissen war in letzter Zeit immer schneller dahingeschmolzen. Man konnte fast schon dabei zusehen, wie die Preise von gestern bereits übermorgen doppelt so hoch wären.

»Da kann man auf das nächste Opfer schon warten.« Martin schüttelte den Kopf. »Haben Sie irgendwelche Spuren? Fußabdrücke wie in den Isarauen?«

»Haben wir. Unser Hubsi hat sie genommen und bereits verglichen. Sie stimmen überein.«

»Der Täter hat sich also nicht einmal die Mühe gemacht,

die Schuhe zu wechseln. Er muss sich sehr sicher fühlen.« Martin sah sie erneut alle beide an.

»Langsam werden Sie mir unheimlich, Brandl. Sind Sie sicher, dass Sie vorher noch nie in einem Mordfall ermittelt haben?« Karls Blick war voller Erstaunen und Überraschung.

»Ganz sicher.« Martin nickte. »Müssen wir die Münchner Frauen nicht warnen?«, fuhr er sogleich fort. »In der Zeitung vielleicht.«

»Daran hat unser Hubsi bereits gedacht.« Karl zeigte mit dem Kinn auf seinen Assistenten. »Kommt noch heute in die Abendzeitung. Wir empfehlen allen Münchner Frauen, abends nicht alleine aus dem Haus zu gehen. Aber dass es keinen Grund zur Panik gibt, schreiben wir ebenfalls rein. Sonst gibt es hier in München bald mehr Chaos, als wir sowieso schon haben.«

»Verstehe.« Martin blickte ernst drein. »Natürlich nützen uns die Fußabdrücke ohne die entsprechenden Schuhe oder Stiefel nicht viel, richtig?«

»Richtig, Brandl.« Karl nickte. »Aber sobald wir einen Verdächtigen verhaften, können wir sie mit seinem Schuhwerk vergleichen. Und bei einer Übereinstimmung haben wir gleich einmal einen handfesten Beweis.«

»Es sei denn, jemand anders hätte sich die Schuhe ausgeborgt.«

»Das erscheint mir unwahrscheinlich«, mischte sich Hubert ins Gespräch.

»Warum?«

»Weil weitergeholt. Außerdem fanden wir an beiden Tatorten identische Fingerabdrücke. Sie können nur vom Täter stammen. Zusammen mit den Fußabdrücken haben wir ihn. Vorher müssen wir ihn natürlich noch erwischen.«

»Das ist etwas anderes.« Martins Stimme klang fest. »Fragen wir in dem Zeitungsartikel auch danach, ob jemand einen Verdächtigen zu den Tatzeitpunkten in der Nähe der Tatorte gesehen hat?«

»Auch daran haben wir gedacht, Brandl.« Karl erhob sich von seinem Stuhl. »Kommt, ihr beiden. Ich gebe einen Kaffee in der Kantine aus. Zur Begrüßung unseres neuen Mitarbeiters.«

»Gerne, Chef.« Hubert stand ebenfalls auf. »Hoffentlich gibt's nicht wieder bloß diesen grausligen Ersatzkaffee.«

»Aber sollen wir nicht lieber noch weiterarbeiten?« Martin bekam einen roten Kopf. Er schien zu ahnen, dass er sich gerade etwas zu weit vorwagte. »Man könnte zum Beispiel nach Männern mit einer schweren Kindheit suchen. Oft verursachen überstrenge Eltern die schlimmsten Geisteskrankheiten bei ihrem Nachwuchs. Die Irrenhäuser sind voll davon, habe ich gelesen.«

»Erst mal ein schöner heißer Kaffee. Dann geht's weiter, junger Mann«, sagte Karl. »Ihr feuriger Arbeitseifer in allen Ehren. Aber noch bin ich der Chef hier.«

»Außerdem haben wir Montag«, meinte Hubert. »Da wird bei uns generell nicht so schnell geschossen.«

15

Samstag, 30. November, 1918

Blond.

Klein von Wuchs.

Blauäugig.

Jung.

Perfekt.

Er hatte seinen nächsten Engel gefunden. Erstaunlicherweise war es gar nicht weiter schwierig gewesen.

Lediglich einige Stunden lang musste er unauffällig durch die Straßen Schwabings und den Englischen Garten schlendern. Bis er sie auf einmal wie eine Marienerscheinung vor sich gehabt hatte.

Unweit der Lodenfabrik. Nahe dem Schwabinger Bach. Er hatte sie bis zu ihrem Haus verfolgt. Mit ausreichendem Abstand natürlich. Sodass sie ihn nicht wahrnahm. Müller hieß sie mit Nachnamen, wie er dem Schild am Gartenzaun entnehmen konnte.

Jetzt wartete er seit dem frühen Abend darauf, dass sie herauskam.

Viele junge Damen gingen für gewöhnlich samstagabends aus, wusste er. Und das, obwohl in der Zeitung eindringlich vor den unruhigen Zeiten und den damit verbundenen Gefahren gewarnt wurde. Ihre Gier danach, einen der wenigen Männer zu erhaschen, die der Krieg für sie übrig gelassen hatte, schien größer zu sein als ihre Angst vor dem Sterben.

Als sie kurz vor sieben aus ihrem Gartentor trat und sich genau in seine Richtung am Rande des Parks aufmachte, bekam er auf einmal den Eindruck, dass nicht er all diese wunderbaren Seelen auswählte, sondern dass es genau umgekehrt sein musste.

Sie selbst suchten seine Nähe, damit er sie endlich von ihrem beengten Dasein auf Erden erlöste.

So musste es sein.

Seine Engel sehnten sich offenbar mit aller Macht danach, dass er ihnen ewige Freiheit schenkte.

Sie wollten nichts mehr, als in den Himmel zu ihresgleichen aufzusteigen. Er war der Fährmann, der ihnen dies ermöglichte.

Daher auch der unendlich dankbare Blick der beiden Frauen, kurz bevor sie ihren letzten Atemzug getan hatten.

Es kam gerade wie eine Erleuchtung über ihn.

Wieso hatte ihn der Herrgott nicht früher an diesem Wissen teilhaben lassen?

Vertraue dich ihm ganz an. Er wird seine Gründe haben. So wie für alles andere auch.

Als sie an dem Gebüsch vorbeistakste, hinter dem er sich im Dunkel der Dämmerung versteckt hielt, betrachtete er sie mit einem wohlwollenden Lächeln.

»Fürchte dich nicht, mein Kleines«, flüsterte er nahezu unhörbar. »Ich bin bald bei dir, um dich deiner wahren Bestimmung zuzuführen.«

16

»Habt ihr immer noch keine Spur von diesem brutalen Mörder?« Marlene blickte Karl neugierig über ihren Teller hinweg an.

Sie aßen heute nur zu zweit.

Eva war mit zwei Freundinnen auf dem Weg ins Kino am Sendlinger Tor. Sie zeigten eine neue Komödie von Ernst Lubitsch, hatte sie gemeint, bevor sie ging. In seinen Filmen gäbe es immer viel zu lachen.

Warum auch nicht, hatte Karl zu Marlene gesagt, nachdem Eva aus dem Haus war. Das Leben müsse schließlich irgendwann weitergehen für so eine junge Frau. Sie könne sich nicht bis an ihr Lebensende hier in der Wohnung der Schwiegereltern verkriechen.

Nach einigem Überlegen hatte ihm Marlene letztlich zugestimmt. Sie selbst könne außerhäuslichen Vergnügungen zwar im Moment nicht viel abgewinnen. Ihre Trauer um Bernhard wäre immer noch zu groß. Aber Eva sei es gegönnt. Da habe er völlig recht.

Karl hatte Eva, bevor sie ging, noch davor gewarnt, abseits der beleuchteten Wege und Straßen zu gehen. Vor allem im Moment sei dies unter Umständen lebensgefährlich. Sie hatte ihm daraufhin versprochen, sich immer im Licht und in der Nähe ihrer Freundinnen aufzuhalten. Er solle sich keine Sorgen machen.

Leichter gesagt als getan.

Hans war vorhin nach einem ausgiebigen Spielenachmittag mit seinen Freunden erschöpft auf der

Couch im hinteren Teil des Wohn- und Esszimmers eingeschlafen.

»Nicht die geringste Spur haben wir von dem Kerl.« Karl lachte humorlos, bevor er den nächsten Löffel Kohlsuppe schlürfte. »Wir haben etliche stadtbekannte Sittenstrolche verhaftet und verhört. Ohne Ergebnis. Alle haben ein Alibi. Im Moment bekommen wir immer mehr Druck von der Presse und von unserer oberen Etage. Rate mal, bei wem alles am Ende landet.« Er stöhnte erschöpft und entnervt.

»Bei dir?«

»Natürlich. Wenn eine Sache nicht funktioniert, müssen Schuldige her. In dem Fall hat es mich erwischt. Verdammter Mist.« Karl schüttelte sich kräftig, als wolle er so die ihm von allen Seiten auferlegte Verantwortung für die Ergreifung des grausamen Frauenmörders abstreifen.

»Mein armer Karl. Aber was kannst du dagegen tun?« Marlene, die ihm übereck gegenübersaß, tätschelte mitfühlend seinen Unterarm.

»Ich fürchte, da bleibt mir nur eins: den Täter alsbald erwischen. Aber schaffe das mal ohne jede Spur. Es ist zum Verzweifeln.« Er schlug ärgerlich mit der flachen Hand auf den Tisch. »Auch die Suchanzeige in den Zeitungen nach eventuellen Zeugen hat nichts ergeben. Es ist so, als würden wir einem Phantom hinterherjagen. Er hat bereits eine traurige Berühmtheit erlangt. Die Schreiberlinge in den Gazetten nennen ihn nur noch die ›Bestie von Bogenhausen‹.«

»Geschah der erste Mord nicht in Giesing?«

»Sicher. Weiß der Teufel, was die sich dabei denken.

Wahrscheinlich macht sich Bogenhausen besser für ihre Schlagzeilen. Weil dort die G'spickten wohnen. Verdammte Aasgeier, diese Schreiberlinge.«

»Du darfst nicht die Geduld verlieren, Karl. Der Mörder geht euch schon noch ins Netz, warte es ab.«

»Dein Wort in Gottes Ohr, Marlene.« Er legte seinen Löffel neben seinen Teller und atmete tief durch. »Nicht einmal der Martin Brandl ist uns eine wirkliche Hilfe. Dabei habe ich so große Hoffnungen in ihn gesetzt.«

»Warum sollte ausgerechnet er Wunder vollbringen? Du hast doch selbst gesagt, dass er kein Kriminalbeamter ist und erst noch Erfahrungen sammeln muss.«

»Da hast du natürlich auch wieder recht.« Er nickte. »Ich mach mir halt solche Sorgen wegen der nächsten Opfer.«

»Ich hol uns erst einmal unseren Nachtisch.« Marlene erhob sich. Sie nahm die leeren Suppenteller an sich und verschwand damit in der Küche.

»Wie du das alles nur immer aus dem Nichts auf den Tisch zauberst, meine Liebe. Einfach großartig!«, rief ihr Karl bewundernd nach.

Dann verfiel er in eine Art nachdenklicher Erstarrung.

Er zweifelte daran, dass sie noch vor dem nächsten Mord mit der Ergreifung des Täters erfolgreich sein würden. Es blieb nur zu hoffen, dass der Kerl zumindest bei seinem kommenden Opfer einen Fehler beging, mit dem er sich verriet. So traurig und hoffnungslos das auch klingen mochte. Karl schämte sich vor sich selbst dafür, dass er momentan nicht mehr tun konnte. So sehr er das auch gewollt hätte.

»Bist du traurig, Großvater?« Hans stand neben ihm. Er zupfte mit ernstem Gesicht an Karls Hausmantel. »Was machst du denn hier, mein Kleiner? Ich dachte, du schläfst.« Karl lächelte gutmütig.

»Bin wach. Will nicht, dass dich die Bestie ärgert. Du sollst sie fangen und einsperren.«

»Mal sehen, was ich tun kann.«

»Du sollst nicht traurig sein, Großvater. Sonst bin ich auch traurig.« Hans begann zu weinen.

»So, ihr Süßen. Nachtisch.« Marlene war aus der Küche zurück. »Hansi, du bist gerade rechtzeitig zum Pudding aufgewacht.«

»Oh, Pudding. Da freu ich mich aber, Oma. Darf ich deinen auch essen?« Hans wischte sich schnell die Tränen aus den Augenwinkeln. Er setzte sich begeistert zu ihnen an den Tisch.

Was würde er erst staunen, wenn er morgen früh, am ersten Advent, den bunten Weihnachtskalender zum Ausschneiden vor seinem Bett vorfand, den Marlene extra für ihn besorgt hatte.

17

Es war gleich vollständig dunkel.

Er folgte ihr bereits seit zehn Minuten. Immer auf der Suche nach einem einsamen Ort, der sich für seine gottgesandten Pläne eignete. Bisher waren ihnen noch zu viele abendliche Spaziergänger begegnet.

Nun zeigte sich endlich niemand mehr um sie herum.

Sie steuerte eilenden Schrittes auf ein Gebüsch zu, an dem immer noch alle Blätter hingen. Das blieb bei einigen immergrünen Pflanzen bis in den Winter hinein so, wusste er.

Die ideale Stelle.

Jetzt musste nur alles ganz schnell gehen.

Von einem Moment auf den anderen war er hinter ihr.

Legte ihr die Hände um den Hals. Drückte kräftig zu, damit sie nicht schreien konnte.

Sie wehrte sich heftig. Trat nach ihm.

Erwischte sein Schienbein.

Es schmerzte höllisch.

Er drückte reflexhaft noch fester zu.

Hätte er nur erneut das Chloroform benützt oder sie gleich von hinten erstochen, kam es ihm in den Sinn. Dann wäre längst alles vorbei. Wieso hatte er sich nur dazu entschieden, neue Wege zu gehen? Übermut? Selbstüberschätzung?

Wie außerordentlich dumm von ihm.

Sie zappelte wie ein kräftiger Fisch auf dem Trockenen. Trotz seines unnachgiebigen Würgegriffes verließ ein gurgelnder Schrei ihren Mund.

Schritte näherten sich.

Er zerrte sie tiefer in den Busch hinein.

»Hallo?«, rief eine Männerstimme. »Ist da jemand? He, Sie! Was machen Sie da, Mann? Lassen Sie die Frau los! Auf der Stelle! Polizei! Zu Hilfe!«

Der Passant kam schnell näher. Einen schweren Gehstock als Waffe in der erhobenen Hand schwingend.

Er löste seinen Würgegriff.

Sein Opfer sank keuchend zu Boden.

Dann rannte er, so schnell er konnte. Immer tiefer in die Dunkelheit hinein.

Ließ seinen neuen Engel und den feuerspeienden Teufel, der sich ihnen gerade so unstatthaft genähert hatte, immer weiter hinter sich.

Sein Puls raste.

Er beschleunigte dennoch sein Tempo.

Keiner von beiden konnte ihn erkannt haben, versuchte er sich selbst zu beruhigen. Dieser jungen Frau Müller hatte er sich von hinten genähert. Sie hatte ihn ganz sicher nicht gesehen.

Der Teufel mit dem Spazierstock war jenseits des Busches gewesen. Er konnte bestimmt nur einen oberflächlichen Blick auf seine dunklen Umrisse geworfen haben.

Alles noch mal gut gegangen.

Trotzdem. Der erste Fehler, der ihm unterlaufen war.

Er musste in Zukunft vorsichtiger sein.

Nie wieder so ein Leichtsinn. Sonst würden sie ihn noch erwischen, bevor er sein Werk zu Ende gebracht hatte.

Das war schlicht und ergreifend unmöglich.

18

Montag, 2. Dezember 1918

»Danke, dass Sie gekommen sind, Frau Müller.« Karl bot
der verschlafen aussehenden jungen Dame, die gerade
zur Bürotür hereingekommen war und sich ihm, Hubert
und Martin Brandl vorgestellt hatte, einen Platz auf dem
Besucherstuhl vor seinem Schreibtisch an. »Ich weiß, wie
schwer es ist, Montag in der Früh bereits voll auf dem
Posten zu sein. Darf ich Ihnen eine Tasse Kaffee bringen lassen? Oder ein Glas Wasser?«

»Nein danke, Herr Oberinspektor.« Hildegard Müller
schüttelte mit zusammengekniffenen Lippen den Kopf.
»Ich möchte die unangenehme Sache so schnell wie möglich hinter mich bringen.«

»Verstehe. Also bitte, erzählen Sie.« Karl setzte sich
ebenfalls. »Was hat sich vorgestern Abend im Englischen Garten genau zugetragen? Wir haben bisher nur
die Anzeige zu sehen bekommen, die Sie bei den Schwabinger Kollegen gemacht haben. Darin sagten Sie lediglich, dass Sie von hinten überfallen wurden und den Täter
nicht erkannt hätten.«

»So ist es auch gewesen, Herr Oberinspektor. Er hat
mich von hinten am Hals gepackt und gewürgt.«

»Können Sie sich noch an irgendetwas anderes erin-
nern? Einen besonderen Geruch vielleicht? An seine
Stimme? Jede Kleinigkeit kann entscheidend für die
Ergreifung des Täters sein.« Bis auf Hildegard war jedem

im Raum klar, dass es sich bei dem Mann, der Gott sei Dank gerade noch rechtzeitig von Rüdiger Hildebrand, einem zufällig vorbeikommenden Passanten, verjagt werden konnte, um den von ihnen so dringend gesuchten Mörder gehandelt haben könnte.

»Er roch muffig. Schien sich längere Zeit nicht gewaschen zu haben.«

»Sehr gut. Noch etwas? Versuchen Sie sich an wirklich alles zu erinnern. Es ist wichtig.« Karl bedachte sie mit einem eindringlichen Blick.

»Er roch auch nach ... einen Moment ...« Sie konzentrierte sich sichtlich. »Ich glaube, es war gegartes Blut. So wie eine Schweinsleber riecht, nachdem man sie in die Pfanne gelegt hat.«

»Wunderbar, Frau Müller. Weiter so. Was noch?« Aß der Kerl die Innereien seiner Opfer womöglich auf? Karl schluckte betreten. Das wäre zwar kaum zu glauben. Aber in Betracht ziehen mussten sie so etwas natürlich.

»Er war sehr kräftig. Aber nicht dick. Sonst hätte ich seinen Bauch in meinem Rücken gespürt.«

»Sehr gut.« Hubert schrieb eifrig mit.

»Weiter«, drängte Karl.

»Mehr kann ich beim besten Willen nicht sagen. Tut mir leid, Herr Oberinspektor.« Hildegard lehnte sich erschöpft in ihrem Stuhl zurück.

Die Erinnerung an den Samstagabend schien Karls bisher möglicherweise einzige Zeugin in der Causa ›Frauenmorde in München‹ über die Maßen anzustrengen. Er konnte das gut nachvollziehen und gönnte ihr eine kurze Pause.

Immerhin hatte sie einen schweren Schock erlitten. So etwas vergaß niemand einfach so auf die Schnelle.

»Nicht vielleicht doch einen Kaffee?«, erkundigte er sich mit bewusst entspannter Stimme.

»Nein danke.« Sie hatte Tränen in den Augen. Schaute erschöpft drein. Die Aussage, bei der alles noch einmal hochkam, nahm sie offenbar tatsächlich sehr mit.

»Sollen wir erst einmal mit dem Herrn Hildebrand weitermachen, der Sie gerettet hat? Er wartet bereits vor der Tür.«

»Gerne.« Sie nickte bereitwillig. »Ich gehe solange ein wenig frische Luft schnappen, wenn es Ihnen recht ist.«

»Natürlich.« Karl lächelte. »Ach, wissen Sie was? Wir können auch ein andermal weitermachen. Das Wichtigste haben wir sowieso. Falls Ihnen noch etwas einfallen sollte, egal wie unwichtig es Ihnen erscheinen mag, melden Sie sich bitte einfach bei uns, in Ordnung?«

»Das mach ich. Das war es jetzt? Wirklich?« Sie sah ihn unsicher an.

»Ja.« Er nickte. »Auf Wiedersehen, Frau Müller.«

»Auf Wiedersehen.« Hildegard nickte ebenfalls. Sie erhob sich und verließ eilig den Raum.

Kurz darauf stolzierte Rüdiger Hildebrand herein.

»Herr Hildebrand, Grüß Gott«, sagte Karl. Er bedeutete ihm, sich zu setzen. »Zunächst einmal möchte ich Ihnen zu Ihrem mutigen Eingreifen am Samstagabend im Englischen Garten gratulieren. Wir alle hier sind uns einig, dass Sie Frau Müller damit das Leben gerettet haben.«

»Ach was.« Rüdiger winkte ab. »Reine Selbstverständlichkeit. Habe Frau Müller bereits gesprochen. Werden wohl später noch gemeinsam kleinen Kaffee trinken gehen.«

»Herr Hildebrand, uns würde brennend interessieren, ob Sie Ihrer Aussage auf der Schwabinger Inspektion noch etwas hinzuzufügen haben.« Karl sah ihn neugierig an.

»Wüsste nicht, Herr Oberinspektor. Alles gesagt. Mann, Umrisse gesehen, dann lief er schnell fort. Angsthase offensichtlich. Wohl noch jung, da flott unterwegs. Anschließend Frau Müller aufgeholfen und auf die Schwabinger Inspektion gebracht. Das war's.« Rüdiger nickte knapp.

»Sie haben gedient?«, fragte Karl, der sich innerlich über den militärisch wirkenden Autogrammstil bei der Ausdrucksweise des Zeugen amüsierte.

Seinen Kollegen schien es nicht anders zu gehen. Sowohl Hubert als auch Martin Brandl grinsten mit gesenkten Köpfen in sich hinein.

»Jawohl, Herr Oberinspektor. Ostfront. Hindenburg. Siegreiche Schlacht bei Tannenberg. Eisernes Kreuz, zweite Klasse für Kämpfer.«

»Aha. Daher also auch der furchtlose Einsatz am Samstag.« Karl lächelte ihn wohlwollend an. »Vielen Dank für Ihr Kommen, Herr Hildebrand. Sie sind hiermit entlassen.«

»Gerne, Herr Oberinspektor. Wünsche noch angenehmen Tag.«

»Ihnen auch.« Karl nickte freundlich.

Rüdiger schritt aufrecht zur Tür hinaus. Er schwang seinen Gehstock mit dem klobigen Silbergriff dabei wie ein Tambourmajor seinen Stab.

19

Sie hatten seit einer Stunde Feierabend. Martin Brandl war, in Wintermantel und Mütze gehüllt, mit dem Dienstfahrrad unterwegs, um trotz der hereinbrechenden Dämmerung noch einmal besonders gründlich die letzten beiden Tatorte nach Spuren des Täters abzusuchen.

Er war enttäuscht von sich selbst. Hatte gehofft, mehr zur Lösung des Falles beitragen zu können. Bisher waren jedoch all seine diesbezüglichen Bemühungen nur Schläge ins Wasser gewesen. Er schien nicht mehr logisch denken zu können oder er war tatsächlich zu unerfahren, um die geforderten Ergebnisse zu liefern. Beides konnte und wollte er nicht auf sich sitzen lassen.

Vorhin hatte er sich im Nordteil des Englischen Gartens an der Stelle umgesehen, an der der Überfall auf Hildegard Müller stattgefunden hatte. Fand dort aber nichts, was sie nicht sowieso schon entdeckt hatten.

Jetzt schob er sein Rad hinauf zum Tatort beim Max-Weber-Platz. Möglicherweise hatten Ratgeber und der Chef dort irgendetwas Wichtiges übersehen.

Wie auch immer. Er wollte diesbezüglich auf jeden Fall ganz sichergehen.

Als er unweit der Mordstelle die Straße entlangfuhr, kam ihm ein junger Mann in Anzug und Hut entgegen.

Ob er wohl vorletzten Samstagabend zufällig etwas gesehen hatte? Wahrscheinlich eher nicht. Aber fragen kostete nichts. Martin hatte Zeit.

Und vielleicht hatte er ja Glück.

Oft genug stand der Zufall dem Menschen hilfreich zur Seite. Da gab es etliche Beispiele. Sogar aus dem Krieg. Oder man nehme nur die Tatsache, dass er am ersten Tatort Herrn Weinberger begegnet war.

Das hatte von einem Tag auf den anderen sein ganzes Leben verändert.

Er ging forsch auf den Mann im Anzug zu.

»Guten Abend«, begrüßte er ihn freundlich.

»Guten Abend«, erwiderte der Mann.

Er lüpfte seinen schäbigen Hut. Sein Anzug erwies sich bei näherer Betrachtung ebenfalls als reichlich abgewetzt und abgetragen.

»Mein Name ist Martin Brandl. Ich arbeite für die Mordkommission München. Dort vorne am Isarhochufer wurde am Samstagabend vor einer Woche ein Mädchen getötet.« Er zeigte Richtung Tatort. Man konnte ihn in der zunehmenden Dämmerung gerade noch erkennen.

»Weiß ich. Schreckliche Sache«, sagte der Fremde. »Mein Name ist Schlichter. Jürgen Schlichter.«

»Angenehm, Herr Schlichter. Ist Ihnen an diesem besagten Samstag zufällig irgendetwas Ungewöhnliches aufgefallen?«

»Na ja, schon.« Jürgen zögerte.

»Tatsächlich?« Martin sah ihn hellwach an. »Was war es denn? Nur Mut. Jede noch so unwichtig erscheinende Kleinigkeit kann für uns immens wichtig sein.«

»Ich wollte mich schon bei der Polizei melden. Hab mich dann aber nicht getraut.« Jürgen senkte kurz den Blick.

»Wieso?«

»Wenn man eine Beschuldigung vorschnell ausspricht, ist das schließlich auch nicht gut.«

»Das ist richtig. Aber bitte erzählen Sie mir trotzdem von Ihrem Verdacht. Jetzt gleich. Wie Sie sehen, sind wir unter uns.« Martin zeigte mit dem Arm ins dunkle Rund um sie herum.

»Ich habe da einen Nachbarn …« Jürgen zögerte erneut.

»Was ist mit ihm? Nun sagen Sie schon.«

»Nun, er ist in meinem Alter. Also Anfang zwanzig herum.«

»Ja und?«

»Er benimmt sich merkwürdig. Lässt sich tagelang nicht draußen sehen. Kommt und geht zu den unmöglichsten Zeiten. Und neulich …« Jürgen sprach nicht weiter. Trotz der winterlichen Temperaturen stand ihm der Schweiß auf der Oberlippe.

»Reden Sie weiter, Mann«, forderte Martin ihn auf.

»Es klingt … so ungeheuerlich, so unglaublich. Deswegen weiß ich nicht so recht, ob ich …«

»Egal. Wir überprüfen es. Muss keiner wissen, dass ich meine Informationen von Ihnen habe.« Martin lächelte unverfänglich. »Sagen Sie einfach nur, was Sie wissen.«

»Also gut. Am Samstagabend vor einer Woche kam er mit einem merkwürdigen Bündel unter dem Arm nach Hause. Es muss um neun Uhr herum gewesen sein.«

»Ein Bündel? Daran kann ich nichts Falsches finden. War es Hehlerware oder etwas Ähnliches?« Martin kratzte sich unschlüssig am Hinterkopf. Er schob dabei unabsichtlich seine Mütze tiefer ins Gesicht.

»Nein, es schien eher ein eingerollter Mantel zu sein, in den etwas eingewickelt war. Außerdem hatte Heinrich selbst ganz verschmierte Hände. Sah wie Blut aus.«

»Tatsächlich? Wie Blut? Das konnten Sie mitten in der Nacht erkennen?« Martin fiel ein, dass das Opfer Sarah Hartmann bei der Auffindung am Tatort keinen Mantel angehabt hatte. Ihre Organe waren wie die des ersten Opfers verschwunden gewesen.

»Er stand im Treppenhauslicht vor seiner Haustür. Da konnte ich es sehen.«

»Dann sollte ich wohl einmal bei ihm vorbeischauen.«

Martin spürte, dass er möglicherweise die erste nützliche Spur in dem undankbaren Fall aufgetan hatte. Seine Hände begannen vor Aufregung zu zittern. Jetzt galt es besonnen und schnell zugleich zu handeln.

»Können Sie mir den Namen Ihres Nachbarn sagen und die Adresse natürlich?«, fragte er.

»Sicher. Der Mann heißt Heinrich Moosberger und wohnt einen Hauseingang von mir entfernt in der Weißenburger Straße drüben. Am besten, wir gehen gleich zusammen hin. Dann zeige ich es Ihnen.«

»Na gut. Also los.«

»Sagen Sie es mir, wenn ich zu schnell bin«, sagte Jürgen. »Ich bin flott zu Fuß.«

»Und ich hab ein Fahrrad.«

Martin wusste, dass er nicht alleine zu einem Mordverdächtigen gehen sollte. Aber es war keine Zeit mehr, den Chef oder Hubsi zu verständigen. Am Ende floh der Verdächtige just in der Zeit, in der er auf Verstärkung wartete.

Lieber Herrgott im Himmel. Mit etwas Glück konnte

er sich heute Abend rehabilitieren und ging doch noch siegreich aus der ganzen Sache hervor.

Er wusste, dass Karl Weinberger große Stücke auf ihn hielt, und wollte alles dafür tun, dass dies auch gerechtfertigt wurde. Schließlich hatte der Chef ihm mit der Berufung zur Kripo die Chance seines Lebens gegeben.

Da war ein bisschen Dankbarkeit mehr als angebracht.

Er würde mit dem Mörder auch alleine fertig werden.

Nur gut, dass er seine Dienstwaffe bei sich hatte.

20

»Wenn wir den Täter nicht bald erwischen, gibt es das nächste Opfer«, sagte Karl mit besorgter Miene. »Heute Morgen war eine junge Dame bei uns im Büro, die einem Anschlag auf ihr Leben gerade noch entkommen konnte. Ein Passant hat sie durch sein beherztes Auftreten gerettet.«

»Meinst du, es war diese ›Bestie‹?«, fragte Marlene. Sie legte ihr Strickzeug beiseite und sah ihn erwartungsvoll an.

»Wer sonst«, Karl nickte.

»Hat sie ihn erkannt?«

»Leider nein. Es war zu dunkel, und er hatte sich ihr von hinten genähert.«

»Komm mal her, mein armer Liebling.« Sie breitete die Arme aus. Blieb jedoch auf ihrem Stuhl am Esstisch sitzen.

Das bedeutete, dass er zu ihr hinübergehen sollte. Sie war offenbar schlichtweg zu müde, um selbst aufzustehen. Zusätzlich zu ihrer gewöhnlichen Hausarbeit hatte sie auch noch gemeinsam mit Eva damit begonnen, für sehr betuchte Damen zu nähen, um ein wenig dazuzuverdienen.

Natürlich konnten sie das Geld gut gebrauchen. Karls Gehalt war bald so gut wie nichts mehr wert, wenn es mit der Inflation so weiterging.

Seit einer halben Stunde saßen sie zu zweit in ihrem gemütlichen Wohnzimmer. Hans und Eva waren bereits zu Bett gegangen. Das Feuer im Kamin brodelte, wohlige Wärme verbreitend, vor sich hin. Holz vom Schwarzmarkt. Marlene hatte es besorgt. Wer sonst.

Karl erhob sich. Er hatte so oder so keine Ruhe zum Sitzen. Er stellte sich zu ihr und ließ sich von ihr umarmen. Spürte, wie gut ihm das tat. Atmete gleich etwas leichter.

»Gräm dich nicht so«, sagte sie. »Und grüble nicht so viel. Du solltest endlich mal wieder eine ganze Nacht durchschlafen. Sonst brichst du mir noch zusammen.«

»Das sagt sich leichter, als es getan ist.« Karl schloss für einen Moment die Augen, um besser entspannen zu können. »Wenn ich daran denke, dass irgendwo da draußen ein Kerl herumläuft, der bereits sein nächstes Opfer ins Visier nimmt, wird mir ganz schlecht. Die jungen Frauen

in München können sich nicht mehr sicher fühlen und
ich bin schuld daran.«

Er setzte sich auf den Stuhl neben ihrem.

»Zuerst einmal ist in erster Linie dieser schreckliche Teufel daran schuld und sonst niemand.« Marlene
schüttelte energisch den Kopf. »Dass ihr ihn noch nicht
erwischt habt, kann niemand ändern. Es ist nun mal so,
wie es ist. Hast du dir vielleicht irgendein entscheidendes Versäumnis vorzuwerfen? Hast du nicht, stimmt's?«
Sie blickte streng zu ihm hinauf.

»Es stimmt einerseits schon, was du sagst.« Karl räusperte sich umständlich. Er schaute betreten an ihr vorbei.
»Andererseits ...«

»Es gibt kein Andererseits«, unterbrach sie ihn schnell.
»Du wirst den Kerl schon noch erwischen. Und wenn nicht,
liegt es sicher nicht nur an dir oder an euch. Vielleicht ist
er mit dem Teufel im Bunde. Wer will das alles wissen.«

»Es gibt keinen Teufel«, erwiderte Karl, der seit Jahren
überzeugter Atheist war.

»Doch, den gibt es. Ich weiß es. Schließlich gehe ich
jeden Sonntag in die Kirche.« Marlene sah ihn streng wie
eine Gouvernante an. »Wer sonst hat den Krieg erfunden,
wenn nicht der Teufel selbst.«

»Der Martin Brandl macht mir Sorgen«, sagte Karl.
Für ihn hatten die Menschen den Krieg erfunden, sonst
niemand. Er wollte aber nicht mit ihr darüber streiten.
Zumindest jetzt nicht. Deshalb ignorierte er ihren letzten Satz. »Er ist in den letzten Tagen immerzu auch nach
Feierabend noch allein unterwegs auf der Suche nach dem
Täter. Kann sich wohl einfach nicht eingestehen, dass er
kein Genius ist.«

»Warum sollte er anders sein als du.« Sie sah ihn lange an.

»Meinst du, ich verlange zu viel von ihm?«

»Das musst du dir schon selbst beantworten, Karl. Aber jetzt mach dich damit nicht auch noch verrückt. Der Brandl ist eine starke Persönlichkeit. Der wächst in den Beruf schon noch hinein. Lass uns lieber zu Bett gehen.« Marlene erhob sich langsam von ihrem Stuhl.

»Ich mach mich aber verrückt. Das ist nämlich nicht ungefährlich, was er tut. Wer weiß, wo er sich herumtreibt. Was will er denn ganz allein gegen den Täter ausrichten, wenn er vor ihm steht?«

»Komm schon, Karl. Ab ins Schlafzimmer.«

Sie reichte ihm die Hand. Er stand ebenfalls auf.

Als sie die Tür zum Flur hinter sich geschlossen hatten, kam Hans aus seinem Versteck hinter dem Sofa hervor.

Eigentlich wollte er dort vorhin nur mal eben sein Spielzeugauto holen. Damit er keinen Ärger bekam, hatte er sich zu diesem Zweck lautlos angeschlichen.

Aber was gab es Spannenderes, als die Erwachsenen bei ihren Gesprächen zu belauschen. Also war er kauernd sitzen geblieben und hatte neugierig die Ohren gespitzt.

Nur zu dumm, dass er sich jetzt erneut Sorgen um seinen Großvater machen musste. Der wurde von Tag zu Tag trauriger wegen dieser Bestie und keiner konnte ihm helfen. Nicht mal mehr Schafkopf spielte er mit ihm nach Feierabend. Dabei war das immer ihr größter gemeinsamer Spaß gewesen.

Er schlich sich mit seinem Spielzeugauto in der Hand und hängendem Kopf im Dunkeln in sein Zimmer zurück.

Dort legte er sich auf sein Bett, deckte sich zu und starrte nachdenklich an die Decke.

Eines Tages wäre er erwachsen, sagte er sich. Dann würde er dem Großvater bei der Verbrecherjagd helfen.

21

»Gleich sind wir da.« Jürgen bog um die Ecke.

»Sehr gut.« Martin nickte.

Die Nacht zeigte sich wolkenlos. Die Temperatur sank wie bereits in den letzten Nächten stark ab. Näherte sich beständig immer weiter der Nullgradgrenze.

Bald würde man in den Straßen Münchens stellenweise wieder übers Eis schlittern können. Ein beliebter Spaß für die Jugend und eine mithin tödliche Gefahr für die Alten.

So ungerecht war es nun einmal verteilt im Leben. Was für den einen gut war, musste es für den anderen noch lange nicht sein.

Sie näherten sich einem grauen Wohnblock in der Weißenburger Straße, an dem überall Farbe und Putz abblätterten.

»Dort drüben ist es.« Jürgen zeigte auf den Eingang, über dem noch Licht brannte.

»Gut, danke«, sagte Martin. »Gehen Sie jetzt bitte in

Ihre Wohnung, Herr Schlichter. Das ist ab sofort eine offizielle Polizeiangelegenheit.«

»Das müssen Sie mir nicht zweimal sagen, Herr Inspektor.« Jürgen sperrte die Tür zu seinem Treppenhaus auf. Er verschwand blitzartig darin.

Martin schlich zum übernächsten Eingang hinüber. Öffnete die wohl zufällig nur angelehnte Tür. Stieg mit gezogener Waffe in den zweiten Stock hinauf. Schellte bei Heinrich Moosberger.

Nichts rührte sich.

Er klingelte erneut.

»Polizei! Aufmachen!«, rief er, während er kräftig anklopfte.

Wieder nichts.

»Machen Sie endlich auf!« Martin schlug jetzt mit der Faust gegen die Tür.

22

Karl wälzte sich unruhig hin und her.

Er konnte nicht einschlafen. Egal wie viele Schäflein er zählte, so wie es ihm Marlene vorhin anempfohlen hatte, bevor sie selbst in tiefen Schlaf gesunken war. Die

Gedanken an den Serienmörder, seine aufgebrachten Vorgesetzten, die jungen Frauen Münchens, die Pressemeute und nicht zuletzt an Martin setzten ihm unentwegt zu.

Marlene atmete ruhig und regelmäßig neben ihm, was ihn noch nervöser machte.

Das hat doch so alles keinen Sinn.

Er stand entnervt auf, zog sich leise an und trat in den Flur hinaus.

Dort nahm er Mantel und Hut von der Garderobe und ging hinaus. In der Hoffnung, dass ihm ein kleiner Spaziergang die nötige Bettschwere verleihen würde.

Elf Uhr und immer noch waren Menschen auf den Straßen unterwegs. Obwohl es Montagnacht und eisig kalt war.

Wahrscheinlich können die auch alle nicht schlafen. Sie werden schon ihre Gründe haben.

Er machte sich Richtung Maximilianstraße auf. Bestimmt fand er in der Innenstadt noch eine Gastwirtschaft, in der man ihm ein spätes Bier ausschenkte. Das wäre jetzt auf jeden Fall das beste Schlafmittel.

Hopfen beruhigte die Nerven. Das war nicht erst seit gestern bekannt.

Als er an einer Gruppe geschniegelter junger Männer mit kurzen Haaren vorbeikam, stellte sich ihm einer von ihnen in den Weg. Er fragte ihn, was er so spät noch auf der Straße zu suchen habe.

»Dasselbe wie alle anderen hier. Ich gehe spazieren, meine Herren. Und vielleicht gönne ich mir irgendwo noch ein Bier. Was dagegen?« Er sah den jungen Mann, der ihn angesprochen hatte, herausfordernd an. So ein vorwitziger jugendlicher Streithansel kam ihm bei seiner schlechten Laune gerade recht.

»Alte Männer sollten um diese Zeit zu Hause im Bett liegen.«

»Wer sagt das? Ein alberner Nationalist wie du?«

»Vorsicht, Väterchen. Pass auf, was du sagst.« Der Bursche baute sich mit breiten Schultern vor ihm auf.

»Sonst was?« Karl ließ sich nicht im Geringsten einschüchtern. Im Gegenteil. Er bemerkte gerade, dass er höchstselbst auf Streit aus war. Eine dankbare Gelegenheit sich abzureagieren. Der Junge hatte ihm lediglich die mühsame Aufgabe der Provokation abgenommen.

»Sonst kannst du dir morgen die Radieschen von unten anschauen.« Sein Gegenüber setzte nun endgültig ein arrogantes, hasserfülltes Gesicht auf. »Hier wird bald eine neue Welt entstehen. In der haben dreckige Juden wie du sowieso keinen Platz mehr.«

Die anderen lachten hämisch.

Karl zog seinen Dienstausweis.

»Kriminalpolizei, Oberinspektor Weinberger«, sagte er in scharfem Tonfall. »Bitte zeigen Sie mir alle Ihre Ausweise. Auf der Stelle. Oder soll ich lieber meine Kollegen herbeirufen und wir verbringen Sie erst einmal geschlossen auf die Inspektion? Da werden sich Ihre Eltern sicher freuen, wenn sie Sie dort abholen dürfen.«

Betretene Stille.

»Ja, äh, sicher. Die Ausweise. Natürlich. Das konnte ich ja nicht wissen, Herr Oberinspektor.« Der Aufschneider von gerade wurde blass. Er gab Karl als Erster seine Papiere.

»Herr Alois Brauer? Du bist das?« Karl sah ihn prüfend an.

»Jawohl, Herr Oberinspektor.«

»Sieht mir nicht besonders offiziell aus, das Geschreibsel hier.« Karls Miene zeigte pure Humorlosigkeit. »Könnte sich um eine Fälschung handeln. Da bist du wohl selbst mit dem Kartoffelstempel drangegangen. Wie alt bist du wirklich? Hier steht, 16 Jahre. Du weißt schon, dass auf Urkundenfälschung Gefängnis steht?«

»Aber der Ausweis ist echt. Ich schwöre es.« Alois' Stimme zitterte.

»Du bist tatsächlich erst 16? Dann bist es allerdings *du*, der um die Zeit nach zehn nichts mehr auf der Straße zu suchen hat. Richtig, Bürschlein?« Karl hielt Alois' Ausweis nach wie vor in der Hand. »Was ist mit den anderen?«, fragte er mit schneidender Stimme.

Er ließ sich alle Papiere aushändigen, nahm sie eingehend unter die Lupe. Ließ sich dabei viel Zeit. Bemerkte währenddessen mit tiefer innerer Genugtuung, dass es die großmäuligen Stutzer vor ihm immer mehr mit der Angst bekamen.

Schließlich gab er ihnen die Ausweise zurück.

»Ab nach Hause mit euch. Bevor ich euch doch noch einsperren lasse«, sagte er. »Und nun zu dir, junger Mann.« Er packte Alois am Oberarm, bevor er seinen Freunden nacheilen konnte. »Wie war das noch gleich mit der Drohung gegen einen Staatsbeamten? Du willst mich also umbringen? Und du beschimpfst mich als Drecksjuden?«

»Nein, Herr Oberinspektor. Auf gar keinen Fall«, haspelte Alois. »Das war nur ein dummer, übermütiger Spaß. Ein Versehen.«

Karl sah ihm an, dass er die Hosen gründlich voll hatte.

»Ein Spaß? Und das soll ich dir glauben? Es hörte sich gar nicht an wie ein Spaß.«

»Aber sicher. Nur ein saudummer Spaß«, wiederholte Alois mit zitternder Stimme. »Ich meinte es nicht so. Bin ein echter Blödel. Alle wissen das.«

Nicht mehr lange und er bricht dir heulend zusammen. Verdammte Feiglinge. Nur in der Gruppe sind sie stark.

»So etwas ist kein dummer Spaß, Bürschlein. Das ist gefährliche Volksverhetzung, Bedrohung und Beleidigung. Wenn ich dich noch einmal um diese späte Uhrzeit irgendwo auf der Straße oder in einem Lokal erwische, sperre ich dich ins Gefängnis, bis du schwarz wirst. Hast du das verstanden?«

»Jawohl, Herr Oberinspektor«, winselte Alois mit tränenerstickter Stimme. »Entschuldigung. Es tut mir leid.«

»Wie war das? Ich verstehe dich nicht.« Karl hielt die Hand hinters Ohr, als wäre er schwerhörig.

»Entschuldigung, Herr Oberinspektor. Es tut mir leid«, wiederholte Alois lauter.

»Na gut. Bei dir scheint noch nicht sämtliches Hopfen und Malz verloren zu sein. Da sind mir schon Schlimmere begegnet. Ab mit dir.« Karl gab ihm einen Klaps auf den Hinterkopf. »Und halte dich gefälligst von den Nationalisten fern. Diese Kerle stiften nichts als Unfrieden. Verstanden?«

»Verstanden, Herr Oberinspektor.« Alois lief in Windeseile davon.

»Hirnlose Deppen«, murmelte Karl kopfschüttelnd, während er weiterging. »Hoffentlich werden die uns eines Tages nicht noch gefährlich.«

23

Er schleppte ihn stöhnend und ächzend im Dunklen die Stufen hinunter in den Keller.

Der Schwächste war er nun wirklich nicht. Aber dieser Polizist, den er gerade von hinten im Treppenhaus mit Chloroform betäubt hatte, war unglaublich schwer. Er musste an die 120 Kilogramm wiegen.

Keuchend öffnete er die Kellertür.

Nun ging es noch einmal wenige Stiegen hinunter. Dann hätte er es geschafft. Er musste den dicken Brocken nur noch zu seinem Kellerabteil gleich ums Eck schleifen.

Dort angekommen, sperrte er die Stahltür auf und zog den Mann hinein. Er fesselte ihm mit kräftigen Schnüren die Arme auf den Rücken. Verband sie mittels einer Eisenkette mit den Füßen, sodass er auf keinen Fall würde aufstehen und entfliehen können, sobald er aufwachte.

Morgen früh würde er ihm etwas zu trinken und zu essen geben. Wenn er wieder bei Bewusstsein wäre.

Bis dahin hatte er Zeit, gründlich darüber nachzudenken, was er mit ihm machen sollte. Einen Polizisten zu töten, würde den gesamten Polizeiapparat auf den Plan rufen. Das war ihm klar.

Andererseits schien der Mann aber zu wissen oder zu vermuten, dass jemand aus dem Haus hier die zwei jungen Frauen getötet hatte.

Weshalb sollte er sonst so unvermittelt hier auftauchen. Genau zu der Zeit nach den Morden. Genau jetzt.

Er hatte ihn laut und deutlich im Treppenhaus herumschreien gehört: »Polizei! Aufmachen!«

Möglicherweise hatte ihn diese Frau Müller am Samstagabend trotz seiner Umsicht erkannt. Oder der Mann mit dem riesigen Gehstock.

Anschließend waren sie auf seine Adresse gekommen, und der Polizist hat sich zu ihm aufgemacht, um ihn zu verhaften und ins Gefängnis zu stecken.

Sollten aber in diesem Fall nicht mehr Polizisten hier aufkreuzen? Da schickten sie doch nicht nur einen. Da kamen sie zu mehreren. Das war doch normalerweise immer so, oder?

Aber wo waren die anderen?

Er hatte niemanden vor dem Haus bemerkt. Außerdem wären sie doch sicher längst hereingekommen.

Es musste alles ganz anders sein.

Bestimmt war der Kerl ohne seine Kollegen hergekommen. Auf eigenes Risiko sozusagen. Wahrscheinlich ein Streber, der den Ruhm alleine einheimsen wollte.

Sei's drum. Morgen würde er mehr wissen. Nachdem er ihn dazu befragt hatte. Er wusste, dass der Polizist ihm alles sagen würde, was er ihn fragte.

Sein Messer würde dafür sorgen.

Jeder wollte sein eigenes Augenlicht am liebsten behalten.

Genauso wie seine Geschlechtsteile oder die Finger.

Brutal stopfte er ihm einen schmutzigen Lappen in den Rachen und band ihn mit einem weiteren Streifen Stoff fest. Sodass er nicht nach Hilfe rufen konnte, wenn er wieder aufwachte.

24

Dienstag, 3. Dezember 1918

»Zehn Uhr durch und der Martin ist immer noch nicht
da. Langsam mach ich mir ernsthafte Sorgen. Er ist sonst
immer der Erste hier im Büro.« Karl sah mit gerunzelter
Stirn zu Hubert hinüber.

»Vielleicht ist er krank.« Hubert zuckte die schmalen Schultern.

»Der Martin? Schmarrn. Er war gestern vor Feierabend noch bestens beieinander. Das müsste schon eine
Blitzkrankheit sein.«

»Plötzliche Darmprobleme. Hatte ich auch schon.«

»Geh, Schmarrn, Hubsi. Wir haben gestern alle dasselbe gegessen in der Kantine. Unser großartiges Dod-
schengemüse mit Kartoffeln. Davon könnte einem zwar
tatsächlich schlecht werden. Aber deswegen wird man
noch lange nicht krank.«

Karl stand auf, ging zu Martins Tisch hinüber und
kramte in den Papieren, die darauf lagen. Vielleicht war
eine Spur auf seinen Aufenthaltsort darin zu entdecken.

»Der kommt bestimmt noch, unser neuer Held.«

»Höre ich da etwa Neid aus deiner Stimme?« Karl
hob seinen Blick. Er beobachtete seinen Assistenten aufmerksam.

»Nein, Chef. War nur so dahingesagt.« Hubert errötete.

»Das will ich aber auch meinen. Der Brandl arbeitet

auch noch nach Feierabend. Jeden Tag. Kannst du etwa das Gleiche von dir behaupten?«

»Nein.« Hubert schüttelte den Kopf. »Was sollte das auch für einen Sinn haben.«

»Was für einen Sinn das haben soll? Einen Serienmörder zu erwischen zum Beispiel.« Karl schüttelte entsetzt den Kopf.

Diese jungen Leute von heute. Keine Moral, keinen Einsatzwillen und keinen Anstand. Außer dem Martin natürlich.

»Na ja. Stimmt schon.« Hubert grinste schief.

»Also lass gefälligst deine blöden Bemerkungen.« Karls Ton ließ keinen Zweifel daran, dass er es ernst meinte.

»Jawohl, Chef.«

»Hier auf seinem Schreibtisch ist nichts Besonderes zu finden.« Karl setzte sich wieder auf seinen Platz zurück.

»Was, wenn er gestern den Frauenmörder gefunden hat, ihn aber nicht allein überwältigen konnte?«

»Dann hätte er sich bestimmt gemeldet.«

»Und wenn ihm das nicht möglich war, weil der Täter ihn vorher überwältigt hat?«

»Dann sollten wir schnellstmöglich nach ihm suchen lassen.«

»Und wenn der Kerl ihn getötet hat?«

»Dann sollten wir trotzdem nach ihm suchen. Vielleicht finden wir über den Weg zu ihm auch den Frauenmörder.« Hubert machte nun ein mindestens ebenso ernstes Gesicht wie Karl. »Aber ich glaube eher nicht, dass unser Täter Männer tötet. Der Kerl hat sein festes Muster. Da passen Männer nicht rein. Wahrscheinlicher ist es, dass er ihn irgendwo festhält und ausfragt, wie nah wir ihm auf den Fersen sind. Vorausgesetzt, er weiß, dass der Martin bei der Kriminalpolizei ist.«

»Endlich mal eine vernünftige Aussage von dir heute Morgen. Wir müssen den Martin finden. Da führt kein Weg daran vorbei. Ich geh gleich mal zum Herzberger rauf und schau, dass ich noch ein paar Leute zur Verstärkung dafür bekomme.«

Georg Herzberger war ihr direkter Vorgesetzter, also genau der richtige Mann für Anfragen dieser Art.

»Sollten wir nicht erst mal jemanden zum Martin nach Hause schicken?«

»Das machen wir sowieso. Aber wenn er nicht da ist, will ich so schnell wie möglich bereit für die Suche nach ihm sein.«

25

»Was willst du hier?«, fragte der vermummte Mann, der gerade hereingekommen war und Martin den Knebel aus dem Mund genommen hatte.

»Wo bin ich?« Martin betrachtete ihn neugierig und verwirrt zugleich.

»Was willst du hier?«

»Wo ist denn *hier*? Ich weiß ja nicht einmal, wo ich bin.« Martin schüttelte ungläubig den Kopf. Er konnte sich nur noch daran erinnern, dass er bei einem gewissen Heinrich Moosberger an der Tür geschellt hatte.

Dann war alles schwarz um ihn herum geworden.

Jetzt lag er hier gefesselt auf dem Boden eines winzigen Raumes, bei dem es sich, dem muffigen Geruch nach, nur um ein Kellerabteil handeln konnte.

So ein verdammter Leichtsinn, alleine in das Haus einzudringen und den Kerl auf eigene Faust erwischen zu wollen.

Alles nur wegen deinem hirnrissigen Ehrgeiz, du Idiot.

Hätte er bloß Verstärkung gerufen.

»Was willst du hier in diesem Haus? Du hast gestern herumgeschrien, dass du von der Polizei wärest und dass dir jemand aufmachen solle. Warum?«

»Also bin ich immer noch hier in der Weißenburger Straße?«

»Antworte! Sonst verlierst du ein Auge.« Der Vermummte holte einen Dolch mit einer langen, blitzenden Klinge hervor. Wahrscheinlich ein Jagdmesser. »Zuerst das rechte.« Er näherte sich ihm.

»Schon gut, schon gut«, wehrte Martin ab. Nackte Angst machte sich in ihm breit.

Offensichtlich stand ein Irrer vor ihm. Der Kerl konnte nur der gesuchte Serienmörder sein. Jürgen Schlichter hatte also recht gehabt mit seinem Verdacht.

Das bedeutete allerdings höchste Lebensgefahr. Verdammt noch mal. Was sollte er jetzt nur tun?

Gut gemacht, Martin. Warum bist du nicht gleich irgendwo heruntergesprungen? Das hätte die Sache mit einem sauberen Schnitt abgekürzt.

Der Kerl hier musste sich unhörbar von hinten an ihn herangeschlichen, ihn betäubt und dann hierher in diesen Keller geschleift haben.

Sicher war es Moosberger selbst, der gerade nach Hause gekommen war, als Martin bei ihm schellte.

Natürlich durfte er ihm auf keinen Fall verraten, dass er wegen ihm und den toten jungen Frauen hier war. Der Wahnsinnige würde ihn auf der Stelle umbringen.

»Ich wollte zu einem gewissen Heinrich Moosberger«, fuhr er stattdessen fort. »Er wird wegen Diebstahlverdachts gesucht. Jemand hat ihn anonym angezeigt.«

»Und das soll ich dir glauben?«

»Es ist so. Was soll ich sonst sagen?« Martin sah ihn mit Unschuldsmiene an. »Sind Sie etwa dieser Herr Moosberger?«

Der Vermummte schüttelte stumm den Kopf.

»Aber dann ist doch alles in Ordnung. Dann können Sie mich ja laufen lassen.«

Sieht nicht so aus, als würde er lügen.

»Geht nicht. Ich muss zuerst noch etwas zu Ende bringen. Dabei wäre mir einer wie du im Wege. Hier hast du etwas zu essen.« Der Vermummte zeigte auf den Teller in seiner rechten Hand.

»Was ist das?«

»Fleischwurst.«

Er fütterte Martin mit der nach Fäkalien riechenden Wurst. Gab ihm anschließend Wasser zu trinken, das leicht faulig schmeckte.

Dann stopfte er ihm erneut den Knebel in den Mund, band ihn fest, ging hinaus und sperrte von außen zu.

Anscheinend wollte er ihn am Leben lassen.

Fragte sich nur, wie lange.

Martin glaubte ihm sogar tatsächlich, dass er nicht Heinrich Moosberger war. Aber wer war er dann? Ein Nachbar, den Jürgen Schlichter mit Moosberger verwechselt hatte?

Wenn er nur wüsste, was der Kerl mit ihm vorhatte.

26

»Was hat der Herzberger gesagt?« Hubert sah Karl, der gerade zur Tür herein kam, forschend an.

»Vergiss es.« Karl winkte ab.

»Wieso? Was war los?«

»Ich sagte ihm, dass der Martin noch nie zu spät gekommen ist.« Karl setzte sich. »Ein Ausbund an Zuverlässigkeit und Einsatzwillen.«

»Und?«

»Er meinte, ich solle mich nicht lächerlich machen, bloß weil einer meiner Leute einmal zu spät komme. Noch dazu einer, der von den Uniformierten käme. Für den wäre unser Beruf sowieso zu schwierig.« Karl schüttelte ärgerlich den Kopf. »Schuster, bleib bei deinen Leisten, hat er auch noch angemahnt.«

»Ganz unrecht hat er damit nicht.«

»Warum?«

»Der Martin hat keine höhere Schule besucht. Er ist ein einfacher Mensch. Von der Bildung her zumindest. Das ist kein Geheimnis.«

Hubert wusste genau, dass er selbst gelegentlich Fehler machte und unkonzentriert zu Werke ging. Um davon abzulenken, kam ihm Martins Fehlverhalten gerade sehr zupass. Er hatte ohnehin das Gefühl, dass ihn der ehrgeizige Streber aus der Arbeiterklasse in der Gunst des Chefs ausstechen wollte.

Andererseits wusste er ebenso gut, dass der Chef, wenn er diesen Fall nicht löste, nicht mehr besonders gut vor ihren Vorgesetzten dastand. Das wäre dann endlich seine eigene große Chance, den Posten des Leiters der Mordkommission zu übernehmen.

Abgesehen von alledem würde es sowieso nicht mehr lange dauern, dann wehte im Land ein anderer politischer Wind. Die nationale Bewegung, der er sich angeschlossen hatte, würde das Ruder übernehmen. Spätestens dann konnte Weinberger mit seiner laxen linksdemokratischen Einstellung einpacken und er selbst wäre obenauf.

Der wie der Chef links denkende Martin wäre in dem Fall ebenfalls keine Bedrohung mehr. Er würde schneller, als er schauen konnte, wieder in den Streifendienst zurückbeordert werden. Da gab es zu gegebener Zeit ganz sicher die geeigneten Mittel und Wege.

So oder so konnte Hubert nur gewinnen. Eigentlich musste er nichts weiter tun, als stillzuhalten und abzuwarten. Alles Weitere würde sich wie von selbst fügen.

Wer wusste es schon, vielleicht hatte sich das Problem Martin Brandl sogar bereits längst erledigt.

»Der Martin hat jede Menge Talent für unseren Beruf, Hubsi«, sagte Karl, der daran offensichtlich nicht so ganz glauben wollte. »Vielleicht sogar mehr als wir beide zusammen.«

»Was soll das heißen, Chef? Wollen Sie damit etwa sagen, dass ich ungeeignet für den Beruf bin? Ist das der Dank für meine jahrelange treue Mitarbeit?«

»Geh, übertreib nicht so maßlos.« Karl schüttelte unwillig den Kopf. »Du bist ein guter Polizist, Hubsi. Aber es wird immer bessere geben. Das wirst du schon so hinnehmen müssen, wenn du es jemals zu etwas bringen willst im Leben.«

»Da bin ich mir nicht so sicher.« Hubert machte ein aufsässiges Gesicht. Ruhig Blut, sagte er sich aber gleichzeitig. Deine Zeit wird bald kommen. Lass den alten Deppen einfach reden.

»Wie auch immer.« Karl grinste flüchtig. Dann sprach er ernst weiter. »Auf jeden Fall meinte der Herzberger, der Depp, dass wir unsere Leute gefälligst ausschließlich zur Klärung der Frauenmorde einsetzen sollten. So ein ›dahergelaufener Pseudokriminalist‹ wie der Brandl könne auch einfach abgehauen sein, weil er gemerkt hätte, dass er dem Beruf als Kriminaler nicht gewachsen ist.«

»Na also. Meine Rede.«

»Hochmut kommt vor dem Fall, Hubsi. Denk an meine Worte, wenn es so weit ist. Die Münchner Frauen müssten ab sofort unbedingt noch besser geschützt werden, meinte der Herberger jedenfalls noch. Das wäre wichtiger als der Martin. Die Münchner Polizei werde bereits in der Presse verhöhnt.«

»Und was machen wir jetzt, Chef?«

»Natürlich machen wir, was unser Vorgesetzter sagt. Aber nach Feierabend, der in nächster Zeit früher als gewöhnlich beginnen wird, machen wir, was wir wollen. Wenn du ein anständiger Mensch und Kollege bist, suchst du den Martin dann gemeinsam mit mir.«

»Ehrensache, Chef. Wir von der Polizei müssen zusammenhalten. So oder so. Wer würde denn außer uns für Ordnung im Chaos sorgen.«

»Fehlt nur noch, dass du salutierst, Hubsi.« Karl grinste kopfschüttelnd.

27

Der ganztägig und auch abends belebte Englische Garten war nach Einbruch der Dunkelheit der perfekte Ort, um neue Engel zu entdecken.

Das wusste er nach den vielen Spaziergängen hier in den letzten Tagen so gut wie sicher.

Gerade hatte er schon wieder riesiges Glück.

Sie war jung, klein, blond und blauäugig. Und sie war alleine unterwegs.

Diesmal würde er allerdings besser aufpassen als das letzte Mal.

Sich unkontrolliert auf den Zufall und die Gier einzulassen. Ohne nach wildgewordenen Tatzeugen mit Spazierstöcken Ausschau halten. So was Dummes. Das hätte auch schiefgehen können.

Zeit lassen.

Ausgiebig beobachten.

Im richtigen Moment zuschlagen.

Er würde diese unumstößlichen Regeln wieder unbedingt beachten, damit seine sämtlichen zukünftigen Missionen von Erfolg gekrönt wären.

Ob er dem Polizisten im Keller glauben sollte, dass er Heinrich Moosberger des Diebstahls verdächtigte, wusste er nicht so recht. Vielleicht war der ja doch wegen der Morde an den jungen Frauen ins Haus gekommen und wollte es ihm nur nicht verraten, damit er wiederum sein Leben verschonte.

Was für ein Glück, dass er ihn gestern Abend gerade noch davon abhalten konnte zu gehen, nachdem er so lauthals im Treppenhaus herumgebrüllt hatte.

Bestimmt hätte er Verstärkung geholt und sie hätten alle Anwohner verhaftet oder zumindest verhört. Ein falsches Wort von ihm beim anschließenden Verhör, und sie hätten ihn am Schlafittchen gehabt. Gott sei Dank war der Herrgott wie so oft auf seiner Seite gewesen.

Die junge Frau bog gerade in den kleinen, schwach beleuchteten Weg ein, der vom Chinesischen Turm hinüber zum Kleinhesseloher See führte.

Wunderbar.

Hier kam um diese Jahreszeit so gut wie niemand vorbei. Schon gar nicht in der Dunkelheit. Möglicherweise war sie mit einem der Arbeiter aus dem Englischen Garten verheiratet, die dort hinten ihre Unterkünfte hatten. Oder sie arbeitete in der Speisewirtschaft beim See.

Spärliches Licht und keine Menschen um sie herum. Das war sie, die absolut perfekte Gelegenheit.

Diesmal würde ihn niemand bei der Vollendung seines Werkes stören. Sogar einen Rucksack für ihr heiliges Fleisch trug er vorsorglich bei sich. Rundherum inwendig mit Zeitungspapier ausgeschlagen, sodass kein Blut durchtropfen konnte. Zumindest nicht, bevor er zu Hause angelangt war.

Er steigerte seine Geschwindigkeit.

Kam ihr immer näher.

Als sie sich umdrehte, weil sie wohl seine Schritte hinter sich gehört hatte, erwachte sein Jagdinstinkt zur Gänze.

Die Vorfreude auf das Kommende ließ ihn glückselig lächeln. Wie in einem überwältigenden Rausch.

Jetzt nur nichts übereilen.

Dennoch zügig, gezielt und effektiv zuschlagen.

Sie schrie laut auf.

28

»Nichts!« Karl breitete enttäuscht die Arme aus. »Keine Spur von ihm im ganzen Englischen Garten zu finden. Der Hubsi hat zwar Abdrücke der Fußspuren um den Tatort herum gemacht, den uns Frau Müller zeigte. Sie stimmen auch mit denen der anderen beiden Tatorte überein …«

»Das ist doch gut«, erwiderte Marlene.

»Schon. Aber den Martin finden wir trotzdem nicht mehr. Bestimmt ist er bereits tot oder er ist wirklich verschwunden.«

Er ließ verdrossen den Kopf hängen, nachdem er sich zu ihr an den Esstisch gesetzt hatte.

Es war 9.00 Uhr abends durch.

Eva und Hans lagen bereits in ihren Betten und schliefen tief und fest.

»Du darfst nicht so schnell aufgeben«, erwiderte Marlene. »Wenn jemand unseren Bernhard damals aus diesem abgelegenen Schützengraben geholt hätte, wäre er sicher auch nicht verblutet.«

»Ich weiß, Marlene, ich weiß.« Karls Stimme klang rau. »Und es macht mich immer noch so unendlich wütend.« Er ballte seine rechte Hand zur Faust, bis die Knöchel seiner Finger weiß hervortraten. »Er war so ein tapferer Kerl. Wollte nur seine Kameraden retten, als ihn diese Granate traf. Und dann lassen ihn diese Schweine einfach liegen. Suchen nicht mal nach ihm. Es gibt nichts Schlimmeres, als hilflos und machtlos zu sein.«

Sie stand auf, trat neben ihn und strich ihm sanft über den Kopf.

»Der Martin erinnert mich an unseren Bernhard«, meinte er mit Tränen in den Augen.

»Der Martin Brandl?«

»Nicht vom Aussehen her. Aber er scheint genauso ein mutiger Hitzkopf wie der Bernhard zu sein. Auch genauso zielstrebig, wenn er sich etwas vorgenommen hat. Und er ist alles andere als dumm.« Seine Stimme festigte sich. Er bekam sich wieder ein. »Der Hubsi könnte sich eine dicke Scheibe von ihm abschneiden. Aber der Vollidiot rennt lieber weiter blind in seine Unglück.«

»Die Nationalisten?«

Karl nickte. »Antisemiten, Erzkonservative und so weiter. Es gab sie ja schon immer. Aber momentan scheinen sie besonderen Aufwind zu bekommen. Ich hab dir doch von den ungezogenen Rotzlöffeln in der Maximilianstraße erzählt. Das wird noch was geben mit denen. Das sag ich dir. Da muss nur der richtige Anführer her, und ruck, zuck haben wir eine brandgefährliche Gesellschaft beieinander, die wir besser nicht hätten.«

»Wie schrecklich. Dabei haben wir gerade diesen grausamen Krieg hinter uns. Die Menschen sollten froh sein, dass Frieden ist.«

»Das ist noch nicht ausgestanden, glaube mir. So ein Krieg ist ganz schnell wieder ausgebrochen. Der Hubert und der Herzberger meinen übrigens, dass der Martin aus Feigheit verschwunden ist.« Karl kam auf sein ursprüngliches Thema zurück. »Weil er selbst eingesehen hätte, dass er für den Beruf als Polizist unfähig wäre.«

»Das ist doch reiner Blödsinn!«, echauffierte sich Marlene, während sie ihnen Tee nachschenkte. »Wie können die so was sagen, ohne ihn wirklich zu kennen.« Sie schüttelte energisch den Kopf. »Dumme Menschen. Der Herzberger ist sowieso nur ein kopfloser Emporkömmling. Schon sein Vater war ein Depp. Das weiß jeder. Und der Hubert. Ich würde mal sagen, eher nicht der Rede wert. Hab ich recht?«

Karl nickte.

Dennoch hegte er ebenfalls seine Bedenken bezüglich Martin. Was, wenn die anderen recht hatten und er sich in ihm gründlich getäuscht haben sollte. Möglich wäre es natürlich, dass der forsche Bursche ihn und die Abteilung tatsächlich schmählich im Stich gelassen hatte, wie der Herzberger meinte.

Das wäre dann allerdings ein echt dicker Hund.

Karl wollte nicht wirklich an diese Version glauben. Er wusste, dass ihn sein gesunder Menschenverstand bis jetzt nur selten getäuscht hatte.

Warum sollte das bei Martin anders sein.

»Gebt halt eine Suchanzeige nach dem Martin auf«, schlug Marlene vor. Sie hustete. Ihre empfindlichen Bronchien meldeten sich seit einigen Tagen wieder. Kein Wunder, wenn man seit Jahren zu wenig Vitamine bekam.

»Das ist eine sehr gute Idee, Liebste. Hatte ich auch schon überlegt. Gleich morgen in der Früh rufe ich bei der Zeitung an. Patrouillen haben wir bereits im Englischen Garten eingesetzt. Vielleicht finden die ihn ja bereits vorher. Oder sogar den Serienmörder.«

»Du darfst die Hoffnung einfach nicht aufgeben, Karl.

Sie ist manchmal das Einzige, was wir noch haben. Weißt du doch selbst.«

»Sicher, Marlene. Wer weiß das nicht.«

29

Er warf sie von hinten zu Boden. Presste ihr ein mit Chloroform getränktes Taschentuch auf den Mund. Wartete, bis sie sich nicht mehr rührte. Drehte sie um. Zerrte sie hinter ein dichtes Gebüsch. Öffnete ihren Mantel, die Jacke, ihre Bluse.

Dann stach er zu. Öffnete ihren Leib. Sorgfältig und berechnend wie ein Chirurg bei der Operation eines Patienten.

Er machte alles wie immer. Schnitt ihr das pochende warme Herz heraus. Leckte sogar daran. Lächelte beseelt dabei.

Anschließend entnahm er ihr die anderen Organe. Steckte sie samt dem in der kühlen Luft dampfenden Darm in seinen Rucksack.

Dabei vernahm er aus der Ferne das Geräusch sich nähernder Schritte.

Schnell platzierte er seinen kleinen Holzengel in ihr.

So viel Zeit musste sein. War dies doch das Wichtigste an der gesamten heiligen Zeremonie.

Ohne diesen abschließenden Akt wäre alles umsonst gewesen. Sie hätte ihren Weg in den Himmel niemals gefunden.

Die Schritte kamen jetzt immer näher. Stimmen waren ebenfalls zu vernehmen. Gelbe Lichtstrahlen bahnten sich ihren Weg durchs nahezu blattlose Geäst.

Na gut. Er war fertig mit ihr. Sie würde nun ohne ihn zurechtkommen.

Schnell nahm er den Rucksack vom Boden auf, streifte ihn sich, immer noch kauernd, über die Schultern. Erhob sich. Machte einige Schritte von ihr weg.

»Halt, wer da?«, rief eine Stimme.

Polizisten. Eindeutig. Oder Soldaten.

Der Helligkeit des Lichtes nach trugen sie starke Lampen mit sich.

Er begann zu rennen. Bemerkte, dass sie die Verfolgung aufnahmen. Rannte schneller. Keuchte atemlos. Holte einen Vorsprung heraus. Warf sich hinter ein dichtes Gebüsch ein Stück abseits des Weges.

Sie näherten sich seinem Versteck in Windeseile. Liefen an ihm vorbei. Immer weiter.

Entfernten sich. Gott sei Dank.

Er stand auf und machte sich in der anderen Richtung davon.

So nahe waren sie ihm noch nie gekommen. Und dann noch der Polizist in seinem Keller.

Es war an der Zeit, über einen Ortswechsel nachzudenken.

Drei Engel hatte er auf die Reise geschickt.

Wenn er jetzt hier in München damit weitermachte, stieg die Gefahr, erwischt zu werden, immer mehr an.

Das durfte auf keinen Fall geschehen.

Er hatte noch so viele Aufgaben zu erledigen.

30

Mittwoch, 4. Dezember 1918

»Und wieder dieselben Fußabdrücke. Militärstiefel aller Wahrscheinlichkeit nach. So wie sie so viele zurzeit tragen. Die Fingerabdrücke stimmen ebenfalls mit denen an den anderen Opfern überein.« Hubert hatte die Gipsabdrücke und die Fingerabdrücke, die er am neuerlichen Tatort im Englischen Garten genommen hatte, gerade mit denen der ersten drei Tatorte verglichen.

Dann war er zu Karl ins Büro zurückgekehrt.

»Das macht es uns auch nicht gerade leichter. Vor allem, wenn wir keine Aufzeichnungen davon finden können.« Karl schüttelte den Kopf. »Habt ihr das Archiv wirklich gründlich danach durchsucht?«

»Mehr als das und drei Mal, Chef.«

»Kalt ist es hier. Hat die Stadt München kein Geld

mehr, um zu heizen? Was ist das nur für eine Zeit, in der wir leben.« Karl stand auf. Er rieb kopfschüttelnd die Handflächen aneinander.

Drei Tote. Eine fast Tote. Ich weiß nicht, ob ich noch eine weitere verstümmelte junge Frau ertragen kann. Das Ganze geht mir über die Hutschnur.

»Die Zeitungsanzeige wegen dem Martin habe ich übrigens vorhin aufgegeben, Chef. Auch wenn ich nicht glaube, dass wir damit Erfolg haben. Der ist entweder tot oder abgehauen. Wir müssen diesbezüglich endlich den Tatsachen ins Auge sehen.«

»Was ich muss, weiß ich immer noch selbst, Hubsi.« Karl setzte sich wieder hinter seinen Schreibtisch. »Ich war gerade wieder mal oben beim Herzberger. Wir kriegen noch mehr Druck. Sie wollen uns einen Sonderermittler aus Berlin aufs Auge drücken.«

»*Was?* Tatsächlich? Einen Preißn? Das gibt's ja gar nicht.« Hubert riss ungläubig die Augen auf. »Was soll das denn bringen? Für so was ist auf einmal Geld da. Das kostet doch Unsummen. Außerdem weiß der sicher nicht einmal, wie man ›Maßkrug‹ buchstabiert.«

»Hab ich den Herzberger auch gefragt, was das soll.« Karl zuckte die Achseln. »Angeblich wäre der Mann eine Koryphäe auf dem Gebiet der Spurenanalyse, meinte er. Wozu wir ja offensichtlich nicht fähig wären.«

»Ach, und was ich hier mache, ist wohl nichts?« Hubert warf wütend ein Aktenbündel auf seinen Tisch, dass es nur so knallte. »So ein Depp, der Herzberger. Aber soll er ruhig anreisen, der Saupreiß. Der Herzberger wird schon sehen, wie weit er damit kommt. Nicht einmal von meinem Stuhl bis zur Tür. Da geh ich jede Wette ein.«

»Lassen wir sie einfach machen, Hubsi.« Karl winkte feixend ab. »Sollen sie sich ruhig sauber blamieren, der Preiß und der Herzberger. Und wir waschen unsere Hände in Unschuld.«

Ich muss den Hubsi auch mal loben, egal was er für falsche politische Ansichten hat. Sonst geht der mir bald noch ein auf seinem Assistentensessel. Wir sind schließlich alle Polizisten. Wenn er bloß nicht so verdammt einfältig wäre.

»Gute Idee, Chef. Sie sind halt doch der bessere Stratege von uns beiden.«

»Hast du das je bezweifelt? Weißt du was, es ist gleich zwölf. Ich lade dich zum Mittagessen ein. Und danach trinken wir weiter. Die Abteilung lässt sich geschlossen vom Herzberger am Arsch lecken. Was sagst du dazu, Kollege?«

»Hofbräuhaus?«

»Von mir aus.«

»Sehr gut, Chef.« Hubert grinste breit. »Ich bin dabei. Manchmal braucht es zivilen Ungehorsam, um die Ordnung wiederherzustellen.«

»Sehr gut, Hubsi. Diesen Satz hätte ich jetzt nicht von dir erwartet.«

»Und was ist mit dem Martin?«

»Wir sagen der Sekretärin, wo wir zu finden sind. Sobald sich jemand wegen ihm meldet, soll sie uns Bescheid geben. Machen können wir im Moment eh nichts. Leider.«

31

Martin hob angestrengt den Kopf. Er sah nichts. Nur durch einen kleinen Spalt in der Kellertür fiel etwas Licht.

Immer wieder hatte er versucht, sich seiner Fesseln zu entledigen. Musste dabei aber jedes Mal feststellen, dass seine Bemühungen umsonst waren. Der verrückte Kerl hatte ihn mit Seilen und mit einer Eisenkette so streng gefesselt, dass er sich so gut wie nicht bewegen konnte.

Die Arme und Beine waren ihm längst eingeschlafen. Er sah keine Zukunft mehr für sich.

Entkommen konnte er derart verschnürt und verpackt nicht. Und bestimmt würde ihn der Vermummte, wenn er das nächste Mal hier hereinkam, umbringen. Er konnte sicher keinen Zeugen gebrauchen, der wusste, dass er hier im Haus zu finden war.

Einen winzigen Hoffnungsschimmer gab es allerdings noch. Der Chef und Hubsi könnten ihn finden. Letztlich waren sie die Einzigen, die ihn vermissen würden. Seine gesamte Familie, Vater, Mutter, Bruder, hatten den Krieg nicht überlebt.

Vorausgesetzt, die beiden suchten überhaupt nach ihm. Vielleicht dachten sie ja, dass er sich aus dem Staub gemacht hätte.

Bestimmt war der Chef in diesem Fall mehr als ärgerlich auf ihn. Er hatte ihn voller Enthusiasmus ins Büro geholt. Große Hoffnungen in ihn gesetzt.

Ein Geräusch. Kleine, tippelnde Schritte. Nicht weit von seinem Gesicht entfernt.

»Sicher eine Ratte«, vermutete er, nahezu lautlos in seinen Knebel hineinmurmelnd.

Sehen konnte er ja nichts. Aber welche Kleintiere sollten in Kellern sonst herumlaufen und diese Art Geräusche machen. Ein Marder möglicherweise. Nein, es musste eine Ratte sein. Ein Marder war größer und lauter. Eine Maus zu klein.

»Verschwinde!«, versuchte er trotz Knebel zu rufen. Lediglich ein unverständliches, jämmerliches Gurgeln kam dabei heraus.

Er fragte sich, wie oft sie wohl über sein Gesicht und seinen Körper gekrochen war, als er geschlafen hatte. Ob sie an ihm geknabbert hatte. Ob sie und ihre Familie ihn mit Haut und Haaren auffressen würden, wenn er nicht mehr lebte.

Dann ließ er seinen Kopf erschöpft wieder auf den Boden zurücksinken.

32

Donnerstag, 5. Dezember 1918

Er öffnete die Kellertür zu seinem Gefangenen. Hatte Essen für ihn dabei und Wasser.

»Warum lassen Sie mich nicht frei?«, fragte Martin, nachdem sein Peiniger ihm den Knebel aus dem Mund genommen hatte.

»Es geht nicht.« Er schüttelte den Kopf. Wusste, dass es zu früh dafür war. »Aber hier habe ich etwas Feines zu essen für dich dabei. Leber mit Zwiebelringen. Sogar Apfelscheiben konnte ich dafür bekommen. Obst ist nicht gerade billig zurzeit. Schwer ranzukommen.«

»Ist Leber billiger?« Martin sah ihn fragend an.

»Kommt ganz darauf an. Wenn man Beziehungen hat, schon.«

Er begann ihn zu füttern. Lächelte dabei verzückt.

»Schön brav aufessen«, sagte er, nachdem der Teller fast leer war. »Das ist eine sehr heilige Frühstücksspeise.«

»Wie spät ist es?«, erkundigte sich Martin, während er brav den Mund aufsperrte, um den nächsten Bissen zu empfangen.

»Sehr, sehr früh am Tag.«

»Welchen Tag haben wir.«

»Donnerstag.«

»Ich habe Durst.« Martin blickte kauend auf den Krug mit Wasser, den der Mann mitgebracht hatte.

»Eins nach dem anderen. Erst wird aufgegessen!«, befahl dieser ihm streng.

Das wäre ja noch schöner, dass der Polizist sich das heilige Fleisch nicht ganz einverleibte. Wenn er es geschafft hatte, wären sie Brüder im Geiste.

Gut zu wissen, dass er dann nicht mehr alleine unter der Sonne war. Einsamkeit konnte ein regelrechter Feind des Lebens sein.

Oft genug hatte sie ihn zur Verzweiflung getrieben. Vor allem in seinen Kinder- und Jugendtagen.

Einmal wollte er seinem Leben sogar selbst ein Ende setzen.

Gott sei Dank hatte er es nicht getan. Wie hätte er sonst all die hübschen blonden Engel ihrer wahren Bestimmung zuführen können.

Nein, nein. Es war alles gut so, wie es war.

Ihm war klar, dass er einen Bruder im Geiste nicht töten durfte. Es war nicht möglich. Alle Regeln sprachen dagegen. Und wozu waren Regeln da, wenn sie nicht befolgt wurden.

Aber er konnte ihn hier unten gefesselt zurücklassen. Das war kein Verstoß. Immerhin gab er ihm so die Gelegenheit, gefunden zu werden oder sich später selbst zu befreien.

Ohne ihm selbst dabei gefährlich zu werden. Denn er wäre zu diesem Zeitpunkt längst auf und davon. Außerdem wusste sein neuer Bruder nicht, wie er aussah.

Niemand würde ihn erwischen.

Wenn der Polizist und Bruder hier unten sich allerdings nicht selbst befreien konnte oder nicht von seinen Kollegen gefunden wurde, selbst schuld. Niemand hatte ihn gebeten, mitten in der Nacht in ein fremdes Haus zu kommen und laut herumzubrüllen.

»Bitte Wasser!«, krächzte Martin.

»Sollst du haben, mein Bruder.«

»Bruder?« Martin sah ihn fragend an.

»Bruder. Ein heiliges Band eint uns ab heute.«
Er ließ ihn ausgiebig trinken.

»Ich verstehe nicht. Wie meinen Sie das?«, wollte Martin danach wissen.

»Du wirst eines Tages von selbst darauf kommen«, sagte er.

Oder auch nicht, großer, dicker Bruder.

Er ließ ihn ein weiteres Mal trinken.

Nahm den Knebel zur Hand.

»Geht es vielleicht ohne das Ding?«, fragte Martin. »Ich habe mir hier in der feuchten Kälte einen fürchterlichen Schnupfen geholt und kriege kaum noch Luft durch die Nase.«

»Leider nicht. Es darf dich niemand hören. Zumindest, bis ich in Sicherheit bin.«

Er stopfte ihm das feuchte Tuch mitleidlos zurück in den Rachen. Band die Enden des Knebels fest in seinem Genick zusammen. Dann verließ er ihn.

Sperrte die Tür hinter sich zu.

Ging in seine Wohnung hinauf.

Packte seine Siebensachen.

Der Herrgott hatte ihn letzte Nacht wissen lassen, dass es an der Zeit wäre, das Land zu verlassen. Seinen neuen Bruder würde er im Herzen mit sich tragen. Es würde ihm den notwendigen Mut für ein neues Leben verleihen.

Hermann Bauberger, ein früherer Kollege aus dem

Schlachthof, der bereits vor Jahren nach Amerika ausgewandert war, hatte ihm vor einigen Wochen geschrieben. Er hatte ihm angeboten, in Amerika zu arbeiten.

Für den Fall, dass er immer noch arbeitslos wäre im guten alten München.

Das Angebot käme unter anderem auch deshalb, weil sie sich immer so gut verstanden hätten. Er vermisse seine gute Laune und ihre gemeinsamen Späße. Die Amerikaner wären lange nicht so lustig.

Hermann hatte sich offenbar über Jahre hinweg eine eigene Schlachterei in New York aufgebaut.

Er könne jederzeit als Schichtleiter bei ihm anfangen, hatte er ihm noch geschrieben. Gute Leute könne man überall auf der Welt gebrauchen. So auch hier und ganz besonders bei ihm.

Das Ticket für die Schiffspassage hatte Hermann beigelegt. Als Vorschuss, wie er am Ende des Briefes noch meinte. Er könne ihm das Geld zurückzahlen, sobald er selbst erfolgreich wäre dort drüben.

Er entnahm den Zeilen, dass Hermann ihn wie einen Bruder liebte und sich nach ihm sehnte.

Ein umwerfendes, einmaliges Angebot. Jetzt war die Zeit dafür gekommen, es anzunehmen. Bevor ihn die Häscher des Satans erwischten.

Hurra! Er würde nach Amerika reisen.

Seine Ausweispapiere waren in Ordnung. Alles würde gut gehen. Ganz bestimmt. Vielleicht könnte Hermann sogar mit ihm gemeinsam auf Engelsjagd gehen.

33

»Grüß Gott, Jürgen Schlichter mein Name.« Der Mann, der gerade an der Bürotür geklopft hatte, drehte unschlüssig seinen abgewetzten Hut in den Händen, den er zuvor zum Gruß abgenommen hatte.

»Grüß Gott, Herr Schlichter. Was kann ich für Sie tun?« Hubert sah ihn neugierig an.

Wer mochte ihm am frühen Donnerstag, sogleich nach Öffnung des Büros, noch ärgere Kopfschmerzen bereiten wollen, als es das gestrige Bier im Hofbräuhaus bereits tat.

Dem Chef ging es sicher auch nicht besser. Er hatte dem unwiderstehlichen Hopfensaft ebenfalls ausgiebig zugesprochen. Und alles bezahlt, wie er versprochen hatte. Er schlief wohl noch. Jedenfalls hatte er den Dienst nicht wie gewöhnlich pünktlich angetreten, was genau genommen mehr als ungewöhnlich war.

»Ich habe gerade Ihre Anzeige in der Zeitung von gestern gelesen«, fuhr Jürgen fort. »Mein Nachbar gibt mir seine Ausgabe immer am nächsten Tag, wenn er damit durch ist. Dafür bekommt er von mir Eier. Ich habe zwei Hühner im Hinterhof. Ja, so ist das. Eine Hand wäscht die andere. Man muss zusammenhalten in den heutigen schweren Zeiten.«

»Welche Anzeige meinen Sie?« Hubert ignorierte die langatmigen Ausführungen seines Besuchers.

»Die mit dem Bild von dem Polizisten, den Sie suchen. Sie wissen schon.«

»Ja?« Hubert straffte seinen Oberkörper.

Hoffentlich nicht schon wieder so ein Spinner, der etwas gesehen haben will, aber letztlich nichts Brauchbares zu sagen hat. Tagtäglich kamen Menschen vorbei, die sich mit ihren vermeintlichen Beobachtungen wichtigmachen wollten. Arbeitsscheues Gesindel, das nur auf ein Zeugengeld aus war.

Nicht mehr lange, dann würde wieder Ordnung herrschen im Deutschen Reich. Dafür würden seine Gesinnungsgenossen und er schon sorgen. Sie wurden immer mehr.

Letztes Wochenende hatte er mit einem Großteil von ihnen einen Soldaten im Hofbräuhaus kennengelernt. Der hatte ihnen dort außerordentlich interessante Ideen für einen neuen Staat unterbreitet.

Ein ursprünglicher Österreicher war er. Kriegsheld, mit dem Eisernen Kreuz ausgezeichnet.

Er hatte ihnen auch seine Vision von stolzen deutschen Männern und Frauen mitgeteilt. Nie wieder sollte in diesem schönen Land jemand Not erleiden.

Hubert freute sich schon jetzt auf das nächste Treffen mit ihm. Zurzeit war er wohl irgendwo außerhalb Münchens in einer wichtigen militärischen Mission unterwegs. Aber er wäre sicher in einigen Wochen wieder zurück, hatte er gemeint, bevor er sich von ihnen verabschiedete.

»Jetzt weiß ich allerdings nicht, ob es wichtig ist, was ich zu sagen habe, oder nicht.« Jürgen sah Hubert unschlüssig an.

»Das weiß ich auch nicht.« Hubert zuckte mit einem überheblichen Lächeln auf den Lippen die Achseln.

»Gedanken lesen können auch wir von der Kripo nicht. Leider. So praktisch das auch manchmal für uns wäre.«

Auch bloß wieder ein Depp.

»Soll ich trotzdem …?« Jürgen wurde nun offensichtlich noch unsicherer.

»Natürlich sollen Sie.«

Hubert bot ihm mit einer einladenden Geste den Besucherstuhl vor seinem Schreibtisch an. Er erwartete sich nichts von der Aussage. Aufnehmen musste er sie der Ordnung halber dennoch. Gegen die Dienstvorschrift war auch er machtlos. Schon mal vormerken für eine dringende Änderung, wenn es so weit war mit dem neuen Reich.

»Sagen Sie mir einfach, was Sie wissen. Dann werden wir schon herausfinden, ob es wichtig ist.«

»Also es war so. Am Montagabend war ich auf dem Nachhauseweg.«

»Das ist schön für Sie, Herr Schlichter. Aber bitte beschränken Sie sich auf die wichtigen Tatsachen bei Ihrem Bericht.« Hubert spielte ungeduldig mit seinem akkurat angespitzten Bleistift herum.

»Da traf ich ihn.«

»Wo? Auf Ihrem Nachhauseweg? Wen trafen Sie da?«

»Den Polizisten, den Sie laut der Anzeige in der Zeitung suchen. Ich glaube zumindest, dass er es war.«

»Wieso sagen Sie das denn nicht gleich, Mann?« Hubert bekam einen roten Kopf vor Erregung.

Da hält mich der Depp stundenlang hin, bevor er endlich mit dem Wichtigsten herausrückt.

Karl kam mit zerknittertem Antlitz zur Tür herein.

»Was soll er gleich sagen, Hubsi?«, erkundigte er sich.

»Er ist am Montagabend dem Martin begegnet«, erklärte ihm Hubert. Dann fuhr er, an Jürgen gewandt, fort: »Was geschah dann? Reden Sie schon.«

»Ich zeigte ihm, wo mein Nachbar, Heinrich Moosberger, wohnt und ging in meine Wohnung, wie er es mir anschaffte.«

»Ja und?«, mischte sich nun Karl in das Verhör. »Was tat Martin?«

»Er wollte zu Moosberger hinübergehen.«

»Wieso? Was ist mit diesem Heinrich Moosberger?«

»Ich glaube, dass er dieser Frauenmörder ist, den der Polizist suchte. Das sagte ich ihm auch.«

»Was? Wie kommen Sie denn darauf?« Karl zog fragend seine dichten grauen Augenbrauen nach oben.

»Ich sah, wie er am vorletzten Samstag in der Nacht ein merkwürdiges Bündel in seine Wohnung hinauftrug. Außerdem hatte er Blut an den Händen, glaube ich. Das kam mir mit der Zeit immer verdächtiger vor. Der Polizist, den Sie suchen, also Ihr Kollege, fand das auch.«

»Wo wohnen Sie? Ihre Adresse. Na los! Machen Sie schon!« Endlich eine Spur. Hoffentlich stimmte das auch alles, was der Mann sagte. »Hubert, wir dürfen keine Zeit verlieren. Verständige die Kollegen. Ich fahr da umgehend mit unserem Zeugen hin. Ich nehm eine Droschke. Kommt so schnell es geht nach.«

Karl zog Hut und Mantel erst gar nicht aus. Er schnappte sich den verblüfft dreinschauenden Jürgen und schob ihn hastig vor sich zur Tür hinaus.

34

Er war bereits auf dem Weg nach Hamburg. Hatte den Frühzug vom Münchner Hauptbahnhof aus genommen. Der war pünktlich auf die Minute abgefahren.

Er las in einer der alten Zeitungen, die im Abteil herumlagen. Da, das war er doch. Ein Bild des Polizisten in seinem Keller sprang ihm ins Auge.

Sie suchten ihn.

Endlich kannte er seinen Namen. Martin Brandl hieß sein neuer Bruder. Er war bei der Kriminalinspektion und offenbar mit der Suche nach ihm betraut gewesen.

Da schau her. Er hatte ihn also belogen, als er sagte, dass er wegen Heinrich Moosberger und einem Diebstahlverdacht im Haus wäre.

Wusste er denn nicht, dass man seinen Bruder nicht belügen durfte? Eine Bruderschaft war etwas Heiliges. Damit trieb man keine Scherze.

Ursprünglich hatte er vorgehabt, von einer der nächsten Stationen aus ein anonymes Telegramm an die Münchner Polizei zu schicken. Er hätte ihnen darin mitgeteilt, wo sie ihren Kollegen fanden.

Doch das konnten sie nun vergessen. Auf keinen Fall würde er einem Bruder helfen, der ihn belogen hatte. Eine Sünde und eine Respektlosigkeit sondergleichen.

Martin Brandl hatte den Tod verdient. Punktum.

Empört sah er zum Fenster hinaus. Die Landschaft flog nur so an ihm vorbei. Er würde Bayern mit seiner grünen Berg- und Hügellandschaft für lange Zeit nicht wiedersehen.

Vielleicht für immer.

Nicht leicht für einen, der hier geboren wurde. Gerade wenn es sich um eine äußerst sensible Person wie ihn handelte.

Es war eine Frage der Nerven. Dem einen machte nichts etwas aus. Der andere litt unter den geringsten Kleinigkeiten.

So war es auch bei ihm. Das hatten bereits die Erzieher im Waisenhaus gesagt, wo er nach dem plötzlichen Tod seiner Mutter aufgewachsen war.

»Der Junge wird wohl immer ein Teufel bleiben«, hieß es von Seiten der Heimleitung. »Er hat das Böse im Leib. Hart rannehmen und absolute Disziplin. Nur das kann hier die Devise sein.«

Sie hatten ihn tatsächlich hart rangenommen. Alles in allem hatte es ihm jedoch gutgetan, wie man leicht erkennen konnte. Es hatte ihn härter gemacht und schließlich war er zum persönlichen Ritter Gottes avanciert.

Aber ach. Vorbei.

Der Geist sollte nicht zu lange in alten Zeiten schwelgen. Es vermochte den ganzen Menschen möglicherweise zu vergiften und zur Tat unfähig zu machen.

Die hübschen Engel in München würden ihn vermissen. Zu recht. Wer sollte, jetzt wo er fort war, ihre Seelen zu ihren Gleichgesinnten in den Himmel zum Herrn schicken?

Oh, mein Gott. Was war denn das?

Schwebte da gerade etwa ein neues blondes Engelchen an seinem Abteil vorbei?

Er sprang auf.

Stürzte zur Tür.

Riss sie hastig auf.

Blickte ihr hinterher. Stellte fest, dass sie im Inneren des übernächsten Abteils verschwand.

Hatte sie ihm kurz zuvor nicht einen einladenden Blick aus ihren leuchtend blauen Augen zugeworfen?

Auf jeden Fall. So war es. Sie wollte, dass er sich zu ihr setzte, um ihr Gesellschaft zu leisten.

Zunächst einmal würde er ihrer Einladung Folge leisten. Dann würde er weitersehen.

Vielleicht machte er Pläne mit ihr. Vielleicht auch nicht. Das lag ganz allein am Willen Gottes. Wenn der ihm eine Botschaft beziehungsweise einen Auftrag zukommen ließ, würde er ihn selbstverständlich gehorsam ausführen. Wenn nicht, bliebe es wohl bei einer netten Unterhaltung.

Obwohl, möglicherweise würde er die Botschaft des Herrn nicht hören. Wegen des Lärms, den der fahrende Zug auf den Gleisen veranstaltete.

Das sollte er auf jeden Fall auch in Betracht ziehen.

Sie hatte ihn also mit stillen Blicken aufgefordert, zu ihm zu kommen. Hatte sie ihren Erlöser sogleich in ihm erkannt?

Es konnte nur so gewesen sein. Die meisten von ihnen waren hellsichtig.

Hurtig nahm er seinen Koffer von der Gepäckablage. Setzte seinen Hut auf. Legte sich seinen Mantel über den Arm. Blickte noch einmal um sich, ob er auch nichts vergessen hätte.

Dann verließ er voller Vorfreude das Abteil.

Das Leben meinte es gut mit ihm.

35

Jürgen zeigte Karl den Eingang zu Heinrich Moosbergers Wohnung in der Weißenburger Straße. Dann ging er in seine eigenen vier Wände. Er habe schließlich nichts mit dieser Sache zu tun. Außerdem sei er kein Polizist.

»Es verlangt auch niemand von Ihnen, dass Sie sich in Gefahr begeben«, sagte Karl. »Mir ist es eh lieber, wenn Sie bei sich zu Hause bleiben. Das ist schließlich eine Amtshandlung, die ich hier durchführe.«

Er stieg zwei Türen weiter durch das stark verschmutzte Treppenhaus in den zweiten Stock hinauf. Schellte und klopfte laut bei Heinrich Moosberger, wie es Martin am Montag getan hatte.

Die Tür öffnete sich und ein großgewachsener junger Mann mit kurzen dunklen Haaren sah ihn neugierig an.

»Grüß Gott, der Herr«, sagte er. »Sie haben's aber dringend. Was kann ich für Sie tun? Hab ich in der Lotterie gewonnen?« Er grinste frech.

»Herr Heinrich Moosberger?«, erwiderte Karl humorlos.

»Ja.« Heinrich nickte.

»Sie könnten mir zunächst einmal sagen, wo Sie am Dienstagabend gewesen sind«, erwiderte Karl. »Weinberger mein Name. Kriminalinspektion München.« Er zeigte ihm seinen Dienstausweis. Legte dabei seine Hand auf die Dienstwaffe im Hüftholster.

Wenn der Kerl tatsächlich ihr gesuchter Täter war, konnte er nicht vorsichtig genug sein.

»Kriminaloberinspektor? Oh Gott. Ist etwas passiert?« Heinrich riss erschrocken die Augen auf.

»Beantworten Sie bitte einfach meine Frage.«

»Natürlich. Am Dienstag war ich in Würzburg. Ich habe dort bis gestern meine Verwandtschaft besucht.«

»Seit wann waren Sie dort?« Karl wartete mit lauerndem Blick auf eine verräterische Regung seines Gegenübers.

»Seit dem 18. November«, erwiderte Heinrich, frei heraus lächelnd. »Das ist mein Geburtstag. Den feiere ich immer daheim mit alten Freunden und meinen Eltern. Und hänge gleich meinen Jahresurlaub dran.«

»Wir werden das überprüfen.«

»Wie Sie wollen, Herr Oberinspektor. Ich habe nichts zu verheimlichen.«

»Darf ich kurz zu Ihnen hereinkommen? Wir suchen jemanden.«

»Sicher. Sie werden hier nur niemanden außer mir vorfinden.«

Karl betrat die kleine, billig eingerichtete, aber sauber geputzte Wohnung. Er sah sich gründlich um.

Nichts. Nicht die geringste Spur von Martin.

Enttäuscht verabschiedete er sich von Heinrich. Es wäre auch zu schön gewesen, wenn er Martin sogleich entdeckt hätte.

Als er ins Treppenhaus hinaustrat, überkam ihn eine plötzliche Eingebung.

»Wohnt hier im Haus zufällig jemand, der Ihnen ähnlich sieht?«, fragte er Heinrich.

»Schon. Der Jörg Maria Siebenbrenner. Direkt gegenüber. Wenn das überhaupt sein richtiger Name ist, der da auf dem Türschild steht. So heißt doch keiner.«

»Wieso?«

»Ich hab ihn zum Beispiel einmal von hinten mit Herr Siebenbrenner angesprochen, da hat er nicht im Mindesten reagiert.«

»Vielleicht hört er schlecht.«

»Das hätte ich vorher bereits gemerkt.« Heinrich winkte ab. »Auf ›Herr Nachbar‹ hatte er ja bis dato immer gehört.«

»Wirklich?« Karl hob erstaunt die Brauen.

»Ja. Seltsam, nicht wahr? Überhaupt ein seltsamer Kauz. Redet nicht. Kommt heim. Sperrt sofort hinter sich zu und lässt sich nicht mehr blicken. Er sieht mir aber tatsächlich ziemlich ähnlich. Scheint allerdings heute Morgen verreist zu sein.«

»Ich läute trotzdem bei ihm. Gehen Sie bitte derweil in Ihre Wohnung zurück, Herr Moosberger. Sicherheitshalber.«

»Natürlich, Herr Oberinspektor.«

Heinrich verschloss seine Tür von innen.

Als sich Karl Siebenbrenners Tür näherte, stellte er erstaunt fest, dass sie offen stand.

Er klopfte und schellte dennoch mehrmals.

Nachdem niemand reagierte und nichts aus dem Inneren zu hören war, nahm er seine Waffe in die Hand, entsicherte sie, schob die Tür ganz auf und ging hinein.

»Hallo, jemand zu Hause? Kriminalpolizei!«, rief er mit fester Stimme.

Keine Reaktion.

Er ging weiter. Öffnete mit der Waffe im Anschlag das Nebenzimmer. Sah sich dort um.

Leer.

Heruntergekommen und schäbig. Mehr fiel Karl nicht dazu ein.

Er betrat erneut die Küche.

Dann entdeckte er die kleine Speisekammer. Es roch darin stark nach Fäkalien und dem Fleisch, das offen in einem Regalfach lag. Innereien, wie es aussah. Weißliche Maden krochen darauf herum.

Überall getrocknetes Blut.

»Ja, Kruzifix. Da ist ja unerträglich«, murmelte Karl halblaut, während er sich die Nase zuhielt. »Hat der Kerl etwa in seine Speisekammer geschissen?«

War das etwa ein Schweinedarm, was in dem selbstgezimmerten Holzregal lag? Reichlich lang dafür. Was, wenn er von einem Menschen stammte? Von einer jungen Frau zum Beispiel.

Unfassbar. Aber das war's doch.

Das musste es sein.

Es konnte sich nur um die Wohnung des Täters handeln. Wo hatte der elende Kerl Martin versteckt? Hier drinnen gab es zumindest nicht die geringste Spur von ihm.

Hatte er ihn etwa in den Keller geschleppt? Das wäre naheliegend.

Im Keller konnte man Menschen hervorragend, vor aller Welt unsichtbar, einsperren. Wenn man ihnen noch dazu einen Knebel verpasste, würde sie dort bis zum St. Nimmerleinstag niemand finden.

Er schlug die Tür zur Speisekammer wieder zu.

Hubsi sollte sich mit Doktor Riesler und Johann Fetzner um die Spuren kümmern. Wenn er auch sonst zu nicht viel zu gebrauchen war. Das konnte er wenigstens. Gelernt war halt gelernt.

Karl würde gleich noch einmal bei Heinrich Moosberger schellen und ihn nach einem Kellerschlüssel fragen. Wenn Martin tatsächlich dort unten gefangen gehalten wurde, befand er sich möglicherweise in höchster Lebensgefahr.

Nichts wie los.

36

»Wohin fahren Sie, wenn ich fragen darf, gnädiges Fräulein?«

»Geh, hören Sie auf. Gnädiges Fräulein!« Die blonde junge Frau, neben die er sich gesetzt hatte, winkte verlegen ab. »Ich bin die Martha Säcklinger. Martha genügt.«

»Angenehm, Martha. Mein Name ist Albert. Albert Nutzer.« Selbstverständlich nannte er ihr nicht seinen wirklichen Namen. Vorsicht und Umsicht waren geboten. Was, wenn er sich aus einer unvorhersehbaren Laune heraus dazu entschied, sie leben zu lassen? Sie könnte ihn jedem verraten. Sei's drum.

Wie gut, dass das Abteil nur von ihnen beiden besetzt war. Es würde ihm die Aufgabe erleichtern, falls der Herrgott sich deshalb bei ihm melden sollte.

Erstens würde er ihn sicher hören. Dann könnte er die Vorhänge zuziehen und sein Werk gleich hier verrichten. Oder besser noch, er folgte ihr auf die Toilette, sobald sie sie aufsuchte. Diese konnte man absperren und er würde garantiert von niemandem überrascht werden.

Andererseits könnte er ihr vorschlagen, sich beim nächsten längeren Aufenthalt mit ihm ein wenig die Beine zu vertreten.

Überall gab es Gebüsche und Häuserecken, die niemand einsehen konnte.

»Ich fahre nach Frankfurt zu meiner Tante. Und Sie?« Sie lächelte ihn freundlich an.

»So ein Zufall. Ich habe zunächst dieselbe Richtung. Muss allerdings noch ein Stück weiter. Nach Fulda.«

»Was gibt es denn dort zu tun?« Sie lachte.

»Meine Tante?« Er lachte ebenfalls. »Nein, im Ernst. Meine Mutter wohnt dort. Jeden Dezember besuche ich sie. Nach der gemeinsamen Silvesterfeier fahre ich zurück nach München.«

»Ach, wie schön. Familie ist halt alles, stimmt's?«

»Da kann ich Ihnen nur recht geben, verehrte Martha. Darf ich Sie möglicherweise auf einen Kaffee im Speisewagen einladen?«

»Möglicherweise.« Sie nickte.

»Hocherfreut, liebe Martha. Wenn Sie gestatten, dass ich dies so sage.«

»Ich gestatte es, lieber Albert. Ich gestatte es durchaus.« Sie kicherte albern, während sie sich von ihrem Platz erhob.

37

Während Karl die Treppen hinunterstieg, traf Hubert Ratgeber gerade unten mit den Kollegen ein. Auch Doktor Riesler und Johann Fetzner waren dabei.

Karl beorderte zwei Mann und Doktor Riesler mit ihm in den Keller. Die anderen sollten oben in Jörg Maria Siebenbrenners Wohnung die Spuren untersuchen und sichern.

»Hoffentlich ist es noch nicht zu spät«, sagte Karl, während er die Tür zu den Kellerräumen öffnete.

Ihm schwante Böses.

Es war zunächst gar nicht so einfach, sich im Dunkeln zurechtzufinden. Dann fand Karl den Lichtschalter. Er drehte ihn einmal nach rechts. Alles wurde in gelbliches Licht getaucht.

Kleine Schatten sausten zu ihren Füßen davon.

»Ratten. Ich hasse die widerlichen Viecher.« Karl hielt inne, bis sie nicht mehr zu hören und zu sehen waren.

Er befahl, alle Kellerräume aufzubrechen. Einen nach dem anderen.

Beim vierten wurden sie fündig.

Martin lag darin.

»Gott sei Dank!«, stieß Karl aus.

Er eilte zu ihm, um ihn, so schnell er konnte, von seinen Fesseln und von dem Knebel in seinem Mund zu befreien.

»Martin. Gott sei Dank. Was machst du denn für Sachen«, sagte er erleichtert.

Martin antwortete nicht.

Er lag leblos wie ein nasser Sack Kartoffeln auf dem verschmutzten Boden.

Grüngelblicher Schleim troff aus seiner Nase.

Er atmete nicht.

»Schnell, Doktor Riesler. Das schaut nicht gut aus.«
Der Arzt bückte sich neben Martin. Er untersuchte ihn eingehend. Keine fünf Minuten später stand er wieder auf.
»Da ist nichts mehr zu machen, Herr Weinberger.« Er schüttelte langsam den Kopf. »Er ist tot. Ich schätze, er ist am Knebel und an einem starken Schnupfen erstickt.«

»Was? Der Martin tot? Sind Sie ganz sicher? Kann man wirklich nichts mehr machen?« Karl sah ihn mit schierem Entsetzen im Blick an.

»Dazu ist es leider zu spät. Er dürfte vor gut zwei Stunden gestorben sein.« Doktor Riesler schüttelte den Kopf.

»Er ist also erstickt?« Karl wollte es immer noch nicht glauben. »Mein Gott, was für ein schrecklicher Tod.« Er sah betreten zu Boden. Tränen schossen ihm in die Augen.

Sie waren zu spät gekommen. Es gab keine Rettung mehr für Martin. Wie damals im Schützengraben für Bernhard.

Die Welt war kein schöner Ort. Viel zu grausam und zu kalt für Menschen, die gerne an das Gute glauben wollten.

»Nur lächerliche zwei Stunden früher und er würde noch leben«, fuhr Karl mit gebrochener Stimme fort. »Was ist das nur für ein elendiger Scheißberuf. Ich mag nicht mehr. Ich hab einfach keine Lust mehr.« Er kehrte Martin und Doktor Riesler den Rücken zu.

»Warum sind wir bloß nicht früher hergekommen?«,
fuhr er leise fort. Seine Schuldgefühle raubten ihm die
Luft zum Atmen. »Warum hab ich ihn überhaupt ins
Team geholt? Ich bin sein Mörder. Sonst niemand.«
Er stieg, immer noch in seine trüben Gedanken ver-
tieft, zu Hubert und den anderen in den zweiten Stock
hinauf.

»Wir geben sofort eine Großfahndung heraus,
Hubsi!«, rief er dort. »Verständigt, soweit es möglich ist,
alle Dienststellen per Telefon und Telegramm. Das muss
jetzt schnell gehen, Leute. Alles andere kann warten.
Eine möglichst genaue Personenbeschreibung gibt es
gleich gegenüber bei Heinrich Moosberger. Auf geht's!«

38

Dienstag, 31. Dezember 1918

Noch knapp zehn Minuten, dann wäre das alte Jahr vergangen.

Marlene hatte einige wenige gute Freunde zu einer stillen Silvesterfeier in ihre Wohnung eingeladen. Natürlich
waren Karl, Eva und Hans ebenfalls anwesend.

Alle saßen gemütlich zusammen und tranken guten Wein. Sogar zwei Flaschen Sekt hatte Marlene bei einer ihrer zahlreichen Quellen organisiert.

Sogar Hubert feierte mit ihnen.

Die ›Bestie von Bogenhausen‹ mit dem angeblichen Namen Jörg Maria Siebenbrenner blieb nach wie vor unauffindbar.

Die Fingerabdrücke in dessen Wohnung und an Martin stimmten zwar mit denen von den Tatorten und denen an den weiblichen Opfern überein. Sie stammten ganz klar von Siebenbrenner oder wie auch immer er wirklich heißen mochte. Leider waren aber weder sie noch sein Name irgendwo in den Listen der Ermittlungsbehörde sowie der Meldebehörde gespeichert, sodass man sie hätte abgleichen können.

Außer einem Feldwebel, der 1915 im Krieg gefallen war, hieß zudem wohl niemand in ganz Deutschland zu dieser Zeit Jörg Maria Siebenbrenner.

Es gab auch Positives zu vermelden. Seit der Täter verschwunden war, hatte es keine weiteren Morde in München mehr gegeben.

Karl hat noch am selben Tag, als sie Martin fanden, seine Frühpensionierung beantragt. Er wollte seinen Beruf nicht mehr ausüben. Erklärte Marlene, dass seine Nerven der Belastung nicht länger standhalten würden.

Er würde lieber irgendwo in die Fabrik gehen, als noch einen Tag länger im Büro zu bleiben.

Hans hatte den Kummer seines Großvaters, der diesen seit der ersten Frauenleiche in den Isarauen bis dahin unentwegt gequält hatte, immer gespürt. Es hatte ihm wehgetan.

Er hatte jedoch nicht gewusst, was er tun könnte, um ihn aufzuheitern.

Als er von Karls Kündigung erfuhr, hatte er sich riesig gefreut. Endlich hätte der Großvater wieder Zeit, um mit ihm zu spielen.

Marlene machte sich Sorgen, wie sie mit Karls schmaler Frührente über die Runden kommen sollten. Andererseits hatte er seine Immobilien und Grundstücke noch und sie den Schmuck und die Grundstücke ihrer Mutter. Eine echte Lebensversicherung.

Hubert würde der Kriminalinspektion erhalten bleiben. Er wurde gestern offiziell als Nachfolger für Karl bestätigt.

39

Samstag, 31. Juli 1948

»Hallo, Fräulein. Moment mal.«

»Ja, bitte?« Sie blieb stehen und sah ihn neugierig an.

Es war lange her, dass er einen so schönen Engel gesehen hatte. Sie war von kleinem, aber nicht zu kleinem Wuchs. Vielleicht gerade mal Anfang zwanzig. Ihr langes blondes Haar ergoss sich in sanften Wellen vom Mittelscheitel bis über ihre schmalen Schultern. Ein bezauberndes Lächeln schmückte das ebenmäßige Gesicht mit den tiefblauen Augen. Viel zu dünn war sie allerdings. Ihr Kleid schlackerte sichtlich zu groß um ihren schmalen Oberkörper. Die Spuren der immer noch andauernden Hungersnot hier in München waren ihr auch sonst deutlich anzusehen. Dünne Arme, kantiges Gesicht, das ihr aber gut stand.

»Möchten Sie ein Stück Schokolade?« Er tippte lässig mit zwei Fingern an seine Dienstmütze.

»Ich darf nichts von Fremden annehmen, sagt meine Mutter.« Sie schenkte ihm einen langen Blick, der wohl bedeuten sollte, dass es ihr genau genommen herzlich egal war, was ihre Mutter sagte. »Schon gar nicht von einem amerikanischen Soldaten wie Ihnen«, fügte sie hinzu.

Offenbar wollte sie es ihm nicht zu leicht machen, was selbstverständlich ihr gutes Recht war.

»Auch nicht von gutaussehenden Soldaten?«, scherzte er, wohl wissend, dass er mit seinem unwiderstehlichen Charme bisher fast jede herumgekriegt hatte, die er herumkriegen wollte. Man musste ihnen einfach sagen, was sie hören wollten. Das war das ganze Geheimnis. Mehr steckte nicht dahinter. »Sie sind übrigens wunderschön. Schöne Mädchen sollten unbedingt Schokolade essen.«

»Ach geh. Hören Sie schon auf. Am Ende heißt es noch, ich wär ein Amiflietscherl.« Sie winkte verlegen ab. Blieb aber dennoch abwartend stehen. »Außerdem bin ich viel zu jung für Sie.«

»Woher wollen Sie das wissen?« Er grinste anzüglich. *Warte es nur ab. Gleich hast du sie am Haken.*

»Das sieht man doch.«

»Mögen Sie keine älteren Männer?« Er lachte.

»Schon.« Sie strich langsam eine Strähne ihres Haares zurück. »Wenn sie gut aussehen. Und wenn sie sehr viel Geld haben.«

»Dann müssen Sie mich ja regelrecht lieben.« Er lachte erneut.

Sie stimmte fröhlich ein.

»Steigen Sie schon ein. Ich lade Sie irgendwo außerhalb der Stadt in einem Biergarten zum Essen ein, okay?« Er stieg aus, ging um seinen Jeep der amerikanischen Armee herum und öffnete ihr die Beifahrertür.

»Ich weiß nicht.« Sie blieb unschlüssig stehen.

»Ich werde Sie ganz bestimmt nicht beißen. Kommen Sie schon. Es ist so ein herrliches Wetter.« Er zeigte mit der Hand in den weißblauen Himmel hinauf.

»Aber um sechs Uhr abends muss ich zu Hause sein. Bringen Sie mich pünktlich zurück?« Sie näherte sich ihm mit zögernden Schritten.

»Natürlich. Da haben wir ja fast drei Stunden Zeit.«

»Versprochen?«

»Großes Ehrenwort.«

Sie stieg ein. Setzte sich.

»Woher können Sie eigentlich so gut Deutsch?«, fragte sie ihn, als er sich neben sie auf den Fahrersitz setzte. »Ich heiße übrigens Maria.«

»Ich bin hier aufgewachsen. Harald mein Name.«

Sie schüttelten sich die Hände.

»Und dann nach Amerika ausgewandert?«

»Das ist eine lange Geschichte.«

Er ließ den Motor an.

»Ich hab Zeit.«

»Also gut. Weibliche Neugier muss befriedigt werden. Ist mir klar.« Er räusperte sich. »Angefangen hat
es damit, dass ich nach dem ersten Weltkrieg wegen der
großen Arbeitslosigkeit hier in Deutschland nach Amerika ausgewandert bin.«

»Und dann?«

»Dann lebte und arbeitete ich dort, wurde eingebür-
gert und meldete mich später freiwillig bei der Army.«

»Und wie fühlt es sich an, wieder hier in Deutschland zu sein?«

»Hervorragend«, sagte er. »Ganz hervorragend.«

*Na also. Das läuft doch alles bestens. Sie wird sowieso
keine Gelegenheit mehr haben, irgendwem irgendetwas
davon weiterzuerzählen.*

40

Sonntag, 1.August 1948

»Die Amis sind bestimmt schon in Massen dort.« Der
kleine, aber zähe Kriminalassistent Severin Maier sah seinen breitschultrigen Vorgesetzten Oberinspektor Hans

Weinberger vom hinteren Sitz des amerikanischen Militärjeeps, in dem sie saßen, aus an.

»Wie immer, leider«, grantelte Hans, während er seinen imposanten schwarzen Schnurrbart zwirbelte, den er sich seit einigen Jahren nach dem Vorbild seines verstorbenen Großvaters wachsen ließ. »Ein Wunder, dass sie uns überhaupt holen, wenn was passiert. Aber wenn, dann natürlich ausgerechnet am Sonntagvormittag, wo andere in die Kirche gehen und sich anschließend den ganzen Tag lang ausruhen.«

Er sah kurz zu ihrem schweigsamen amerikanischen Fahrer hinüber, der sie vorhin im Auftrag der Militärpolizei abgeholt hatte. Der junge blonde Mann hatte bei der Begrüßung ausschließlich Englisch gesprochen. Ein typischer Amerikaner.

Sie konnten also ganz offen reden.

»Erst die Nazis mit ihrem Terror und jetzt die Amis.« Severin nickte eifrig. »Ob wir jemals wieder so was wie Freiheit in Deutschland bekommen?«

»Warten wir es ab, Severin«, brummte Hans. »Wird schon werden.«

Natürlich war er wie fast alle deutschen Männer im wehrfähigen Alter ebenfalls im Krieg gewesen und hatte dort gegen den Feind gekämpft. Ostfront. Aber er war wie Severin niemals in die Partei eingetreten. Wenigstens das konnte er sich moralisch zugutehalten. Außerdem war er noch vor Kriegsende mit einem durch einen Granatsplitter schwer verletzten Oberschenkel nach Hause geschickt worden.

Zusammen mit der Tatsache, dass er bereits vor dem Krieg bei der Kriminalpolizei München erfolgreich als

Assistent gearbeitet hatte, mochte das der Grund gewesen sein, warum er gleich nach Kriegsende auf seine Bewerbung hin eine der damals noch raren Stellen bei der Kripo bekommen hatte.

Die Amis brauchten offenbar qualifizierte Leute, die ihnen dabei halfen, den Staat zu kontrollieren.

Hans' verletztes Bein war nie wieder richtig verheilt.

Er zog es heute noch leicht nach. Bei langem Gehen und vor einem Wetterwechsel machte sich die Narbe schmerzhaft bemerkbar.

Der Tatort kurz vor der *Kugler Alm* in Oberhaching war an den amerikanischen Jeeps und Soldaten, die darum herumstanden, bereits von Weitem zu erkennen.

Der Fahrer fuhr möglichst nah heran, bremste, parkte und schaltete den Motor aus.

»Wir sind da, Herr Oberinspektor«, sagte er auf Deutsch.

»Sie sprechen Deutsch?«, fragte ihn Hans verdattert.

Er hat also alles verstanden.

Er errötete leicht. Hätte er das gewusst, wäre ihm kein Wort über die Lippen gekommen. Dazu war er normalerweise viel zu vorsichtig. »Ein Weinberger lässt sich nicht in die Karten schauen«, hatte sein Großvater immer gesagt. Hans hatte es bereits frühzeitig als Lektion fürs Leben beherzigt.

»Ja, ich hab deutsche Eltern daheim in Amerika. Sorry, ich hatte mich Ihnen vorhin gar nicht vorgestellt. Bernd Wagner mein Name. Sagen Sie einfach Bernd.« Er grinste freundlich. »Alles gut, Herr Oberinspektor.« Er zwinkerte ihm lässig zu. »Ich hörte nichts von dem, was Sie sagten.«

Severin und Hans stiegen schnell aus.

»Ab sofort halten wir wohl besser die Klappe, wenn's gegen die Amis geht«, raunte Severin. »Sonst kriegen wir noch eins auf den Deckel.«

»So machen wir's.« Hans nickte.

»Hallo, Mister Weinberger«, begrüßte ihn Major Joe Singer, während sie sich der Gruppe näherten. Ein amerikanischer Militärpolizist, den er bereits von einem anderen Fall her kannte. Damals war es um schweren Diebstahl von Lebensmitteln gegangen.

Joe war ungefähr in Hans' Alter, also um die 35 Jahre. Flachsblondes kurzgetrimmtes Haar, viele Lachfalten um die klugen grünen Augen und gut in Schuss, was seine Figur betraf.

»Hallo, Major Singer«, erwiderte Hans. »Was haben wir hier? Ich hörte nur, es ginge um einen Mord. Das ist übrigens mein Assistent, Herr Maier.«

Sie gaben sich alle drei zur Begrüßung die Hand.

»Unschöne Sache, ja.« Joe schüttelte den Kopf. »Eine grausam verstümmelte Frauenleiche. Ihr Bauch wurde aufgeschnitten, die Organe entnommen und stattdessen hat der Täter eine kleine geschnitzte Holzfigur in ihrer Bauchhöhle verstaut.« Er fuhr sich mit einem karierten Stofftaschentuch über die schweißbedeckte Stirn.

Die Sonne brannte bereits jetzt um zehn Uhr gnadenlos herunter. Es würde wohl einer der bisher heißesten Tage des Jahres werden, mit bestimmt weit über 30 Grad.

»Nimmt das Grauen denn gar kein Ende mehr?« Hans, der ebenfalls schwitzte – was allerdings vor allem an seinem Hut und dem dunklen Anzug lag –, verzog fassungslos das Gesicht. »Erst der verdammte Krieg und jetzt auch noch so was. Als gäbe es nicht genug Elend auf der Welt. Haben Sie irgendwelche Spuren gefunden?«

»Der Mörder und sein Opfer scheinen den Reifenspuren nach mit einem amerikanischen Militärjeep hergekommen zu sein. Er hat dort vorne geparkt.« Joe zeigte in Richtung der neben ihren Fahrzeugen herumstehenden Männer. »Dann schleppte er sie in das kleine Laubwäldchen da vorne links und tötete sie dort hinter einem Gebüsch.«

»Wurde sie vergewaltigt?«

»Nein.«

»Also kein betrunkener Soldat, der nur seinen Spaß wollte, und dann wurde aus dem Spaß tödlicher Ernst?«

»Nein.« Joe schüttelte erneut den Kopf. »Sieht mir eher nach einem total Verrückten aus.«

»Mich erinnert das an etwas. Es geschah vor langer Zeit. Kurz nach dem Ersten Weltkrieg. Ich war noch ein kleines Kind. Eine Serie von Frauenmorden hier in München. Sie wurden auch von so einem Bauchaufschlitzer begangen. Mein Großvater hatte den Fall zu lösen. Er war wie ich bei der Kriminalpolizei.« Hans blickte nachdenklich zu Boden.

»Sie meinen, das hier könnte etwas damit zu tun haben?«

»Gut möglich. Haben Sie schon mal von den Philadelphia-Morden nach dem Ersten Weltkrieg gehört?« Er sah Joe fragend an.

»Nein.« Joe schüttelte langsam den Kopf.

»Dort starben 1919 ebenfalls drei junge Frauen. Alle waren klein, blond und blauäugig. Allen wurde der Bauch aufgeschlitzt und die Organe entnommen. Und allen wurde stattdessen eine Holzfigur hineingelegt. Es sollte wohl noch mehr Opfer gegeben haben. Eine genaue Zahl wurde allerdings nie bekannt gegeben.«

»Tatsächlich?« Joe sah Hans ungläubig an. »Und das geschah wirklich? In Amerika?«

»Ja. Mich interessierte das Thema brennend, sobald ich als Jugendlicher in einer Sammlung von Kriminalfällen darüber las. Wegen der ähnlichen drei Morde, die mein Großvater aufklären sollte.«

»Also konnte er entkommen?«

»Wer?«

»Der Täter, hinter dem Ihr Großvater her war.«

»Leider.« Hans nickte. »Sieht so aus, als hätte er bei euch drüben weitergemacht.«

Er hatte die Ereignisse von damals verdrängt. Jetzt kam gerade alles wieder in ihm hoch.

Auch die Kündigung und der anschließende Verfall seines Großvaters, der den Mörder damals nicht erwischen konnte. Es war traurig für ihn gewesen, mitansehen zu müssen, wie der Opa im Laufe der Zeit immer mehr den Lebensmut und seinen Humor verlor.

Bis er schließlich nur noch von morgens bis abends in seinem Lieblingssessel saß und stumm zum Fenster hinausstarrte.

»Dann lebt der Kerl vielleicht noch«, meinte Joe. »Sogar amerikanischer Staatsbürger könnte er sein. Kommt nur darauf an, wie alt er damals war.«

»Wenn Sie das sagen.« Hans zuckte die Achseln. »Gut möglich, dass er bei der Army ist und mit euch hierherkam. Er war damals noch recht jung, wie mein Großvater und seine Kollegen herausfanden. Den Zeugenaussagen nach etwa Anfang bis Mitte zwanzig herum.«

»Er müsste also heute um die 50 Jahre alt sein. Wenn er bei der Army ist, sollte er mindestens ein Colonel sein. Je nachdem, wann er eingetreten ist. Es sei denn, er hat keine Offizierslaufbahn eingeschlagen. Dann könnte er beispielsweise auch Sergeant sein.«

»Ich würde das auf jeden Fall überprüfen.« Hans blinzelte. Die Sonne blendete ihn trotz seines Hutes. War das hier die langersehnte Gelegenheit, seinem Großvater späte Genugtuung zu verschaffen?

»Na klar. Das machen wir auf jeden Fall.« Joe nickte. »Mal sehen, wie viele 50-Jährige wir überhaupt hier in München stationiert haben. Das würde den Kreis der Verdächtigen bereits eingrenzen. Vorausgesetzt, unser Täter hier ist wirklich derselbe wie damals und heute Amerikaner.«

»Sicher. Alles andere wäre Blödsinn.« Hans nickte ebenfalls.

»Lebt einer der damaligen Kollegen Ihres Großvaters noch?«

»Nein. Alle tot. Hitler ... der Krieg.« Hans schüttelte den Kopf. »Weiß man, wie das Opfer hieß?« Er zeigte auf das Gebüsch hinter Joe, aus dem gut sichtbar zwei nackte Frauenbeine hervorragten.

»Müssen wir erst herausfinden. Papiere hat sie keine bei sich. Wenn wir Glück haben, wird sie von jemandem vermisst. Familie, Freunde und so weiter.«

»Lag sie so auffällig da, als ihr sie gefunden habt, oder habt ihr an ihr herumgezerrt?«

»Nein.« Joe schüttelte den Kopf. »Wir fanden sie

genau so vor, wie sie jetzt daliegt. Für jeden gut sichtbar. Merkwürdig, was?«

»Wann wurde die Tat begangen?«

»Unser Doc sagt, gegen drei Uhr gestern Nachmittag. Genaueres wissen wir aber erst nach der Untersuchung der Leiche durch die Gerichtsmedizin. Wir haben bereits alles Nötige veranlasst.«

»Gibt es Zeugen? Wer hat sie gefunden?«, mischte sich Severin ins Gespräch.

»Zeugen gibt es leider nicht«, erwiderte Joe, während er von einem zum anderen sah. »Gefunden wurde sie heute früh von einer Kellnerin aus der *Kugler Alm*. Sie kam mit ihrem Hund vorbei.«

»Und wahrscheinlich war der Täter auch noch einer von euch. Wozu brauchen Sie uns dann noch?« Hans sah Joe stirnrunzelnd ins gerötete, schwitzende Gesicht. »Ihr macht doch so oder so, was ihr wollt.«

»Ich hoffe, dass wir in dieser Sache eng zusammenarbeiten können, Mister Weinberger«, widersprach Joe. »Ich brauche Ihre Ortskenntnisse. Außerdem sind Sie und Ihr Mitarbeiter geschulte Kriminaler und ich bin nur ein einfacher Militär-Cop.«

»Aber wenn der Täter tatsächlich ein Angehöriger der US-Army ist? Wie sollen wir denn beim amerikanischen Militär ermitteln, Major? Wir kommen nicht einmal in eure Kasernen rein.«

»Sie arbeiten nicht nur eng, sondern auch gleichberechtigt mit mir zusammen. Ich besorge Ihnen alle nötigen Ausweise und Genehmigungen. Den Jeep mit dem Fahrer bekommen Sie zu Ihrer freien Verfügung. Es liegt in unserem Interesse, den Täter möglichst schnell zu erwischen.«

41

Er saß in seinem Reihenbungalow unweit der McGraw-Kaserne und aß mit gutem Appetit. Genoss es, seit Jahren strengsten Fastens endlich wieder heiliges Fleisch vor sich auf dem Teller zu haben. Spürte, wie Marias heilsame Energie seinen gesamten Körper durchströmte.

Nachdem er ihre Leber vollständig verschlungen hatte, legte er die Gabel aus der Hand und schielte gierig zu den fertig gebrutzelten Nieren in der Pfanne auf dem Herd hinüber.

Ein kleiner Nachschlag gefällig, der Herr?

Er lächelte. Machte inzwischen gelegentlich gerne einmal kleine Scherze. Es lockerte die Stimmung ein wenig auf.

Zudem war niemand außer ihm anwesend, der es ihm übelnehmen konnte.

Mannhaft entschloss er sich dazu, seiner Gier zu widerstehen. Später am heutigen Abend wäre noch genug Zeit, die Reste zu essen.

Zu viel auf einmal schadete außerdem nur dem Magen.

Wer Magenschmerzen hatte, war schlecht gelaunt.

Das konnte er ganz gewiss nicht gebrauchen. Welcher Engel würde sich schon mit einem schlecht gelaunten Erlöser einlassen wollen.

42

»Ich erzählte dir doch einmal von meinem Großvater und diesem Serienmörder, der damals nach dem Ersten Weltkrieg hier in München umging.« Hans blickte seine Frau Elvira an, die gerade ungläubig das Huhn bestaunte, das ihm Joe nach der Tatortbesichtigung noch in der McGraw-Kaserne mitgegeben hatte.

»Wer mit mir zusammenarbeitet, wird es nicht bereuen«, hatte der stämmige Amerikaner mit einem breiten Grinsen im Gesicht gesagt.

Hans hatte das gerupfte Federvieh natürlich nur zu gerne an sich genommen und sich vielmals dafür bedankt.

Dann war er schnell nach Hause gefahren.

»Du erzähltest davon, richtig. Warum erwähnst du es jetzt?« Elvira sah ihn neugierig mit ihren großen blauen Augen an. »Und was hat das mit diesem wunderbaren Huhn zu tun?«

»Nichts.« Er schüttelte den Kopf. »Wir haben nur seit heute wieder so einen Fall wie damals.«

»Nein!«

»Doch. Leider.«

»Um Gottes willen, Hans.« Die Neugierde in ihrem Gesicht wich schlagartig dem puren Schrecken. Sie wurde blass. »Ihr müsst unbedingt die Münchner Frauen warnen. Wenn das derselbe Mörder ist wie damals, wird er es nicht mit einem Opfer gut sein lassen.«

»Schon geschehen. Die Amis kümmern sich darum.«

»Hoffentlich. Herrjemine, als wär's nicht schlimm

genug, dass die ganzen Soldaten über uns deutsche Frauen herfallen.« Sie schüttelte mit entsetzter Miene den Kopf.

»Gleich nach dem Krieg war das so, Elvira. Jetzt ist es lang nimmer so arg«, widersprach er. Was Recht war, musste schließlich Recht bleiben.

»Arg genug.«

»Geh weiter, hör schon auf. Es ist nahezu friedlich, was das betrifft.«

»Sagst du!«

»Stimmt, sag ich.« Hans nickte entschieden. »Auf jeden Fall lässt es Major Joe Singer von der Militärpolizei, mit dem wir zusammenarbeiten, gleich in die morgige Zeitung schreiben: ›Deutsche Frauen und Mädchen. Abends Vorsicht beim Ausgang‹. ›Besser daheimbleiben‹ oder so ähnlich.«

»Wird auch gut sein.«

»Sicher, Elvira. Alles wird gut.«

Er zog seine Anzugjacke aus. Ging in den Flur. Hängte sie akkurat auf einen der Kleiderbügel an der Garderobe, die bereits sein Großvater benützt hatte.

Darunter kam sein schweißnasses Hemd zum Vorschein.

Er hätte natürlich auch eine leichtere Jacke und eine Sommerhose anziehen können. Aber zum Dienst wurde nun mal ein ordentlicher Anzug getragen. Etwas anderes kam nicht infrage. Sein Großvater hatte es genauso gehalten.

Er würde sich vor dem Essen eiskalt das Gesicht waschen. Das erfrischte ihn sicher. Vielleicht verschwanden seine Kopfschmerzen danach auch endlich. Seit dem

Aufstehen heute Morgen hatten sie sich direkt hinter seiner Stirn eingenistet.

Jetzt plagten sie ihn gerade besonders.

Natürlich konnte er Elviras Ängste verstehen. Unzählige Frauen waren seit Kriegsende in ganz Deutschland von den Soldaten der Siegermächte missbraucht worden. Natürlich auch in München.

Wahrlich keine harmlose Angelegenheit, das Ganze. Allerdings hatten sich viele deutsche Soldaten zuvor überall in den eroberten Gebieten ebenfalls nicht gerade wie Menschen aufgeführt. Eher wie wilde Tiere. Obwohl das vielleicht nicht unbedingt der gelungenste Vergleich war. Tiere kannten keine gezielte Grausamkeit. Der Mensch dagegen schon. Die Nazis erst recht.

»Joe Singer. Ist das dieser Militärpolizist, mit dem du schon mal zu tun hattest?«, rief sie aus der Küche herüber.

»Richtig. Diebstahl war es damals«, rief er zurück, während er wieder zu ihr hineinging. »Ist auch schon wieder sechs Monate her. Die Zeit vergeht immer schneller, je älter man wird, stimmt's?« Er stellte sich vor den Wasserhahn und ließ ein großes Glas bis zum Rand volllaufen. Wenigstens Wasser hatten sie im Überfluss.

»Ich hab keine Zeit, um über die Zeit nachzudenken.« Elvira winkte schnell ab. »Essen organisieren, kochen, Wäsche waschen, putzen. Das macht sich alles nicht von selbst. Vor allem die Pflege deiner vielen Antiquitäten hier drinnen kostet besonders viel Zeit und Mühe, mein Herzallerliebster.«

Sie hatte sich bereits etliche Male bei ihm darüber beschwert. Aber er hing nun mal an den schönen alten Jugendstilmöbeln seiner Großmutter. Seit er die ursprünglich seinen Großeltern gehörende Drei-Zimmer-Altbau-Wohnung im Lehel von seiner inzwischen ebenfalls verstorbenen Mutter übernommen hatte, war hier nur wenig von ihm verändert worden. Die meisten Möbel standen nach wie vor dort, wo sie schon immer gestanden hatten. Zumindest solange er sich erinnern konnte.

Ihr vorwurfsvoller Blick sollte aber wohl auch heißen, dass es Hans mit seinem von außen betrachtet wohl eher gemütlichen Beruf ganz bestimmt leichter hatte als sie. Die meiste Arbeit machten sowieso die Amis, meinte sie immer wieder und berief sich dabei auf diesbezügliche von ihm selbst getätigte Aussagen.

Jetzt kam es gerade erneut wie ein Bumerang auf ihn zurück. Hätte er ihr nur niemals gesagt, dass es noch relativ ruhig bei ihnen zuginge, weil die Amerikaner ihnen ihre Fälle regelrecht wegschnappten. Zumal es so auch gar nicht stimmte. Selbst wenn die Amis ihnen viel Arbeit abnahmen, gab es auf dem Revier und in den Straßen immer noch genug für Hans und seine Leute zu tun.

Mord, Diebstahl, Körperverletzung, Erpressung waren dabei nur einige der Straftaten, die sie unentwegt zu verfolgen hatten. Niemand schien sich seit Kriegsende so recht an irgendwelche Regeln halten zu wollen.

Ein Haufen Arbeit und jede Menge Ärger. Das war ihr Alltag. Nichts anderes.

»Ich hab eigentlich auch keine Zeit fürs Sinnieren«, beeilte er sich zu erwidern. »Aber wir Männer sind schließlich seit Jahrtausenden Philosophen. Das schlägt halt auch bei mir gelegentlich durch.« Er nahm seinen Hut ab und fuhr sich langsam mit der Hand durch die feuchten schwarzen Haare, die zahlreich auf seinem runden Kopf wucherten.

»Garderobe«, erwiderte sie streng, ohne auf seine witzig gemeinte Erklärung einzugehen.

»Was?«

»Der Hut.«

»Ach so. Hab ich ganz vergessen. Bin gleich zurück.« Er trabte erneut in den Flur hinaus.

»Braten oder kochen?«, fragte sie ihn, als er wieder bei ihr war.

»Was? Das Huhn?«

»Das Huhn. Was sonst?« Sie zeigte mit dem Kinn auf den toten Vogel in ihrer Hand.

»Knusprig braten wäre mir lieber.« Er lächelte voller Vorfreude auf das lukullische Mahl. »Ein richtiger Sonntagsbraten.«

»Muss ich mir Sorgen machen?«, wollte Elvira wissen.

»Wegen dem Huhn?«

»Wegen mir, du Schmarrer. Der Mörder. Schon vergessen?« Sie schüttelte langsam den Kopf. »Was ist, wenn der Kerl mich als nächstes Opfer aussucht?«

»Er hatte damals und er hat jetzt offenbar immer noch ein klares Opferprofil. Da passt du nicht ins Raster.«

»Wie genau schaut das denn aus, dieses Raster?«

»Blond, schlank, blauäugig, klein, jung.«

»Und wieso sollte ich da nicht reinpassen?« Sie ließ das Huhn ins Waschbecken gleiten, um es von den restlichen Federkielen zu säubern.

»Du bist dunkelhaarig.«

»Aber ich war mal blond. Das ist erst in den letzten Jahren nachgedunkelt. Weißt du doch.«

»Ich denke mal, das weiß der Täter mit an Sicherheit grenzender Wahrscheinlichkeit nicht. Klein und jung bist du auch nicht gerade.« Hans musste grinsen.

»Frechheit!« Sie sah ihn an, als würde sie ihm gleich an die Gurgel gehen. »Ist 33 etwa alt? Bin ich dir vielleicht zu alt und zu groß? Ich kann auch wieder zu meiner Mutter ziehen, wenn dir das lieber ist. Kein Problem.«

»Für unseren Täter bist du viel zu alt, tut mir leid.« Er hob bedauernd die Arme. »Für mich bist du allerdings gerade recht, so wie du bist.«

»Dein Glück, dass dir das gerade noch einfällt.« Ihr Gesicht entspannte sich wieder. »Wir werden nicht alles essen, wenn es fertig ist.«

»Von dem Huhn?«

»Ja.« Sie nickte bestimmt.

»Natürlich werden wir das.« Er blickte sie entsetzt an. »Wozu hab ich es denn sonst mitgebracht?«

»Ja, schon.« Sie verdrehte die Augen. »Aber nicht alles auf einmal, meine ich. Wenn wir es uns gut einteilen, haben wir die ganze Woche was davon. So schnell kriegen wir so einen feinen Luxusbraten sicher nicht wieder.«

»Ist mir recht. Ich werde, solange du kochst, mal die alten Unterlagen von Großvaters damaligem Fall suchen. Irgendwo hier müssen sie liegen. Außer er ließ sie damals wieder ins Revier bringen, nachdem er sie mit nach Hause genommen hatte.«

»Ich habe sie jedenfalls noch nirgends entdeckt.« Elvira zuckte die Achseln, während sie ruckartig zwei kleine Federkiele aus der Haut ihres Sonntagsbratens zupfte. »Und ich putze diese Wohnung wie gesagt seit unserer Hochzeit vor fünf Jahren.«

»Großvater hatte auf dem Dachboden ein Versteck, das nur er und ich kannten. Ich schau mal, ob ich es noch finde. Bis dann. Freu mich schon aufs Essen.«

Er holte den Speicherschlüssel, öffnete die Tür, betrat das Treppenhaus und stieg nach oben.

Vielleicht waren irgendwo in den Unterlagen sogar noch Fingerabdrücke des Täters verzeichnet. Das wäre auf jeden Fall schon mal ein erster Schritt in die richtige Richtung gewesen.

43

Nachdem sein sonntäglicher Dienst in der Kaserne für heute beendet war, entschloss er sich dazu, ein wenig durch München zu streifen. So wie er das früher immer so gerne getan hatte.

Er ließ den Jeep vor seinem kleinen Reihenhaus nahe der McGraw-Kaserne stehen und machte sich zu Fuß zur Tramhaltestelle auf.

Während er durch Untergiesing flanierte, fiel ihm auf, wie wenig ihn hier an damals erinnerte. Ganze Straßenzüge waren ausgelöscht worden. Unzählige Gebäude mussten neu errichtet werden.

Neben Kriegsgefangenen und anderen Männern waren es auch Frauen, die überall den Schutt beiseiteräumten. Alte und junge. Darunter ganz bestimmt auch genügend neue Engel für ihn. Ein wahres Paradies. So würde er sein Soll zuverlässig bewältigen können. Vergnügt vor sich hin pfeifend, marschierte er weiter Richtung Innenstadt. Zuerst an der Isar entlang Richtung Norden. Dann an der kürzlich wiederaufgebauten und neueröffneten Staatsoperette am Gärtnerplatz vorbei Richtung Viktualienmarkt, wo seit Inkrafttreten der Währungsreform am 21. Juni wieder alle möglichen Waren auslagen.

Wenig später betrat er ein großräumiges Café am Marienplatz.

Er setzte sich und gönnte sich ein großes Stück Kuchen und einen Milchkaffee ohne Zucker. Den mochte er am liebsten.

In Amerika hatten sie nirgends so guten Kaffee und so guten Kuchen gehabt wie hier in Deutschland. Überhaupt hatte das Essen dort sehr zu wünschen übrig gelassen. Bis auf die Steaks. Die waren immer hervorragend gewesen.

Genau wie die heiligen Innereien, die er sich dort einverleibt hatte. Was aber in erster Linie daran liegen mochte, dass er inzwischen zu einem wahren Meister bei der Zubereitung avanciert war.

Als er gerade bei der freundlichen älteren Kellnerin bezahlen wollte, hielt er freudig erschrocken inne.

44

Überall lag fingerdick der Staub.

Es musste zehn Jahre her sein, dass Hans zum letzten Mal hier oben im Speicher gewesen war. Also noch vor Kriegsbeginn.

Das Licht funktionierte nicht.

Kein Wunder. Andersrum wäre es eher eins gewesen.

Er schaltete die Taschenlampe ein, die er vorsichtshalber mitgenommen hatte.

Im Abteil der Familie Weinberger befanden sich fein säuberlich aufgereiht acht Kisten mit Büchern, Fotografien und Dokumenten, drei alte Stühle, zwei Kommoden, ein riesiger alter Reisekoffer und allerlei nutzloser Tand wie diverse Damenhandtaschen, den man gelegentlich einmal auf den Müll werfen musste.

Zunächst wühlte er ausgiebig in den Bücherkisten und Dokumenten herum. Fand dabei auch eine Kiste mit Spielzeug. Schau an, die Karten, mit denen er und der Großvater Schafkopf gespielt hatten. Dass die noch existierten. Er bekam feuchte Augen.

Du fehlst mir, Großvater.

Schnell wischte er sich die Tränen aus den Augenwinkeln. Schnäuzte sich in das karierte Taschentuch, das er immer in der Hosentasche bei sich trug. Erinnerte sich wieder daran, warum er eigentlich hier hochgekommen war. Das Geheimfach.

Er wusste immer noch genau, wo es war.

Geschickt entfernte er eine der breiten Bodendielen

am Ende des Raumes und nahm die flache schwarze Holzkiste, die gleich darunter lag, heraus.

Voller Neugier öffnete er den Deckel.

Prompt sah er die Akte. Sie lag zuoberst. Nahezu unversehrt hatte sie 30 Jahre und den Krieg überstanden.

›Kriminalinspektion München, Abschrift Akte Frauenmörder (Bestie von Bogenhausen) 1918‹ stand darauf. Der Großvater hatte sie also tatsächlich hier oben verstaut.

»Gute Arbeit, Karl Weinberger«, murmelte Hans vor sich hin.

Er blies den Staub von der Hülle und schlug sie auf.

»Na also«, murmelte er weiter, als sich sogar ein Blatt mit Fingerabdrücken darin fand.

›Warum ließ der Mörder seine Opfer wohl so gut sichtbar liegen?‹, schrieb Karl auf einer Seite weiter hinten. ›Wollte er entdeckt werden? Wenn er die Leichen beseitigt hätte, wäre die Gelegenheit, ihm draufzukommen, doch wesentlich geringer.‹

Da schau her. Genau dasselbe hatte sich Hans auch schon gefragt, als sie mit Joe draußen am Tatort bei der *Kugler Alm* gewesen waren.

Warum hatte der Täter sich nicht wenigstens die Mühe gemacht, das Opfer zu tarnen oder zu verstecken? Er hatte die junge Frau, ganz im Gegenteil, allem Anschein nach sogar noch ein Stück weit hinter dem Gebüsch hervorgezogen, sodass sie vom Weg aus besser zu sehen war.

Wollte er öffentliche Aufmerksamkeit?

Wollte er unbewusst erwischt werden?

Gehörte es aus bisher unbekannten Gründen zu seinem Ritual?

›Gestern in der Zeitung: Auch in den USA finden Morde nach der Methode der ›Bestie von Bogenhausen‹ statt‹, las er weiter. ›Der Kerl wird der ganzen Welt noch großen Schaden zufügen.‹

Er nahm die Akte seines Großvaters schnell an sich, steckte das alte Kartenspiel in die Hosentasche, sperrte das Speicherabteil wieder zu und stieg die Treppe hinunter.

Es würde noch eine Weile dauern, bis Elvira das Essen fertig hatte. Währenddessen konnte er die alten Aufzeichnungen etwas gründlicher studieren.

Er war sich inzwischen so gut wie sicher, dass der Mörder von der *Kugler Alm* derselbe Mann war, der damals seinen Großvater in die Verzweiflung getrieben hatte.

Blieb nur die Frage offen, warum er so lange Pause mit dem Morden gemacht hatte.

Oder er hatte gar nicht pausiert, sondern war tatsächlich auch der ›Philadelphia-Mörder‹ und hatte als solcher möglicherweise viel mehr Opfer in den USA auf dem Gewissen, als bisher bekannt war. Vielleicht sogar bereits seit damals, nachdem es hier in München – bis gestern – keine derartigen Morde mehr gegeben hatte.

Er musste sich unbedingt gleich morgen in der Früh mit Joe Singer kurzschließen. Der sollte sich ans Army-Funk-Telefon oder an den Telegrafen hängen. Sie brauchten dringend mehr Informationen aus den USA.

Unten angekommen, setzte er sich ins Wohnzimmer an den großen Esstisch und breitete die vergilbten Paspiere vor sich aus.

»Moment mal. Das ist ja genial. Das hab ich gar nicht mehr gewusst!«, entfuhr es ihm erstaunt, als er sie zehn Minuten später weiter hinten aufschlug.

45

Er traute seinen Augen nicht. Gleich am Tag nach seinem ersten Engel kam der zweite zur Tür des Cafés hereingeschneit, in dem er es sich gerade so wunderbar gemütlich gemacht hatte.

Welch unglaubliches Glück. Besser konnte es gar nicht kommen. Sie mussten wahrhaft sehnsüchtig auf ihn gewartet haben hier in München. Augenfarbe, Größe und Alter der jungen Frau, die nun am Verkaufstresen stand, stimmten perfekt. Dieses sanfte Lächeln. Einfach zauberhaft. Keine Frage. Er würde ihr zunächst einmal unauffällig folgen, sobald sie fertig eingekauft hatte.

Dann würde er weitersehen.

Allerdings sollte er diesmal besser den baldigen Einbruch der Dunkelheit abwarten, bevor er zuschlug. Nicht so wie gestern Nachmittag. Wie leicht hätte ihn jemand bei seinem heiligen Tun beobachten können.

Ein solch sträflicher Leichtsinn kam nicht mehr infrage. Es war noch zu früh dafür, um von den irdischen Behörden zur Rechenschaft gezogen zu werden.

Auf gar keinen Fall durfte es geschehen, bevor er seine Aufgabe zu Ende gebracht hatte.

46

Montag, 2. August 1948

Es war neun Uhr morgens. Hans klopfte an Joe Singers graue Bürotür in der McGraw-Kaserne.

Ihr Fahrer Bernd hatte ihn hergebracht. Severin war auf dem Revier geblieben. Einer musste schließlich da sein, falls wichtige Anrufe kamen oder jemand eine Aussage machen wollte.

»Come in!«, erklang es von drinnen.

Er öffnete und trat ein.

»Hallo, Mister Weinberger. Guten Morgen. Ich habe schon sehnsüchtig auf Sie gewartet. Ihr Telefonat klang mehr als vielversprechend. Bitte, setzen Sie sich und erzählen Sie.« Joe zeigte auf den Besucherstuhl vor seinem Schreibtisch.

»Guten Morgen, Major. Ja, das ist wirklich hilfreich, was mein Großvater in seinen Akten notierte.« Hans setzte sich. Er schlug die Beine übereinander. »Eine Frage vorweg. Konnten Sie Fingerabdrücke am Tatort sicherstellen, die vom Täter stammen könnten?«

»Wir haben einige Abdrücke an der Kleidung des Opfers gefunden.« Joe sah seinen Gast neugierig an. »Wieso fragen Sie?«

»Deswegen.« Hans legte das Blatt mit den Fingerabdrücken aus der Akte seines Großvaters auf den Tisch.

»Was ist das?«

»Das sind die Fingerabdrücke, die mein Großvater an

den Tatorten und an den getöteten Frauen nehmen ließ, die damals dem Mörder zum Opfer fielen. Sie stimmten bei allen drei Morden überein.«

»Also gehören sie zum damaligen Täter. Hervorragende Arbeit von Ihrem Großvater, Mister Weinberger.« Joes Augen glänzten vor Begeisterung. »Und ebenso genial, dass Sie sich daran erinnert haben. Ich werde das Blatt sofort zum Abgleich zur Spurensicherung bringen lassen.«

»Das ist aber noch nicht alles.« Hans machte eine Kunstpause, um die Spannung zu erhöhen.

Wenn Großvater wüsste, wie er heute gelobt wird, würde er strahlen vor Freude.

»Was denn noch?« Joe fuhr sich aufgeregt über die blonden Stoppelhaare auf seinem Kopf.

»Das hier habe ich auch noch.« Hans legte die Zeichnung, die er gestern Mittag in seinem Wohnzimmer entdeckt hatte, neben das Blatt mit den Fingerabdrücken. »Ein Polizeizeichner hat das Bild damals nach Täterbeschreibungen und dem Vorbild eines dem Täter ähnlich sehenden Nachbarn angefertigt.«

»Fantastisch!«, freute sich Joe.

»Leider kam es wohl zu spät in die Zeitungen. Zu diesem Zeitpunkt war der Kerl anscheinend bereits über alle Berge. Die deutschlandweite Fahndung ergab rein gar nichts. Möglicherweise hatte er sich verkleidet oder die Haare gefärbt. Das wird wohl niemand jemals erfahren.«

»Wie er wohl heute aussieht?«

»Das fragte ich mich natürlich auch gleich.« Hans nahm seinen Hut ab. Er legte ihn vor sich auf den Tisch.

Strich seine Haare glatt. »Ich studierte das Bild ausführlich. Dabei fiel mir etwas auf.«

»Was denn? Ich sehe hier nur einen ganz normalen jungen Mann.« Joe stand auf. Er kam um den Tisch herum. Hielt die Zeichnung so ins Licht, dass sie alle beide gleichzeitig einen gründlichen Blick darauf werfen konnten.

»Hier auf der rechten Kinnseite, sehen Sie das?« Hans zeigte auf einen winzigen Punkt im Gesicht des Mannes auf der Zeichnung.

»Den kleinen Fleck meinen Sie?«

»Ja. Ich dachte zuerst, es wäre ein Fehler des Zeichners gewesen. Schlamperei. Aber nach längerer Betrachtung sah es für mich auf einmal eher wie ein Muttermal aus. Von ihm bewusst an diese Stelle platziert.«

»Verdammt, Sie haben recht, Mister Weinberger. Jetzt sehe ich es auch. Richtig gute Arbeit. Das macht uns alles noch ein Stück leichter.« Joe setzte sich wieder an seinen Platz.

»Das hoffe ich.« Hans grinste zufrieden. Er wusste, dass er den Fall so gut wie alleine gelöst hätte, wenn sich der Täter aufgrund der Unterlagen seines Großvaters finden ließ.

»Ganz einfach wird es allerdings nicht werden«, meinte Joe. Er zeigte auf sein rechtes Kinn. »Ist Ihnen mein Muttermal hier noch nicht aufgefallen? Viele Männer haben so etwas.«

»Dann verhaften Sie sich wohl am besten gleich selbst.« Hans lachte trocken.

»Das könnte ich tatsächlich tun.« Joe grinste flüchtig. »Aber Spaß beiseite. Das ist schon eine Menge brauchbares Material, was Sie da mitgebracht haben. Vielen Dank. Großartig.«

»Jetzt müssen wir den Täter nur noch erwischen und seine Abdrücke und sein Aussehen mit diesen Unterlagen vergleichen.« Hans zeigte auf die zwei Blätter, die nun nebeneinander zwischen ihnen auf dem Schreibtisch lagen. »Dann haben wir ihn bereits überführt. Vorausgesetzt natürlich, dass sich seine Fingerabdrücke an unserem Opfer finden. Wissen Sie schon, wie sie hieß?«

»Leider nicht.« Joe schüttelte den Kopf. »Für die Montagszeitung war es gestern Nachmittag bereits zu spät. Aber wir geben denen ihre Fotografie zusammen mit der Zeichnung des Täters, die Sie mir heute gebracht haben. Sie werden es gleich morgen als Aufmacher auf der Titelseite bringen. Auch die Warnung an die Münchner Frauen.«

»Dann hoffen wir mal das Beste.«

»Moment mal, bitte.« Joe rief den Sekretär in seinem Vorzimmer herein. Er gab ihm den Auftrag, Hans' Blatt mit den Fingerabdrücken detailliert zu fotografieren und danach zur Spurensicherung ins Labor zu bringen.

»Sie müssen unbedingt schnell einen Kontakt zum FBI in den USA herstellen. Wegen der Philadelphia-Morde nach dem Ersten Weltkrieg. Per Telegraf oder Funktelefon. Ihr habt da sicher eure Möglichkeiten.«

»Die haben wir.« Joe nickte.

»Möglicherweise besitzen die da drüben ebenfalls Fingerabdrücke ihres Täters in ihrer Kartei. Wenn die mit unseren hier übereinstimmen, wäre das sicher eine gute Sache.«

»Eine gute Sache?« Joe sah ihn ungläubig an. »Es wäre eine Sensation, Mister Weinberger. Ich kümmere mich später darum. Darf ich Ihnen zunächst mal einen Kaffee und ein Stück Kuchen anbieten? Als zweites Frühstück sozusagen.«

»Hunger ist stets vorhanden. Nicht nur bei meinen vielen Landsleuten. Auch bei mir.« Hans nickte nachdenklich.

Warum kümmert er sich später darum und nicht gleich? Und warum hat er die Anzeigen nicht bereits für heute in der Zeitung untergebracht?

47

Miriams Leber schmeckte besser als die von Maria. Oder bildete er sich das nur ein?

Er nahm gleich noch mal einen kleinen Probebissen.

Doch, doch. Eindeutig. Ihre Leber war saftiger und zarter.

Es mochte daran liegen, dass er sie anfangs schärfer angebraten hatte und dann nur noch ganz kurz auf kleiner Hitze schmoren ließ.

Andererseits hatte sie auch etwas mehr Speck auf den Rippen gehabt als Maria.

Es war ein Leichtes gewesen, Miriam Vogt zu den Ihren in den Himmel zu schicken.

Sie hatte förmlich darum gebeten, indem sie sich einfach so vor dem Café von ihm ansprechen ließ. Hatte ihm gleich anvertraut, wie sie hieß.

Er hatte ihr angeboten, sie wegen der zunehmenden Dämmerung nach Hause zu begleiten. Unterwegs hatte er angedeutet, dass er ihr gerne etwas zeigen wolle. Gleich beim Eingang zum Perlacher Forst.

Miriam hatte ohne Zögern eingewilligt. Obwohl es bereits dunkel war. Man stelle sich das nur mal vor.

Kurz darauf hatte sie wohl gar nicht richtig bemerkt, wie er ihr von hinten das Chloroform auf den Mund hielt. So schnell war sie ohnmächtig gewesen.

Der Rest – Routine.

Die wichtigen Rituale beachten. Wie immer.

Am Ende hatte er ihr den Ausweis abgenommen. Wie all den anderen zuvor auch. Er verbrannte die Dokumente jedes Mal, damit ihre Seelen den Weg nach oben leichter fanden.

Jetzt ging er zum Herd hinüber. Verglich die Größe der Nieren von Miriam und Maria. Einfach so zum Spaß. Weil gerade sonst nichts zu tun war. Und weil es ihn auf einmal brennend interessierte.

Um genaue Ergebnisse zu erhalten, nahm er ein Lineal zur Hand.

Maria lag eindeutig vorne. Ihre rechte Niere war gut einen halben Zentimeter länger und drei Millimeter breiter als die von Miriam.

»Die Siegerin heißt Maria! Ihre Niere wirst du zuerst essen, du kleiner Gierschlund«, rief er scherzhaft, während er sich neckisch mit der flachen Hand auf die rechte Pobacke schlug.

48

»So sehr denke ich an dich.« Hans hielt Elvira die zwei Stücke American Cheescake unter die Nase, die er von seinem Besuch bei Joe Singer mitgebracht hatte.

»Oh Gott, der sieht wirklich köstlich aus, Hans.« Sie schlug vor Begeisterung die Hände vor der Brust zusammen. »Erst gestern das Hühnchen, dann heute der Kuchen. Wie es aussieht, hab ich mich für den richtigen Mann entschieden.«

»Endlich gibst du es mal zu.« Er lachte. »Dafür zahlst du auf dem Schwarzmarkt Unsummen.«

»Für den Mann?« Sie lachte ebenfalls.

»Für den Kuchen.«

»Mein Gott, wie lange habe ich wohl keinen Kuchen mehr gegessen.« Sie sah ihn mit leuchtenden Augen an. »Ich mach uns einen Kaffee dazu. Das Mittagessen können wir heute glattweg ausfallen lassen. Was meinst du?«

»Es ist gerade mal zehn Uhr durch.« Er zeigte auf seine Armbanduhr. »Ich würde Folgendes vorschlagen: Ich geh nochmal aufs Revier und frage Severin nach den neuesten Entwicklungen. Danach komme ich wieder her und wir essen ganz normal zu Mittag. Hühnchen natürlich. Müsste noch genug von gestern übrig sein. Dann gibt es Kaffee und Kuchen. Wie bei den Millionären.«

»Hast recht. Das Hühnchen sollte übrigens sogar auch noch für morgen reichen.« Elvira nickte. »Wir machen es so, wie du gesagt hast. Bis später.« Sie trug den Käsekuchen vorsichtig wie einen wertvollen Schatz in die Küche hinüber.

»Bis dann, Elvira.«

Er setzte seinen Hut auf.

Dann ging er hinaus und eilte, gut gelaunt pfeifend, die Treppen hinunter.

49

»Major Singer hat gerade angerufen«, begrüßte Severin Hans, als der ihr gemeinsames Büro betrat. »Es gibt ein weiteres Opfer. Draußen im Perlacher Forst. Den äußeren Umständen nach ähnelt alles dem Mord vom Samstag.«

»Du meinst weiblich, blond, jung, Bauch aufgeschlitzt, Holzfigur darin?«

»Richtig, Chef.«

»Sollen wir rausfahren?«

»Singer bittet darum.« Severin nickte.

»Na gut, dann los. Unser werter Fahrer Bernd steht noch draußen. Er hat mich gerade hergebracht.« Hans nahm Severins Jacke vom Garderobehaken. Er reichte sie ihm, bevor sie das Büro verließen.

»*Ich* musste mit dem Fahrrad ins Büro fahren. Wie kommt das?«

»Das ist ganz normal, Severin. Ich bin der Ältere und der Ranghöhere.« Hans grinste in sich hinein.

Als sie am Tatort eintrafen, kam ihnen Joe ein Stück weit entgegen.

»Genau wie gestern«, sagte er zur Begrüßung. »Das Opfer wurde ebenfalls betäubt und ausgenommen wie eine Jagdtrophäe. Es ist widerlich. Wie krank muss einer sein, der so etwas tut?«

»Severin hat mich bereits darüber informiert«, erwiderte Hans, während er auf seinen Assistenten zeigte. »Was haben Sie jetzt vor, Major?«

»Wir vergleichen die Spuren. Gleich morgen kommt die Suchanfrage mit dem alten Bild des Täters aus den Unterlagen Ihres Großvaters in die Zeitung. Bilder von den zwei aktuellen Opfern ebenfalls. Dann müssen wir abwarten, was passiert.«

»Vergesst nicht, auch endlich die Münchner Frauen und Mädchen zu warnen. Dass sie nicht allein auf einsamen Straßen unterwegs sein sollen. Vor allem nicht nachts.« Hans hob mahnend den Zeigefinger. Ihm fiel ein, wie sehr sich Elvira bereits nach dem ersten Mord geängstigt hatte.

Wie mochte es anderen Frauen da erst gehen? Immerhin war sie mit einem Polizisten verheiratet, der sie beschützen konnte.

»Natürlich vergessen wir das nicht, Mister Weinberger. Sagte ich Ihnen ja bereits heute Morgen.« Joe nickte. Er schwitzte stark. Hatte tiefe Ringe unter den Augen. War blass im Gesicht. Schien von der Sache stark mitgenommen zu sein. »Wir geben unser Bestes, okay?«

»Sicher, Major.« Hans schüttelte unmerklich den Kopf. Da töteten diese Kerle Abertausende von Menschen durch Bomben. Vergewaltigten unzählige Frauen. Raubten und brandschatzten wie Tiere.

Aber im Angesicht zweier Opfer eines Serienkillers wurden sie auf einmal dünnhäutig. Zumindest der gute Major Singer hier. Passte das alles zusammen?

»Gibt es irgendwo eine zentrale Aktensammlung mit den Fingerabdrücken Ihrer Soldaten?«, wollte Severin von Joe wissen.

»Gute Frage, Severin.« Hans staunte nicht zum ersten Mal über seinen Kriminalassistenten. Er wusste längst, dass die Münchner Kriminalpolizei mit ihm einen vielversprechenden Fang gemacht hatte. Aus ihm konnte noch etwas werden. Unter seiner Führung, verstand sich.

»Soviel ich weiß, nur von denen, die sich etwas haben zuschulden kommen lassen«, erwiderte Joe. »Ansonsten trägt normalerweise jeder von uns seine Hundemarke um den Hals. Da steht alles Wichtige drauf.«

»Na gut. Einen Versuch war es wert«, meinte Hans. »Wir sollten unbedingt schauen, dass wir Zeugen auftreiben, die die Mädchen kurz vor der jeweiligen Tat gesehen haben.« »Bestenfalls zusammen mit dem Täter. Haben Sie den Ermittler der Philadelphia-Morde schon erreicht?« »Nein.« Joe schüttelte langsam den Kopf. »In den Staaten ist es gerade mitten in der Nacht. Vor heute Abend hiesiger Zeit werde ich diesbezüglich wohl nicht viel ausrichten können.«

»Aha. Bleiben Sie unbedingt dran.« Hans wusste nicht genau, warum. Aber er traute Joe Singer nicht so ganz über den Weg. Käsekuchen hin oder her.

Warum waren zum Beispiel nicht längst Wurfzettel mit dem Bild oder der Beschreibung des ersten Opfers in der Nähe des Tatortes verteilt worden? Wieso hatten die Amis mit ihrer Allmacht des Siegers letzte Nacht nicht kurzerhand die Produktion der Zeitung unterbrochen und ein Foto des ersten Opfers in der heutigen Ausgabe untergebracht? Das sah insgesamt fast schon nach absichtlicher Verschleppung des Falles aus.

Dann hatte Singer auch noch dasselbe Muttermal wie der Täter. Wirklich nur ein Zufall? Bestimmt vererbte sich so etwas innerhalb der Familie.

Besser, Severin und er ließen jede denkbare Vorsicht walten.

Auf alle Fälle würden sie Singer ebenfalls genau unter die Lupe nehmen. Bis jetzt war ja nicht einmal gesagt, dass die Fingerabdrücke des Täters in den alten Unterlagen von 1918 tatsächlich dieselben waren wie die an den heutigen Opfern.

Wie auch immer. Zunächst würden sie sich beide Tatorte noch mal gründlich vornehmen. Nachdem die Amis verschwunden waren natürlich. Bernd schickten sie auch erst mal nach Hause. Er sollte sie später vor der Kaserne abholen.

Elvira würde mit dem Hühnchen und dem Kuchen bis zum Abend warten müssen.

50

Detective Jeff Broncovitch schenkte sich hustend einen Kaffee ein. Er sagte sich dabei bestimmt zum tausendsten Mal in den letzten Jahren, dass er demnächst endlich das Rauchen aufgeben sollte.

Wie immer war er der Erste im Office des FBIs in Philadelphia. Er brauchte die morgendliche Ruhe vor dem Sturm.

Solange hier noch nicht so viel los war, konnte er sich besser auf seine Arbeit konzentrieren. Genauso wie nach Feierabend. Bis zu seiner Pensionierung in einem halben Jahr würde er so immer noch die volle Leistung bringen können. Was ihm im normalen stressbesetzten Alltag zusehends schwerer fiel. Man wurde schließlich nicht jünger.

Das Telefon klingelte. Jeff fragte sich kurz, wer ihn wohl so früh am Tag sprechen wollte. Dann hob er neugierig ab.

»Detective Broncovitch, sind Sie das?«, erkundigte sich eine Stimme, die von weit her zu kommen schien.

»Ja. Wer spricht? Was kann ich für Sie tun, Sir?«

»Major Joe Singer von der Militärpolizei in Munich, Germany.«

»Was gibt's, Major?« Was mochte die Militärpolizei in Deutschland über Funktelefon von ihm wollen? Es schien auf jeden Fall wichtig zu sein.

»Ich komme am besten ohne Umschweife zur Sache, Detective. Wir haben hier zwei tote Frauen. Beiden wurde der Leib aufgeschlitzt, die Innereien entnommen und geschnitzte Holzfiguren stattdessen darin platziert. Sie sehen aus wie kleine Engel.«

»Was sagen Sie da?« Jeff meinte, sich verhört zu haben.

»Zwei tote Frauen, grausam verstümmelt.«

»Reden Sie weiter.« Jeff stieß pfeifend den Atem aus. *Es ist also wieder so weit.*

»Sie bearbeiteten doch die Philadelphia-Morde nach dem Ersten Weltkrieg?«, fragte Joe am anderen Ende der Leitung. »Diese Frauen, die auf dieselbe Weise zu Tode gequält wurden.«

»Um ehrlich zu sein, bin ich immer noch an der Sache dran.«

»Wie das?«

»Es blieb nicht bei diesen drei Frauen.«

»In der Zeitung stand aber nur etwas von drei toten Frauen in Philadelphia, richtig?«

»Das stimmt. Wir informierten die Öffentlichkeit nach diesen ersten Morden nicht mehr weiter über die Serie. Um eine Panik zu verhindern.«

»Hier gab es bereits nach dem Ersten Weltkrieg ebenfalls drei solcher Morde, sagt einer meiner deutschen Mitarbeiter.«

»*Was*? Dann kommt der Kerl also aus Deutschland. Wundern würde es mich nicht. Man muss sich nur anschauen, was die im letzten Krieg veranstaltet haben. Scheiß Nazipack.«

Wenn Jeff etwas nicht leiden konnte, waren es Mörder und Nazis. Beide hatten seiner Meinung nach mit ihren Taten ihre Existenzberechtigung auf Erden verwirkt. Nicht nur, weil sein Onkel und seine Tante in Auschwitz ums Leben gekommen waren. Es war auch seine innere Weltsicht von der ausschließlichen Existenz guter und böser Menschen, die sich darin manifestierte. Zwischentöne hatten dort keinen Platz.

»Nicht alle hier sind so«, erwiderte Joe. »Es gab unter den Deutschen ebenfalls Opfer in gewisser Weise. Aber um wieder auf unseren Fall zu kommen: Könnte gut sein, dass unser Mann damals in die USA flüchtete und sich dort irgendwann zur Armee meldete.«

»Das könnte natürlich so gewesen sein«, räumte Jeff nachdenklich ein. »Ich war damals Anfang der dreißiger Jahre jedenfalls einmal ganz nah an dem verdammten Mistkerl dran. Dachte ich zumindest, bis er mir letztlich doch entwischte.«

Er kam gerade aus dem Staunen nicht mehr heraus. *Sein* Killer trieb sein Unwesen jetzt also in Übersee. Er musste unbedingt dorthin. Diesen Teufel selbst zur Strecke bringen. Endlich. Kostete es, was es wollte. Zu lange hatte er sich an dem Fall abgearbeitet.

»Fanden Sie Fingerabdrücke des Täters an den Leichen?«

»Etliche. Er schien sich meistens verdammt sicher zu sein, dass er nicht erwischt wird.«

»Könnten Sie uns Kopien davon schicken?«

»Nein.«

»Das ist bedauerlich. Warum nicht, Sir?«

»Ich bringe Sie Ihnen mit. Ich nehme Urlaub und fliege nach Deutschland. Ich will den Kerl persönlich erwischen. Das lasse ich mir nicht nehmen nach all den Jahren. In spätestens zwei Tagen will ich bei Ihnen sein. Ist das zu schaffen? Was meinen Sie?«

»Müsste funktionieren, Detective. Ich besorge Ihnen einen Platz in einer unserer Militärmaschinen und hole Sie am Flughafen ab.«

Nachdem sie aufgelegt hatten, zündete sich Jeff mit leicht zitternden Händen eine Zigarette an. Er hustete erneut. Schwor sich, das Rauchen auf jeden Fall aufzugeben, sobald er den Schlitzer gefasst hatte.

Dann würde er vielleicht auch endlich mal wieder mehr als drei Stunden pro Nacht schlafen.

Seine körperliche Gesamtverfassung hatte sich in all den Jahren der erfolglosen Ermittlungen immer mehr verschlechtert. Er hatte gefährlich viel abgenommen.

War nur noch ein Schatten seiner selbst.

Sein Doc hatte letzte Woche sogar gemeint, dass er ihn in ein Sanatorium einweisen würde, wenn er nicht endlich freiwillig kürzer träte und sich besser ernährte.

51

»Was, noch eine tote Frau? Ich werd verrückt. Jetzt geh ich aber endgültig nicht mehr aus dem Haus, bis ihr den Kerl gefangen habt.« Elvira fuhr sich aufgebracht durch die Haare.

»Das würde ich dir in der momentanen Situation sogar selbst empfehlen.« Hans sah seine Frau mit ernstem Blick an.

»Wo warst du eigentlich so lange? Habt ihr wirklich gearbeitet? Es ist 21 Uhr durch. Du weißt schon, dass man ein Hühnchen nicht hundertmal aufwärmen kann. Es wird zäh und trocken.« Sie schüttelte vorwurfsvoll den Kopf.

»Severin und ich haben uns die Tatorte noch einmal genauer angesehen. Ohne die Amis. Möglicherweise steckt einer von denen selbst in der Sache mit drin.« Er zog seine Anzugjacke aus. Hängte sie über die Stuhllehne.

»Garderobe!« Elvira zeigte mit strenger Miene auf die Tür.

»Ja, ja, schon gut«, brummte er.

»Leider haben wir keine wichtigen Hinweise auf den Täter gefunden«, fuhr er fort, als er aus dem Flur zurückkam. »Der Kerl ist schnell und er hinterlässt keine Spuren. Bei seinem ganzen Irrsinn scheint er auch noch intelligent zu sein. Das macht die Sache nicht leichter.«

Hans setzte sich an den gedeckten Esstisch. Es tat ihm gut. Den ganzen Tag lang war er herumgelaufen und gestanden. Das hatte er sich jetzt verdient.

»Aber ihr müsst ihn erwischen. Man ist sich sonst seines Lebens nicht mehr sicher.« Elvira brachte das Essen an den Tisch. Sie schaufelte eine extra große Portion Huhn auf seinen Teller.

»Würde ich liebend gerne, Schatz. Geht wie gesagt nur nicht ganz so einfach. Mein Großvater ist an dem damaligen Fall so sehr verzweifelt, dass er bei der Kripo aufgehört hat und in Frührente ging.«

»Aber erst, als dieser Kollege von ihm ebenfalls getötet wurde«, verbesserte sie ihn.

Schließlich hatte sie die Geschichte nicht zum ersten Mal gehört. Das wusste Hans genauso gut wie sie.

»Stimmt«, erwiderte er. »Trotzdem zeigt es, dass der Mörder damals mit allen Wassern gewaschen war. Wenn unser heutiger Täter tatsächlich derselbe sein sollte, sagt das schon alles. Der Kerl ist einfach unglaublich schwer zu erwischen.«

Hans aß den ersten Bissen Huhn. Er stöhnte wohlig auf. Den ganzen Tag lang hatte er sich darauf gefreut. Endlich etwas Warmes im Magen. Wenn auch ein wenig zäh.

»In der Zeitung schreiben sie, dass Zigaretten inzwischen die härteste Währung seien«, meinte Elvira, während sie sich zu ihm setzte. »Es gäbe regelrechte Organisationen, die damit ihr Geld verdienen. Man kann auf diese Weise anscheinend richtig reich werden. Vielleicht steige ich auch in das Geschäft ein. Dein Gehalt reicht uns eh nur gerade mal so.«

»Meine Frau als Gangsterboss. Das fehlte uns gerade noch. Seit wann liest du denn überhaupt Zeitung?«

»Seit Langem, Hans. Verkauf mich nicht immer für dumm.« Ihre Augen blitzten gefährlich.

»War nur Spaß.« Er lachte. Es amüsierte ihn jedes Mal von Neuem, wie gekonnt sie sich wegen seiner kleinen Sticheleien empören konnte. »Stimmt schon. Der Schwarzmarkt blüht wie selten. Aber nicht mehr lange. Wenn du wirklich Geld verdienen willst, solltest du dich auf Darlehensbetrug oder Geldfälschen verlegen. Das ist gerade beides groß im Kommen.«

»Ich mein ja bloß.« Sie grinste.

»Ich auch.« Er lächelte. »Außerdem wird es von jetzt an immer mehr bergauf gehen. Bald ist die Deutsche Mark überall in der Welt ein Garant für Wohlstand und Kaufkraft.«

»Sagt ein Hellseher?«, mokierte sie sich. »Ich merke beim Einkaufen jedenfalls noch nicht viel von unserer tollen Währungsreform. Schau dir bloß mal die Eierschlachten in den letzten Tagen am Viktualienmarkt an. Die Leute können sich die total überteuerten Preise nicht leisten. Zumindest die Normalverdiener. Die Reichen kriegen sowieso immer, was sie wollen.«

»Wart's ab, Elvira. Ist gerade mal ein paar Wochen her mit der Reform. Das wird schon.«

»Ach, tatsächlich? Dann kauf doch mal selbst einen Salat oder ein Pfund Tomaten oder Kartoffeln am Stand. Da wirst du schon sehen, was es geschlagen hat.« Elviras Stimme wurde zusehends lauter.

»Das wird bestimmt wieder. Glaub mir.«

»Woher willst du das denn so genau wissen?« Sie fuchtelte wild mit ihrer Gabel in der Luft herum.

»Ich weiß es einfach.« Wenn Hans sich einmal eine Meinung gebildet hatte, ließ er sich nur ungern wieder davon abbringen. Mochte sein, dass er den niederbayerischen Dickschädel seines Großvaters geerbt hatte, wie Elvira immer wieder feststellte. Na, wenn schon. Er konnte nichts Schlechtes daran finden. »Wann gibt es übrigens den Kuchen?«

»Warum?« Sie sah ihn erstaunt an. »Du hast doch deinen ganzen Teller noch mit Hühnchen voll.«

»Nur so.« Hans zuckte die Schultern. »Kann's kaum erwarten.« Er kaute gierig weiter.

»Warten ist anscheinend reine Frauensache.«

»Wie meinst du das?«

»So, wie ich es sage.«

52

Mittwoch, 4. August 1948

Es war kurz vor zwölf. Die Sonne brannte erbarmungslos auf München und das Umland hernieder.

Major Joe Singer parkte seinen Jeep vor dem Flughafen Riem, der im Moment vor allem vom amerikanischen Militär benutzt wurde. Schon bald sollte hier auch der zivile Flugbetrieb wieder aufgenommen werden. Der erste deutsche Flughafen nach dem Krieg, bei dem das der Fall war. Darüber hatte sich die amerikanische Militärregierung mit dem Freistaat Bayern bereits am 9. März dieses Jahres geeinigt. Gut so. Es würde vieles leichter machen. Auch für die zahlreich hier stationierten Angehörigen der US-Streitkräfte.

Jeff Broncovitchs Maschine landete pünktlich. Nur wenig später schüttelten sich Joe und er in der Ankunftshalle die Hände.

»Herzlich willkommen, Detective. Gut, dass wir jetzt so kompetente Verstärkung haben.« Joes Lächeln ließ seine tadellosen weißen Zähne aufblitzen. »Ich bin Joe Singer. Sagen Sie einfach Joe.«

»Ich bin Jeff. Lassen Sie uns am besten gleich in Ihr Büro fahren und die Fakten abgleichen.« Jeff trat unruhig von einem Bein auf das andere. Der Austausch von Höflichkeitsfloskeln schien nicht seine Art zu sein.

»Wollen wir nicht erst einmal zusammen etwas essen gehen?« Joe zog verblüfft die Brauen hoch. Ein gesunder Arbeitseifer in allen Ehren. Aber das hier erschien ihm gerade etwas übertrieben. Der Mann vor ihm brannte geradezu vor Tatendrang. Entsprechend abgehärmt sah er auch aus. »Sie müssen erschöpft und hungrig sein. Es gibt einen wundervollen Biergarten unter Kastanien in der Nähe.«

»Danke«, wehrte Jeff ab. »Aber ich hatte im Flugzeug zu essen und zu trinken. Ich würde mich tatsächlich lieber gleich an die Arbeit machen. Unser Täter schläft nicht. Je eher wir mit unseren Ermittlungen beginnen, umso mehr Unheil können wir möglicherweise verhindern.«

»Na gut, wie Sie meinen.« Joe schüttelte unmerklich den Kopf. Er wusste, dass er selbst ein ehrgeiziger

Mensch war. Man hatte es ihm oft nachgesagt. Aber dieses schmale Hemd hier vor ihm übertraf ihn diesbezüglich offenbar um Längen. »Mein Jeep steht dort vorne auf dem Parkplatz. Kommen Sie.«

»Okay. Gibt es etwas Neues, das Sie mir am Telefon noch nicht gesagt hatten?« Jeff sah ihn neugierig an.

»Eins nach dem anderen. Ich erkläre Ihnen alles im Büro zusammen mit den deutschen Kollegen. Die waren es schließlich, die mich auf die Philadelphia-Morde und auf Sie aufmerksam machten. Ist das Ihr ganzes Gepäck?«

Er zeigte auf Jeffs kleinen Handkoffer, den der bereits die ganze Zeit über wie einen wertvollen Schatz eng an sich gedrückt hielt.

»Ein Mann braucht nicht viel auf Reisen. Frische Unterwäsche, Socken und so weiter. Falls ich allerdings länger als geplant bleiben muss, kann ich mich sicher bei euren Kollegen von der Uniformausgabe eindecken, oder nicht?«

»Natürlich können Sie das. Mittlere Größen sind immer reichlich vorhanden. Das Hemd könnte allerdings ein bisschen an Ihnen herumschlackern.« Joe grinste unmerklich in sich hinein.

53

Hans und Severin trafen wie abgemacht um 14.00 Uhr in Joes Büro ein.

Der hatte die Fingerabdrücke, die Jeff von seinem Täter in den USA mitgebracht hatte, bereits zum Abgleich mit denen der zwei toten Frauen und denen in den Unterlagen aus Hans' Speicher an die Spurensicherung geschickt.

Das Ergebnis sollte bis heute Nachmittag vorliegen.

Bevor sie zu viert die Arbeit aufnahmen, einigten sie sich darauf, sich der Einfachheit halber alle beim Vornamen zu nennen und sich zu duzen.

»Mit den drei Morden 1919 in Philadelphia war es also nicht zu Ende«, erklärte Jeff allen Anwesenden danach noch einmal höchstpersönlich. »Etliche Frauen in den USA gingen auf das Konto unseres Killers. 1919 gab es insgesamt sieben Opfer im Großraum Philadelphia, von denen wir wissen. Zusammen mit den drei Opfern hier in Deutschland ergäbe das die Zahl zehn.«

»Mehr als genug für meinen Geschmack«, unterbrach ihn Hans. »Allerdings vermutete ich etwas in der Art bereits.«

»Guter Instinkt, Hans«, erwiderte Jeff. »Aber weiter im Text. Vier Jahre später wurde die Akte zugeklappt. Aus den Jahren 1928/29 sind uns dann allerdings wieder zehn Morde in den USA bekannt. Diesmal in Huston, Texas. Akte wieder auf. Vier Jahre später Akte wieder zu.«

»Das ist ja alles gar nicht zu fassen.« Severin schüttelte angewidert den Kopf. »Was ist das nur für ein Mensch?«

»Das ist kein Mensch«, fuhr Jeff fort. »Zumindest kein auch nur annähernd normaler. 1938/39 wurden zehn identische Fälle in Japan bekannt. Ich hatte den Kerl längst zu meiner Privatsache gemacht. Wollte ihn um alles in der Welt erwischen. Flog offiziell in den Urlaub dorthin. Bereiste das ganze Land. Entdeckte keine Spur von ihm. Und jetzt 1948 fängt es hier wieder an. Alle zehn Jahre zehn Opfer. Das scheint sein Plan zu sein.«

»Wurden tatsächlich alle Frauen nach demselben Muster umgebracht?«, erkundigte sich Hans.

»Ausnahmslos.« Jeff nickte langsam. »Nach dem dritten Opfer in Philadelphia verhängten wir eine Nachrichtensperre, um eine Massenpanik unter der Bevölkerung zu vermeiden. Zu Beginn hatten wir keine Spur von dem Kerl. Ein gottverdammter Geist. Mal fanden wir dieselben Fingerabdrücke, mal hatte er offenbar Handschuhe getragen. Wir dachten manchmal schon, es wären mehrere Täter. Dann wieder doch nicht.«

»Was für ein Teufel.« Hans nickte. »Und seit zehn Jahren gab es keine neuen Opfer mehr, richtig?«

»Richtig, Hans. Ich sehe, du hast deine Hausaufgaben gemacht.« Jeff zog an seiner Zigarette. Er hustete ausgiebig.

Sein hageres, bleiches Gesicht unter den kurzgeschorenen grauen Haaren schien seit Jahren keine Sonne mehr abbekommen zu haben. Die dunkelblauen Augen darin funkelten jedoch wach und hell wie Edelsteine.

Es sah ganz so aus, als sei trotz seines fortgeschrittenen Alters und seines offensichtlich alles andere als optimalen Gesundheitszustandes immer noch jede Menge Lebenswille ihn ihm.

»Joe hat uns gestern schon mal oberflächlich informiert. Angenommen, der Täter ist wirklich einer eurer Soldaten.« Hans fasste sich nachdenklich ans Kinn. »Dann trat er möglicherweise irgendwann in den dreißiger Jahren der Army bei und ließ sich ins Ausland versetzen, um dort weiterzumorden. Das würde dann auch die späteren Morde in Japan und das Ende der Morde in den USA erklären.«

»Könnte gut sein. Wahrscheinlich war es auch so.« Jeff hustete erneut.

»Konntest du anhand eurer Unterlagen bereits herausfinden, wer von den Personen im betreffenden Alter mit hierher nach München gekommen ist?« Hans bedachte Joe mit einem undurchsichtigen Lächeln.

»Ich bin dran, Hans. Wie versprochen. Könnte aber noch etwas dauern, bis ich eine endgültige Antwort habe. Der Amtsschimmel wiehert auch bei uns.«

»Hoffentlich ist es dann nicht zu spät.« Hans lächelte nicht mehr.

54

»Pass auf, du süßes Häschen. Ich bin gleich neben dir. Ich riech dich mit dem Näschen. Schon bald gehörst du mir.« Er grinste selig, während er seinen gereimten Singsang leise vor sich hin trällerte.

Sie schwebte leichtfüßig keine zehn Meter vor ihm über den Marienplatz. Ausgemachtes Glück und Grund zum Jubilieren.

Jetzt bog sie zum Viktualienmarkt hinüber ab.

Er blieb konstant hinter ihr. Wusste, dass sie ihn nicht sehen konnte. Nicht das Geringste von ihrem unermesslichen Glück ahnte.

»Pass auf, du lieber Engel«, fabulierte er selbstvergessen wie ein Kind im Sandkasten weiter. »Ich schicke dich zum Herrn. Denn ich, ich bin ein Bengel. Du musst dich gar nicht wehr'n.«

Niemand würde jemals ahnen, was seine wahre Bestimmung war, wenn er so frohgemut, wie gerade eben, durch die Stadt tänzelte. Keiner würde in ihm die frühere ›Bestie von Bogenhausen‹ wiedererkennen.

55

»Hier muss es sein«, sagte Hans. »Immer den fröhlichen Stimmen nach.«

»Da liegen wir bestimmt richtig.« Severin nickte grinsend. »Oder besser gesagt: sitzen. Vorerst zumindest. Bis es uns umhaut.« Er lachte.

Es war kurz vor zehn. Die beiden befanden sich auf dem Weg zu einem Feierabendbier in dem Biergarten, den die US-Army für ihre Soldaten vor der Kaserne eingerichtet hatte.

Joe und Jeff waren vorhin erschöpft und müde zu Bett gegangen. Joe hatte ihnen zuvor noch Getränkemarken ausgehändigt. Für jeden zwei Maß. Dazu noch einen Gutschein für zwei halbe Brathähnchen.

Äußerst großzügig. Das normale Leben schien langsam immer mehr nach München zurückzukehren. Zumindest drängte sich Hans dieser Eindruck gerade auf.

»Joe Singer kann also aller Wahrscheinlichkeit nach nicht unser Frauenmörder sein«, meinte Hans, als sie sich mit ihren gefüllten Gläsern an einen der kleineren Tische gesetzt hatten. »Die Fingerabdrücke sprechen dagegen.«

»Stimmt.« Severin nickte.

»Obwohl er mir nach wie vor verdächtig erscheint. Es dauert alles sehr lange bei ihm. Vielleicht will er uns mit den Biermarken auch nur von seiner Verzögerungstaktik ablenken.«

»Die Bearbeitung der Fingerabdrücke zum Beispiel hat sich tatsächlich verdächtig lange hingezogen.« Severin nickte erneut.

»Ich dachte schon, er will die Unterlagen verschwinden lassen.«

»Na ja, ich weiß nicht.« Severin nahm seinen Maßkrug in die Hand.

»Aber letztlich sprechen die Ergebnisse eindeutig dafür, dass wir es mit demselben Täter zu tun haben, hinter dem bereits mein Großvater her war.« Auch Hans umfasste den Henkel seines Bierkrugs. »Könnte Joe die Untersuchung der Fingerabdrücke manipuliert haben? Was meinst du?«

»Schon möglich. Aber wozu? Bedenke doch mal, was Jeff vorhin alles über den Mörder gesagt hat. Joe ist viel zu jung, um 1918 bereits gemordet zu haben. Da war er noch gar nicht auf der Welt.«

»Vielleicht ahmt er den früheren Täter nach.«

»Da passt sein ganzes Persönlichkeitsprofil nicht dazu.« Severin schüttelte den Kopf. »Zumindest soweit ich es beurteilen kann. Insgesamt spricht zu viel gegen ihn als Täter.«

»Nicht wenn die Untersuchung im Kriminallabor doch manipuliert wurde oder er sogar selbst die Ergebnisse gefälscht hat. Vielleicht deckt er ja auch jemanden. Ganz sauber erscheint er mir jedenfalls nicht.«

»Endgültig wissen werden wir das wohl erst, wenn wir den Mörder zweifelsfrei überführt haben«, sagte Severin.

Sie stießen an und tranken beide einen großen Schluck. Das kühle Bier tat gut nach der Hitze des Tages.

»Wenn Joe nichts damit zu tun hat, muss der Täter

damals in die USA ausgewandert sein«, meinte Severin. »Als es ihm dort zu heiß wurde, trat er in die Army ein und kehrte schließlich hierher zurück.«

»Ich bin schon sehr gespannt auf die Untersuchungsergebnisse aus den Personalakten der Soldaten, die sich in München befinden. Hoffentlich dauert das nicht wieder so lange. Damit müssen wir den Richtigen doch einfach finden. Wenn es Joe tatsächlich nicht wahr, meine ich.«

Hans konnte immer besser nachvollziehen, warum sein Großvater damals so sehr unter seinem Fall gelitten hatte.

Zum einen war es per se unerträglich, dass ein Täter frei herumlief und mordete, wie es ihm gefiel. Zum anderen war es einfach total frustrierend, dabei nahezu tatenlos zusehen zu müssen.

»Ich kann immer noch nicht verstehen, was für ein Mensch das ist, der so viele Frauen umbringt und sie auch noch auf brutalste Art ausweidet. Der muss vollkommen verrückt sein.«

Severin schüttelte sich vor Abscheu.

»Das ist er ganz sicher.« Hans nickte mit düsterer Miene. »Als wäre er nicht von dieser Welt. Geschickt ist er obendrein. Wir müssen den Kerl kriegen, Severin. Egal wie er heißt. Und wenn es das Letzte ist, was wir tun.« Er schmetterte seine Sätze laut in den Nachthimmel. Als könnte ihn sein Großvater dort oben hören.

»Sollten wir nicht etwas leiser reden?« Severin sah sich unruhig um.

»Die sprechen doch eh alle nur Englisch.« Hans schüttelte überrascht den Kopf. »Obwohl. Du hast recht.« Er blickte seinen Assistenten erschrocken an. »Der Täter könnte ja Deutscher sein. Guter Mann.«

Er klopfte Severin anerkennend auf die Schulter.

56

Moment mal. Was reden die beiden Zivilisten am Nebentisch da? Sie haben die Fingerabdrücke eines Frauenmörders? Meinen die etwa mich?

Er hielt neugierig inne. Die Alarmglocken in seinem Kopf schrillten laut. Mit gespitzten Ohren hörte er weiter zu.

Das müssen deutsche Polizisten sein. Sieht tatsächlich ganz so aus, als ginge es um mich. Heiliger Vater unser im Himmel. Sie sind mir auf der Spur.

»Bernie, holst du bitte noch zwei Bier für uns«, sagte er zu dem breitschultrigen Sergeant aus Texas, der ihm an seinem Tisch gegenübersaß. »Ich bin schrecklich faul heute. Ich bezahle auch.«

»Na gut, Alter. Wenn du bezahlst, bin ich dabei. Bis gleich.« Bernie nahm das Geld grinsend an sich und machte sich breitbeinig auf den Weg zum Ausschank.

Er lauschte währenddessen weiter dem Gespräch am Nebentisch. Verstand aber nur noch Bruchstücke.

Sie sprachen jetzt fast flüsternd.

Es schien ihnen klar geworden zu sein, dass sie über ein Thema sprachen, das nicht jeden etwas anging.

57

»So, genug für heute.« Hans trank den letzten Schluck seiner zweiten Maß. »Wir müssen morgen früh wieder fit sein.«

»Da hast du unbedingt recht, Chef.« Severin trank ebenfalls aus. Er stand auf. Hielt sich aber gleich am Tisch fest. »Oha. Sieht so aus, als wäre ich diese Mengen an Bier nicht mehr gewöhnt. Du bist doch nicht zweimal da, oder?«

»Nein, ich bin allein. Woher sollte man das Biervertragen in den letzten Jahren auch nehmen und nicht stehlen. Es gab ja so gut wie keins. Ich fahre.« Hans, der sich ebenfalls erhoben hatte, streckte fordernd seine Hand nach dem Autoschlüssel aus.

»Kannst du denn noch, Chef?«

»Natürlich. Einem bayerischen Oberinspektor im Dienst ist nichts zu schwer.« Hans grinste breit.

»Wollen wir nicht lieber laufen?« Severin grinste noch breiter.

»Das schaff ich nicht mit meinem Bein.«

»Deine Kriegsverletzung?«

Hans nickte stumm.

»Na gut.« Severin sah ihn mit großen Augen an. »Aber mit welchem Auto willst du eigentlich fahren?«

»Mit unserem natürlich. Willst du mich verscheißern?«

»Und wo steht unser Auto?«

»Ach so. Stimmt ja.« Hans schüttelte langsam den Kopf. »Wir haben gar keins. Bernd wartet draußen auf uns. Mann, wie kann man nur so blöd sein.«

Beide lachten prustend los.

Arm in Arm verließen sie den Biergarten. Wie zwei Matrosen wankend, die nach langer Zeit auf See zum ersten Mal wieder Landgang hatten.

58

»Tut mir leid, Bernie. Du musst alleine weitertrinken. Ich bin müde.«

»Okay, Alter. Verstehe schon.« Bernie schielte und lallte bereits. »Du brauchst deinen Schönheitsschlaf. Was dagegen, wenn ich dein Bier auch austrinke?«

»Nein. Alles okay, tu das.« Er reichte ihm seinen fast vollen Maßkrug. Lächelte dabei schief.

Dann machte er auf dem Absatz kehrt und folgte den deutschen Polizisten.

Ihr Fahrer hatte gleich vor der Tür geparkt. Gut, dass sein eigener Jeep ebenfalls in Reichweite war.

Er spurtete hin und stieg ein.

Sie schienen es nicht sonderlich eilig zu haben. Bereits an der Ausfahrt hatte er sie fast eingeholt.

Er folgte ihnen mit ausreichendem Abstand.

Das Dümmste, was gerade passieren konnte, war, dass sie ihn entdeckten, anhielten und ihm unangenehme Fragen stellten.

Der Kräftigere von beiden hatte am meisten geredet. War wohl der Chef. Ganz nüchtern schienen sie allerdings beide nicht mehr zu sein.

Wie dumm von dem Kerl, dass er den Leiter der Militärpolizei verdächtigt hatte. Major Joe Singer würde niemals einen Engel in die Ewigkeit schicken.

Er kannte ihn nicht besonders gut, aber er konnte Leute auch sehr gut aus der Entfernung einschätzen. Bei

Major Singer war es eindeutig so, dass ihm schlicht und ergreifend das gewisse Etwas dafür fehlte.

59

»Du stinkst wie eine ganze Brauerei. Was hast du denn getrunken? Ich denke, ihr erstickt in Arbeit.«

Elvira, die am Esstisch saß, legte das Buch über alte Handelswege aus dem Osten, das sie gerade gelesen hatte, beiseite. Sie starrte ihn vorwurfsvoll an.

»Severin und ich hatten noch ein rein dienstliches Treffen«, erwiderte Hans, während er sie mit ernstem Blick zu fixieren versuchte.

»Im Biergarten?«

»Wenn du es genau wissen willst, ja.« Er nickte bedächtig. Achtete dabei darauf, dass er nicht zu stark hin und her schwankte.

»Ich spare jeden Pfennig für uns und du haust das Geld für Bier raus?« Sie sprang wütend auf. »Geht's dir eigentlich noch gut? Ich würde auch gern mal ein Bier trinken. Aber ich verbeiße es mir, weil ich weiß, dass uns das Geld später beim Essen fehlt.«

»Es waren Biermarken. Die Army hat sie uns spendiert. Weil wir so gut mitarbeiten.« Hans verschwieg die Essensmarken für die zwei halben Brathähnchen bewusst. Er wusste, was ihm dann erst geblüht hätte. Ein klein wenig regte sich jetzt aber auch das schlechte Gewissen bei ihm. Ganz fair ihr gegenüber war das mit den Brathähnchen wirklich nicht. Das mit dem Bier schon eher. Sie hatten es sich schließlich im Schweiße ihres Angesichts verdient.

Außerdem sollten Frauen prinzipiell nicht so viel Alkohol trinken. Sie hatten eine kleinere Leber. Das war bekannt.

»Ich wusste gar nicht, dass Polizisten neuerdings in Naturalien bezahlt werden.« Sie schüttelte empört den Kopf.

»Jetzt tu nicht so, Elvira. Du hast schließlich auch was davon gehabt. Denk nur mal an das Huhn und den Kuchen.«

»Als ob das was Großartiges gewesen wäre.« Sie schnaubte verächtlich.

»Immerhin mehr als eine Frau, die ihrem Mann keine Kinder gebären will.«

»Jetzt komm mir bloß nicht wieder damit.« Sie trat mit erhobenem Zeigefinger näher an ihn heran. »Ich hab dir hundertmal gesagt, dass ich in diese armselige Welt, in der wir leben, keine Kinder setzen werde. Das Essen reicht ja nicht mal für uns beide.« Tränen der Wut und der Verzweiflung schossen ihr in die Augen.

»Die Welt ist, wie sie ist«, erwiderte Hans ungerührt. »Wenn wir jedes Mal, wenn es schwierig wird, keine Kinder mehr machen, ist die Menschheit bald ausgestorben.«

»Na und?« Sie verschränkte trotzig die Arme vor der Brust. »Wäre vielleicht sogar besser so. Für die Welt auf jeden Fall.«

»Da magst du sogar recht haben. Gut Nacht. Ich geh ins Bett. Muss morgen wieder früh raus.« Er schlurfte mit hängendem Kopf ins Schlafzimmer hinüber. Merkte gar nicht, wie er mit der Schulter gegen den Türstock stieß. Dabei fast das Gleichgewicht verlor.

Sie ging ihm hinterher.

»Außerdem bist du nicht mehr auf dem Laufenden«, fuhr sie fort, während er sich aufs Bett setzte und umständlich sein Hemd auszog.

»Wie meinst du das?«

»Na, wie wohl.« Sie blickte ihn lange an.

»Keine Ahnung.« Er zuckte die Achseln. Zog seine Hose aus. Fiel dabei fast vornüber. Fing sich doch noch. Legte sie über den Stuhl neben seinem Bett, den er seit Jahren als Kleiderablage benutzte.

»Wirklich nicht?«

»Nein.« Er schüttelte den Kopf.

»Es ist zu spät.«

»Zu spät? Wofür?«

»Für deine Vorwürfe.« Sie setzte sich neben ihn.

»Welche Vorwürfe?« Er sah sie mit großen Augen an.

Sie sagte nichts. Erwiderte nur lange seinen erstaunten Blick.

»Du meinst …? Nein. Das ist nicht wahr, oder?«

»Doch, Hans. Du wirst Vater.« Sie nickte mit ernster Miene.

»Wann?« Er sprang auf. Stakste strumpfsockig auf wackeligen Beinen im Zimmer hin und her.

»Nächsten Januar. Ungefähr.«

»Wahnsinn! Ich fass es nicht. Ich werde Papa.« Hans wusste nicht, wie er seinem Glück Ausdruck verleihen sollte. Er wusste gerade gar nichts mehr. Also riss er erst mal intuitiv die Arme hoch und sprang wie wild im Zimmer umher. »Elvira, das, … das ist das allerschönste Geschenk, das du mir machen kannst.« Er blickte sie verliebt an. »Januar. Aber dann bist du bereits im dritten Monat. Wieso hast du denn nicht schon früher was gesagt?«

»Weiß nicht.« Sie senkte den Blick. »Freust du dich wirklich?«

»Du dich etwa nicht?«

»Keine Ahnung.« Sie zog die Schultern nach oben. Sah ihn unschlüssig an.

»Wir kriegen das hin, Schatz.« Er zog sie vom Bett hoch. Umarmte und küsste sie innig. »Wir kriegen das unbedingt hin. Mach dir keine Sorgen. Es wird alles gut.«

60

Er war dem Kräftigeren weiter gefolgt, nachdem der Fahrer dessen Kollegen am Max-Weber-Platz hatte aussteigen lassen.

Bis zum Lehel hinunter.

Dort war der Bulle ausgestiegen und in einem dunklen Hauseingang verschwunden. Ein altes Bürgerhaus. Hier wohnten wohl keine einfachen Arbeiter. Das, was die Bomben von den Fassaden übrig gelassen hatten, ließ eher auf eine bessere Wohngegend schließen.

Leise wie eine Katze hatte er sich nach ihm ins spärlich beleuchtete Treppenhaus geschlichen.

Die Tür war glücklicherweise noch offen gewesen.

Dann hatte er im Halbschatten eines kleinen Mauervorsprungs abgewartet, was passieren würde.

Als der Bulle vollständig in der ersten Wohnung rechts im Erdgeschoss verschwunden war, ging er zu seiner Tür hinüber. Zu gerne wollte er ganz genau wissen, mit wem er es zu tun hatte.

Vorsichtig legte er sein Ohr an das dunkle Holz, auf dem ein Schild mit den Namen Hans und Elvira Weinberger befestigt war. Lauschte konzentriert dem Gespräch, das innen stattfand.

Der Häscher des Satans war also verheiratet, wie es schien.

Gut zu wissen. Die perfekte Lebensversicherung für ihn, falls wider Erwarten etwas schiefgehen sollte und sie ihm zu nahe kamen.

61

Freitag, 6. August, 1948

Joe und Jeff waren bereits da, als Hans und Severin hereinkamen. Gestern hatte es keine neuen Erkenntnisse gegeben. Die Anzeigen in der Zeitung hatten bisher ebenfalls keine Früchte getragen. Niemand schien die beiden Opfer oder den Killer als jungen Mann zu kennen oder, wenn doch, die Zeitung mit ihren Konterfeis gelesen zu haben.

Hans schwebte immer noch im siebten Himmel. Natürlich würde es ein Sohn werden. Das wusste er ganz sicher.

Er hatte den anderen nichts von Elviras Schwangerschaft erzählt. Hatte auch nicht vor, dies in nächster Zeit zu tun.

»Privates und Berufliches sollte man nie vermischen«, hatte sein Großvater ihm frühzeitig beigebracht und er hielt sich daran.

Die Fingerabdrücke, die Jeff mitgebracht hatte, sowie die von damals nach dem Ersten Weltkrieg und die an den heutigen Opfern stimmten also überein.

Jeff machte einen unruhigen Eindruck. Er sah so aus, als müsste er unbedingt etwas loswerden.

Als jeder sich seinen Kaffee draußen im Flur geholt hatte, ließ er die Bombe platzen.

»Ich glaube, ich hab unseren Mann gefunden«, meinte er mit rein äußerlich unbeteiligter Miene.

»Was? Und das sagst du uns so ruhig?«, Hans sprang überrascht auf. »Wer ist es?«

»Ich ging gestern Abend die Akten der altersmäßig infrage kommenden Soldaten noch mal gründlich durch.« Jeff hustete ausgiebig, nachdem er zuvor genauso ausgiebig an seiner Filterzigarette gezogen hatte.

»Ja? Und?« Joes Stimme klang nicht weniger aufgeregt als die von Hans.

»Es gibt da ein Gesicht, das mir bekannt vorkommt. Fragt mich nicht, woher oder warum. Es ist eher so ein Gefühl.«

»Und wer ist es denn nun deinem Gefühl nach?«, fragte Hans ungeduldig. »Wie heißt der Kerl?«

»Der Mann heißt Sergeant John Banks.« Jeff warf lässig Banks' Akte auf Joes Schreibtisch. »Er ist seit fünf Jahren in der Army. Arbeitet in der Versorgungsabteilung.«

»Na dann. Worauf warten wir noch.« Joe war nun ebenfalls aufgestanden. »Holen wir uns den Kerl. Gleich jetzt.«

»Wie gesagt. Es ist nur ein Gefühl«, wiederholte Jeff. »Aber anschauen sollten wir ihn uns auf alle Fälle. Sogar das Muttermal in seinem Gesicht stimmt mit dem alten Bild aus den Unterlagen von Hans' Großvater überein.«

62

Er machte sich gerade über die Leber seiner letzten Eroberung her, die im Übrigen ganz vorzüglich schmeckte, als jemand laut von draußen an die Tür klopfte.

Das blutige Fleisch hatte er diesmal mit Cognac und scharfem Senf abgeschmeckt. Einfach köstlich.

Seine zunehmende Erfahrung und die Lektüre der vielen Kochbücher, die er sich nach und nach gekauft hatte, trugen immer wohlschmeckendere heilige Früchte.

Wer mochte das vor seinem Appartement sein?

Er erwartete keinen Besuch. Bernie hatte Dienst. Sonst gab es ganz sicher niemanden, der ihn hätte sehen wollen.

Außer ... nun ... außer, sie kamen, um ihn zu holen.

Aber das konnte nicht sein.

Er war viel zu vorsichtig gewesen. Niemand hatte ihn gesehen. Niemand konnte ihm etwas nachweisen.

Und wenn doch? Wenn ihm irgendjemand draufgekommen war?

»Machen Sie auf, Sergeant Banks. Military Police!«, ertönte eine kräftige Männerstimme von draußen.

Das klang gar nicht gut. Sie schienen ihm auf der Spur zu sein. Nach all den Jahren trennte sie und ihn nur noch eine dünne Holztür.

Sie mussten irgendwie von ihm und seinen Engeln erfahren haben. Es gab keinen anderen Grund.

Er wusste genau, dass er sich ansonsten nichts hatte zuschulden kommen lassen.

Schnell wischte er sich den Mund mit der Papierserviette, die neben seinem Teller lag, ab.

Dann sprang er geräuschlos auf.

Griff sich seine Brieftasche mit den Papieren und dem Geld.

Zog ein neutrales Jackett über, das keine Rückschlüsse auf seine Armeeangehörigkeit zuließ.

Steckte seine Dienstwaffe ein.

Schlich auf leisen Sohlen in sein Schlafzimmer.

Hier im rückwärtigen Teil des kleinen Reihenhäuschens befand sich die Terrassentür.

Er schlüpfte hindurch. Rannte, so schnell er konnte, davon. Schlug erst mal einige Haken.

Dann lief er immer nur geradeaus weiter.

Sah nicht zurück.

63

Joe entschloss sich dazu, die Tür zu Banks' Reihenhäuschen nahe der McGraw-Kaserne einzutreten. Sie hatten Geräusche von innen gehört. Der Kerl musste da sein. Offensichtlich wollte er ihnen aber nicht öffnen. Den Grund konnte er sich denken.

Als sie wenig später im Wohn- und Esszimmer standen, hielten sie sich schnell synchron die Nasen zu.

»Verdammt noch mal«, meinte Jeff. »Das stinkt hier wie im Krematorium.«

Hans wurde von einer Erinnerung an früher überwältigt. Es war in Dachau vor dem Konzentrationslager gewesen.

Sein Vorgesetzter hatte ihn kurz nach seiner Rekrutierung übers Wochenende dorthin geschickt, um am Eingang als Aushilfe Wache zu schieben. Normalerweise war das die Aufgabe der SS gewesen. Aber denen waren damals wohl kurzfristig einige Leute ausgefallen.

Was genau im Lagerinneren vorging, hatte er erst Wochen später von einem Kameraden erfahren, dessen Cousine dort gelandet war. Massenhaft politische Morde und Hinrichtungen hatten stattgefunden. Anschließend wurden die Leichen im Krematorium verbrannt.

Es war derselbe süßliche Geruch, wie hier drinnen in Banks' Wohnung, den Hans damals wahrgenommen hatte.

Sobald er wusste, was im Lager tatsächlich vor sich ging, wäre er am liebsten auf der Stelle aus der Armee geflüchtet. Aber er hatte viel zu große Angst davor, dann selbst erschossen oder vergast zu werden.

Alles, was er tun konnte, um wenigstens auf irgendeine Weise Wiedergutmachung zu leisten, tat er heute in seinem Beruf als Kriminaler. Der schale Beigeschmack, damals feige gewesen zu sein, klebte dennoch wie heißes Pech auf seiner Seele.

Hätte er doch nur wie manch anderer den Mut besessen, sich gegen Hitlers Allmacht zu stellen. Dann hätten sicher etliche Menschen mehr überlebt. Seit Jahren warf er sich das vor.

Vor dem Einschlafen war es am schlimmsten.

Fast noch schlimmer erschien es ihm allerdings, mitansehen zu müssen, wie dieselben Nazis, die damals ohne jedes Gewissen gemordet hatten, heute von den Siegermächten bereits wieder in leitende Positionen in Staat, Wirtschaft und Gerichtsbarkeit eingesetzt wurden.

Der Mensch vergaß offenbar viel zu schnell und schien alles in allem letztlich wohl nicht die geringste Moral zu besitzen.

»Hier wurde Menschenfleisch verbrannt«, sagte er jetzt zu den anderen. »Eindeutig. Ich kenne den Geruch.«

»Wer von uns nicht, Hans.« Joe riss sämtliche Fenster auf. »Wir waren bis auf Jeff alle auf dem Schlachtfeld. Wo ist der verdammte Kerl nur hin?«

»Er ist durch die Hintertür verschwunden, so wie es aussieht«, meinte Severin, der soeben gemeinsam mit Jeff aus dem Schlafzimmer zurückkam, schwer atmend. »War aber draußen nirgends zu sehen. Wir sind ihm ein Stück weit hinterhergerannt.«

»Also ist er uns entwischt?« Joe sah Severin fragend an. Der nickte nur.

»Was meint ihr, was das hier ist?« Hans hielt eine Art Netz in die Luft.

»Irgendein Darm?« Joe sah ihn fragend an.

»Könnte von einem Menschen sein«, sagte Jeff. »Wir haben ähnliche Reste in einem Versteck des Killers in Philadelphia gefunden.«

»Er isst also tatsächlich die Innereien seiner Opfer. Das hatte damals mein Großvater auch schon herausgefunden.« Hans sah sich genauer im Raum um. »Könnte eine Leber sein.« Er zeigte auf Banks' angebrochenes Essen auf dem Tisch.

»Verdammt noch mal, Leute! Das ist hundertprozentig unser Mann!«, stieß Joe hervor. »Wir brauchen hier auf jeden Fall sofort die Spurensicherung. Und ich werde umgehend eine Fahndung nach dem Kerl herausgeben. Ich will, dass jeder verdammte Militärpolizist in München nach ihm sucht. Wir müssen dieses Schwein so schnell wie möglich erwischen.«

»Ich werde unsere Leute ebenfalls entsprechend instruieren«, sagte Hans.

64

Es schellte.

»Wohl wieder mal den Schlüssel vergessen. Wo hat mein Göttergatte nur seinen Kopf?« Elvira ging zur Tür, um Hans zu öffnen.

Kurz nach halb neun.

Sie freute sich, dass er heute ausnahmsweise nicht allzu spät von der Arbeit heimkam. Gemütlich bei einem kleinen Abendessen und einem Gläschen Wein aus der

Flasche, die sie am Nachmittag auf dem Schwarzmarkt gegen Zigaretten eingetauscht hatte, den Abend ausklingen lassen. Genau das würden sie tun.

Natürlich würde sie sich dabei wegen des ungeborenen Lebens in ihrem Leib mit dem Alkohol zurückhalten.

»Frau Weinberger?« Der ältere Mann vor ihr lächelte sie freundlich an.

»Ja, was kann ich für Sie tun?« Sie lächelte zurück.

Statt zu antworten, schob er blitzschnell gewaltsam die Tür auf. Packte sie. Hielt sie fest. Drückte ihr etwas aus Stoff aufs Gesicht.

Kurz darauf wurde ihr schwarz vor Augen.

65

Nachdem er die Frau des Polizisten mit Chloroform außer Gefecht gesetzt hatte, legte er sie über seine Schulter und trug sie zu dem Jeep gleich vor der Haustür, den er sich auf seiner Flucht noch in der Kaserne verschafft hat.

Er legte sie auf die Rückbank.

Versteckte sie unter der alten Decke, die immer dort lag.

Fuhr los.

Der Perlacher Forst schien ihm ausreichend Möglichkeiten für sein Vorhaben zu bieten. Außerdem kannte er sich dort bereits ein wenig aus. Er würde sich auch beim gerade immer schneller vonstattengehenden Einbruch der Dunkelheit zurechtfinden.

In einem abgelegenen Waldstück parkte er.

Er zog Elvira aus dem Auto. Zerrte sie zu einer Birke hinüber. Lehnte sie mit dem Oberkörper gegen den Stamm. Band sie mit einem langen Strick, den er sich auf dem Weg noch beim PX, dem Supermarkt für amerikanische Soldaten, besorgt hatte, daran fest.

Dann stopfte er ihr ein abgerissenes Stück der Decke aus dem Auto in den Mund. Befestigte es mit Klebestreifen.

Danach setzte er sich hinters Steuer. Schaltete das Licht im Wageninneren an. Verfasste ein Schreiben an Major Singer.

Als er damit fertig war, faltete er das Papier zusammen und steckte es in einen Umschlag.

In aller Seelenruhe betätigte er den Starter. Fuhr in die Nähe der McGraw-Kaserne.

Dort wartete er eine Weile, bis er zufällig den Jungen eines Bekannten entdeckte.

Er rief ihn zu sich.

Gab ihm den Brief und zwei Dollar. Bat ihn darum, ihn umgehend im Militärpolizei-Posten abzugeben.

Danach solle er so schnell wie möglich nach Hause gehen. Er habe um diese Zeit und im Dunkeln nichts auf der Straße verloren.

66

»Herein!«, rief Joe laut.

Was ist denn jetzt schon wieder los?

Wenn er etwas nicht leiden konnte, waren es Leute, die zaghaft an seine Tür klopften. Entweder jemand wollte zu ihm oder nicht, verdammt noch mal. Halbheiten waren etwas für Schwachköpfe und Verlierer.

»Hallo, Major«, sagte der kleine Junge, der wenig später im Raum stand, mit schüchterner Piepsstimme.

Joe, Jeff, Hans und Severin sahen ihn neugierig an.

»Wie heißt du, mein Kleiner?«, wollte Joe wissen.

»Jimmy Thompson, Sir.«

»Und was willst du so spät noch hier? Musst du nicht längst im Bett sein?«

»Ich soll etwas bei Ihnen abgeben.«

»Na, dann komm her zu mir, Jimmy, und tu, was du nicht lassen kannst.« Joe grinste gutmütig. »Trau dich nur. Ich beiß dich schon nicht.«

Es schien der Abend der neuen Nachrichten zu sein. Gerade eben erst war jemand hier gewesen.

Eine Frau. Berta Pfortner. Die Mutter des ersten Opfers.

Sie hatte ihr Kind in der Zeitung erkannt. Maria Pfortner war der vollständige Name der Toten. Das wussten sie nun zumindest.

Natürlich war ihre Mutter völlig außer sich gewesen.

Joe hatte sie in die Sanitätsabteilung bringen lassen. Sollten die sich um sie kümmern. Er und die anderen hatten im Moment gar keine Zeit für so etwas. Sie mussten einen brandgefährlichen Killer fangen.

»Einen Brief?« Joe zog erstaunt die Brauen hoch. »Woher hast du ihn?«

»Sergeant Banks hat ihn mir gegeben.«

»Du kennst Sergeant Banks?«

»Mein Dad kennt ihn.«

»Gib her.« Joe nahm den Brief entgegen. »Aber jetzt ab nach Hause. Und zwar im Galopp. Sag deinem Dad, dass wir ihn vielleicht nachher noch kurz besuchen. Nichts Schlimmes. Wir haben nur ein paar Fragen an ihn.«

»Jawohl, Sir.« Jimmy drehte sich auf dem Absatz um. Er rannte, wie von Furien gehetzt, los.

»Was steht in dem verdammten Brief, Joe?« Jeff war neugierig aufgestanden. »Nun lies schon vor.«

Auch Hans und Severin hielt es nicht mehr auf ihren Stühlen.

67

Elvira war vor knapp zwei Minuten aufgewacht. Ihr brummte der Schädel.

Da war dieser Mann vor der Tür. Er muss mir ein

Betäubungsmittel unter die Nase gehalten haben. Dann schleppte er mich hierher in den Wald. Das ist doch ein Wald? Es riecht zumindest danach. Oh Gott. Was will der Kerl nur von mir? Wer ist er? Wo ist er denn jetzt? Hoffentlich ist meinem Kind nichts passiert.

Offensichtlich hatte er sie alleine hier draußen im Dunkeln zurückgelassen. Sicher würde er irgendwann zurückkommen. Wenn sie fliehen wollte, musste es also schnell gehen.

Sie zerrte und rüttelte kräftig an ihren Fesseln.

Kurze Zeit später hatte sie damit Erfolg.

Zumindest konnte sie schon mal ihre rechte Hand frei bewegen.

Anscheinend hatte ihr Entführer nicht bemerkt, welche Energie in ihren schmalen Armen schlummerte. War deshalb wohl etwas nachlässig beim Zubinden gewesen. Gott sei Dank.

Schnell befreite sie sich von ihrem Knebel, damit sie besser Luft bekam. Gleich darauf löste sie hastig die restlichen Fesseln.

Als sie wieder ganz frei war, versuchte sie so schnell es ging aufzustehen.

Es gelang ihr, indem sie sich ächzend und stöhnend an dem Baumstamm hinter ihr abstützte.

Sehr gut. Sie wankte und zitterte zwar. Aber sie stand. Und das blieb auch so.

»Egal, wer dich hierhergebracht hat, Elvira«, sprach sie aufgeregt laut mit sich selbst. »Du solltest auf der Stelle von hier verschwinden. Hans kann dir im Moment ganz sicher nicht helfen. Du bist auf dich allein gestellt. Also Zähne zusammenbeißen und durch.«

Sie blickte zum Himmel hinauf, in der Hoffnung, dass ihr der Mond oder die Sterne etwas über die richtige Richtung verraten würden. Der Mond ging im Osten auf, wusste sie. Er stand noch nicht sehr hoch. Es musste also vor zwölf sein. Und Norden war genau hinter ihr.

»Moment, du Dummerchen«, unterbrach sie erneut laut sprechend ihre Gedanken. »Was nützt dir die Himmelsrichtung, wenn du nicht weißt, wo du bist? Rein gar nichts. Also, wie geht's weiter? Einfach drauflos?« Sie hob unschlüssig die Arme. »Na gut. Einfach drauflos. Du hast sowieso keine andere Wahl.«

Sie begann zu laufen.

Es war schwerer, als sie dachte, sich im Dunkeln zurechtzufinden. Sterne und Mond sorgten lediglich für spärliches Licht.

Immer wieder prallte sie gegen Stämme und Äste.

Stolperte über Wurzeln.

Fiel, spitze leise Schreie ausstoßend, hin.

Rappelte sich hektisch wieder hoch. Verlor dabei ihre Schuhe.

Rannte barfuß weiter.

Hechelte panisch mit pochendem Herzen.

Sie hatte die ganze Zeit über höllische Angst, dass ihrem Kind dabei etwas zustoßen konnte.

Hatte keine Ahnung, wie viel sie ihm zumuten konnte. Schließlich war sie zum ersten Mal schwanger. Hatte sich zuvor nie groß damit auseinandergesetzt. Eigentlich überhaupt nicht. Möglicherweise Verdrängung. Bestimmt.

Aber das war im Moment wirklich egal. Nur ihr beider Überleben zählte.

Leise betete sie das Vaterunser, während sie, so schnell es die Umstände erlaubten, weiter durch die Nacht hetzte.

Immer wieder blickte sie voller Furcht hinter sich.

Hatte er ihre Abwesenheit bereits bemerkt und die Verfolgung aufgenommen?

Wie weit war sie ihm voraus?

Warum geschah kein Wunder und es half ihr jemand?

68

»Ich verlange neue Papiere und freies Geleit nach Russland, dann lasse ich die Frau des deutschen Polizisten Weinberger frei«, las Joe mit belegter Stimme vor. »Übergabe der Dokumente morgen Mittag. Wo genau, teile ich noch rechtzeitig mit. Bestätigung unserer Abmachung morgen in der Zeitung auf Seite zehn unten. Text: ›Es wird alles so gemacht, wie Sie es wollen, Banks.‹«

»Verdammtes Schwein!«, raunte Jeff.

Severin nickte nur langsam.

»Sie ist schwanger, verdammt. Wenn sie und mein Kind sterben, weiß ich nicht mehr, was ich tue!« Hans wurde blass. »Woher weiß der Kerl überhaupt, wer ich bin und wo ich wohne? Was meinst du, Joe?«

»Keine Ahnung.« Joe zuckte die Achseln. »Seit wann weißt du denn, dass du Daddy wirst?«

»Tut nichts zur Sache«, wehrte Hans mit kalter Stimme ab.

»Man fragt ja nur. Sorry.« Joe zog überrascht die Stirn kraus. »Ich schicke gleich mal jemanden zu deiner Wohnung. Vielleicht lügt der Kerl und deine Frau ist wohlbehalten zu Hause.«

»Tu das. Oder soll ich lieber selbst nachsehen, Joe? Ich frag mich schon die ganze Zeit über, wie uns dieser Banks entkommen konnte. Hat ihn irgendwer gewarnt, bevor wir zu ihm gingen? Steckst du am Ende sogar in der Sache mit drin? Deckst du ihn etwa?«

»Was?« Joe sprang entrüstet auf.

»Du verschleppst von Anfang an unsere Ermittlungen. Nimm nur mal die Sache mit den Fingerabdrücken. Das hat ewig gedauert. Was ist los mit dir, Joe? Hab ich recht oder nicht?« Hans bekam einen roten Kopf vor Wut und Hilflosigkeit.

»Es reicht, Hans!«, rief ihn Severin zur Ordnung. »Reiß dich zusammen und lass Joe gefälligst mit deinen unbewiesenen Behauptungen in Ruhe. Wir befreien Elvira wieder und wir erwischen den Kerl. Deinem Kind passiert nichts, versprochen.«

»Red endlich, Joe!«, fuhr Hans unbeirrt fort. »Du weißt doch sicher, wo wir das Schwein finden.« Er hob die Faust und trat zwei Schritte näher an Joe heran.

»Bist du jetzt total verrückt geworden?« Severin warf sich dazwischen. Er packte Hans am Arm und zerrte ihn in Richtung Tür. »Komm schon. Wir fahren zusammen zu dir. Dort wirst du dich erst mal beruhigen, verstanden?«

»Das wird wohl das Beste sein«, mischte sich nun auch Jeff ein. »Man beleidigt und beschuldigt keine Kollegen, die es gut mit einem meinen. Das ist unterste Schublade.« Er schüttelte nur mitleidig den Kopf.

»Das ist es wohl«, bestätigte Severin. Er räusperte sich verlegen. »Entschuldige, Joe. Er kriegt sich schon wieder ein. War wohl alles ein bisschen viel in letzter Zeit.« Er stieß den kräftig gebauten Hans mit aller Kraft durch die Tür nach draußen, wo Bernd wie immer auf sie wartete.

69

Elvira hastete atemlos weiter.

Sie wusste nicht, ob sie immer weiter aufs Land hinaus lief oder ob sie vielleicht doch auf dem richtigen Weg zurück in die Stadt war.

Nicht lang mit unnützen Gedanken aufhalten, Mädchen. Renn weiter um dein Leben.

Das Herz schlug ihr bis zum Hals. Sie schnaufte schwer.

Pause. Du brauchst dringend eine Pause, sonst schaffst du es nicht.

Ein Versteck, ging es ihr durch den Kopf. Viel war bei dem spärlichen Sternen- und Mondlicht nicht zu sehen.

Dann entdeckte sie ein großes Gebüsch abseits des Weges.

Sie kauerte sich dahinter. Versuchte sich zu beruhigen. Langsam zu atmen. Wieder genug Luft zu bekommen.

Ein Geräusch. Herannahende Schritte.

Bestimmt hatte der Entführer ihre Spur gefunden.

Schnell drückte sie ihren Körper tiefer ins Gebüsch. Verharrte regungslos.

Hoffentlich ging er an ihr vorbei. Sie wollte nicht sterben. Nicht jetzt. Nicht mit dem Kind im Bauch.

»Ist da jemand?«

Aber ... das ist ja eine Frauenstimme.

»Hallo?«, erklang es erneut aus kurzer Entfernung.

Tatsächlich. Das war nicht der Kerl, der an ihre Tür geklopft hatte. Es war eindeutig eine Frau, die nach ihr rief.

Seine Komplizin! Natürlich. Wer sollte sich sonst um diese Zeit hier draußen herumtreiben.

»Komm, Lumpi. Dann gehen wir eben wieder nach Hause. Ich dachte, ich hätte jemanden gesehen. Da muss ich mich wohl getäuscht haben.«

Ein Hund bellte.

Eine Frau? Ein Hund? Sie wollen nach Hause? Wohl doch keine Komplizin. Sie waren Gassi. Natürlich.

»Hallo! Entschuldigung!«

Elvira entschied, das Risiko einzugehen, sich bemerkbar zu machen. Sie brauchte ohne Frage Hilfe. Wie sonst sollte sie hier jemals wieder herausfinden. Noch dazu, weil sich ihr Entführer bestimmt längst an ihre Fersen geheftet hatte. Langsam kroch sie aus ihrem Versteck.

»Ja?« Die Frau drehte sich um. Ihre Stimme klang freundlich. Anteilnehmend. »Was machen Sie um diese Zeit hier draußen im Dunkeln, Kindchen?«

»Ich hab mich verlaufen«, erwiderte Elvira. »Können Sie mir helfen, wieder nach München reinzukommen?«

»Nach München? Wissen Sie denn gar nicht, wo Sie sind?«

»Eben nicht. Sonst bräuchte ich keine Hilfe.«

»Stimmt. Wie dumm von mir.« Die kleine Frau schüttelte lächelnd den Kopf. »Sie sind kurz vor Taufkirchen. Aber keine Angst. Das kriegen wir schon hin. Kommen Sie erst mal mit zu uns. Dann sehen wir weiter. Es ist nicht weit. Ich bin übrigens die Rosi Steinbauer vom Steinbauer Hof.«

70

»Was, tatsächlich? Okay. Bleiben Sie dort und warten Sie auf uns. Ich komme sofort mit einem Kollegen hin.«

Joe knallte den Hörer in die Gabel.

»Schnell, Jeff. Es eilt.«

»Was ist los?« Jeff sah ihn mit großen Augen an.

»Das glaubst du nicht.«

»Was denn? Nun sag schon.«

»Ein Kollege von der Militärpolizei hat Banks entdeckt. In der Menterschwaige, einem Biergarten in Grünwald. Es ist gar nicht weit von hier.« Joe schnallte hektisch seine Waffe um.

»Nein!«

»Doch.«

»Aber wie kann er so blöd sein, sich in einen Biergarten zu setzen? Er hat drei Frauen umgebracht und die Frau von Hans entführt.« Jeff schüttelte ungläubig den Kopf.

»Keine Ahnung.« Joe zuckte die Achseln. »Vielleicht will er erwischt werden. Hat keine Lust mehr zu morden.«

»Nein, Joe.« Jeff schüttelte den Kopf. »Der verdammte Mistkerl fühlte sich schon immer absolut sicher. So ist es auch jetzt. Also los. Fahren wir hin.«

»Moment mal. Was, wenn er Hans' Frau irgendwo versteckt und eingesperrt hat?«, dachte Joe laut nach. Er blieb zögernd stehen. »Vielleicht ist er sich seiner selbst nur so sicher, weil er weiß, dass wir sie ohne ihn niemals finden.«

»Das Versteck werde ich auf jeden Fall aus ihm herausprügeln. Glaub es mir, Joe. Lass uns gehen. Wir tun ganz sicher das Richtige.«

Jeff wollte endlich Nägel mit Köpfen machen. Er war nicht mehr zu bremsen. Das stand ihm überdeutlich ins Gesicht geschrieben.

»Na gut.« Joe öffnete die Tür. »Gehen wir eben aufs Ganze.«

Sie eilten zum Parkplatz vor dem Gebäude.

Joe setzte sich ans Steuer. Er fuhr wie ein Henker.

71

Elvira saß auf dem dunkelbraunen Sofa im der guten Stube der Steinbauers. Die Beine hatte sie auf Rosis Anweisung hin hochgelegt. Ihre schmutzigen Füße bluteten.

»Wie sind Sie denn nur dort draußen hingekommen mitten in der Nacht?« Rosi säuberte die Wunden sorgfältig mit Desinfektionsmittel.

»Jemand hat mich entführt und an einen Baum gefesselt. Ich konnte mich befreien und bin geflohen, so schnell ich konnte.«

»Was? Tatsächlich?« Rosi sah sie erschrocken an. »Warum haben Sie das denn nicht gleich gesagt?«

»Hätte es etwas geändert?« Elvira zuckte zusammen, als Rosi mit ihrem feuchten Tuch über einen größeren Schnitt fuhr. »Möglicherweise hätten Sie mir nicht geglaubt und mich da draußen stehen lassen. Glauben Sie mir denn jetzt?«

»Natürlich. Warum denn nicht? Allerdings klingt die Geschichte schon recht abenteuerlich.«

»Stimmt. Ist aber die reine Wahrheit.«

»Einen Tee, Kindchen?«, fragte Rosi, nachdem sie Elviras Füße auch noch verbunden hatte.

»Nein, danke. Ich möchte so schnell wie möglich nach Hause zu meinem Mann. Der macht sich bestimmt die größten Sorgen. Telefon haben Sie keins, oder? Dann könnten wir bei der Polizei anrufen.«

»Nein. Aber mein Otto fährt Sie mit dem Pferdewagen heim. Kein Problem.« Rosi zeigte auf den Mann mit der Glatze, der am Esstisch saß und die Szene von dort aus aufmerksam beobachtete.

Er war kaum größer als sie. Also um die eins siebzig herum. Beide mochten zwischen 70 und 80 Jahre alt sein.

»Das ist alles so lieb von Ihnen beiden.« Elvira lächelte dankbar. »Schön haben Sie es hier übrigens.« Sie zeigte in der einfach, aber gemütlich eingerichteten Bauernstube umher. Viel dunkles Holz und dicke Polster.

»Die Bomben haben uns hier draußen vor der Stadt Gott sei Dank verschont. Zum Glück wohnen wir auch weit genug vom Flughafen weg. Warten Sie, Kindchen.« Rosi verschwand in der Küche.

Minuten später war sie mit einem großen Stück Schinken zurück.

»Für mich?«, fragte Elvira erstaunt.

»Nehmen Sie nur. Wir haben noch mehr davon. Sie und Ihr Kind können ein wenig Speck und Fleisch sicher gut gebrauchen.«

»Wahnsinn.« Elvira strahlte wie ein kleines Mädchen vor dem Weihnachtsbaum. »Aber das geht doch nicht. Das ist fast ein Pfund.« Sie machte eine zurückweisende Handbewegung.

»Es geht. Glauben Sie mir, Kindchen.«

»Oh Gott. Vielen Dank. Woher wissen Sie überhaupt, dass ich schwanger bin?«

»Man sieht es Ihnen an.« Rosi schmunzelte.

»Wissen Sie etwa auch, ob es ein Junge oder ein Mädchen wird?«

»So wie Sie ausschauen, kann es nur ein Junge werden.«

»Tatsächlich? Woran erkennt man das?«

»Man erkennt es eben.« Rosi setzte sich geheimnisvoll lächelnd neben sie.

72

»Da drüben unter der Laterne. Der Kerl mit dem Muttermal am Kinn. Das ist er.« Joe zeigte auf einen älteren Mann mit Uniformmütze auf dem Kopf, der dreißig Meter entfernt mit dem Gesicht zu ihnen vor einer Maß Bier oder Radler saß. »Verdammt noch mal. Er macht sich nicht die geringste Mühe, sich zu verstecken.«

»Sag ich doch. Er fühlt sich wie immer total sicher.« Jeff nickte. »Aber diesmal wird es ihm das Genick brechen. Wir schleichen uns am besten von hinten an ihn heran. Wenn er uns auf sich zugehen sieht, läuft er bestimmt davon.«

»Gute Idee. Lass uns erst mal rechts herum hinter die Schenke gehen. Von da aus kann er uns nicht kommen sehen.«

Joe zog seine Dienstwaffe. Entsicherte sie. Lief los.

Jeff kam ihm kaum hinterher.

Als sie sich Banks bis auf fünf Meter von hinten genähert hatten, drehte der sich auf einmal um, erkannte sie, sprang auf und spurtete Richtung Ausgang los. Er musste ihre leisen Schritte im Kies gehört haben.

»Halt oder ich schieße!«, rief Joe.

Banks hatte ihn entweder nicht gehört oder die Drohung war ihm egal. Er lief unbeirrt weiter.

Joe gab einen Warnschuss ab.

»Nicht schießen!«, rief Jeff atemlos. »Wir brauchen ihn lebend. Wie sollen wir sonst Hans' Frau finden.«

»Okay, hast recht.« Joe steckte seine Waffe weg. Er beschleunigte seinen Schritt.

Bei den Army-Meisterschaften im Tausendmeterlauf ließ er stets alle Konkurrenten hinter sich. Er wusste, dass auch Banks keine Chance gegen ihn haben würde.

Der warf währenddessen einen Biertisch voller gefüllter Maßkrüge um. Die Umsitzenden sprangen erschrocken schreiend auf.

Banks rannte weiter. Warf den nächsten Tisch um.

Joe war bereits dicht hinter ihm. Er nahm die Biertische wie ein Hürdenläufer.

Als er sich ihm bis auf einen Meter genähert hatte, hob er ab und packte ihn an den Schultern.

Er riss ihn zu Boden.

Drehte ihn um.

Kniete sich auf ihn.

»Okay, Major. Sie haben mich.« Banks hielt abwehrend die Hände vors Gesicht. Seine Stimme hatte einen jammernden Unterton. Er schien sich zu fürchten.

»Na warte, du mieses Schwein! Wo ist die Frau unseres deutschen Kollegen?« Joe ballte drohend seine Hand zur Faust.

73

»Schatz? Bist du hier?« Elviras Stimme ertönte leicht panisch vom Flur herüber.

»Hier im Wohnzimmer bin ich.« Hans sprang vom alten Sessel seines Großvaters auf, in dem er voller Angst und Ungeduld auf sie gewartet hatte.

Er eilte ihr, so schnell es ging, entgegen.

Konnte sein Glück nicht fassen, als er sie in der Wohnzimmertür stehen sah.

Überglücklich schloss er sie in die Arme.

»Gott sei Dank, du bist wieder da. Aber wie siehst du denn aus?« Er zeigte erschrocken auf ihr zerrissenes Kleid und die blutigen Verbände an ihren Füßen. »Was ist passiert? Wie geht es dir?«

»Halb so wild.« Sie winkte tapfer lächelnd ab. »Otto hat mich mit dem Pferdewagen hergebracht.«

»Wer ist Otto?«

»Ein Freund.«

»Was ist mit unserem Kind?«

»Alles gut. Es wird ein Junge.«

»Ein Junge? Woher weißt du das?«

»Ottos Frau hat es mir gesagt, Rosi. Sie hat mich im Wald gefunden und gerettet, nachdem ich davongelaufen bin. Stell dir vor, ein Mann hat hier an die Tür geklopft, mich betäubt, in den Wald geschleppt und gefesselt«, berichtete sie atemlos.

»Ich weiß. Wir haben einen Erpresserbrief bekommen.«

»Du wusstest es und sitzt die ganze Zeit tatenlos hier herum?«, empörte sie sich. Ihr Tonfall wechselte von einer Sekunde auf die nächste ins Hysterische. »Warum hast du mich nicht gesucht? Bin ich dir denn gar nichts wert? Das ist ja nicht zu fassen.«

»Moment, Schatz. Immer langsam mit den jungen Pferden«, versuchte er sie zu beschwichtigen. »Ich war erst im Büro. Der Kerl hat Forderungen in seinem Brief gestellt und gesagt, dass er dich wieder freilässt, wenn sie erfüllt werden. Natürlich ist die Fahndung nach ihm längst eingeleitet. Ich kam nach Hause, um zu sehen, ob du vielleicht doch hier bist. Dann hab ich mich kurz ausgeruht. Das ist alles.«

»Na, das beruhigt mich aber ungemein. Wer ist denn der Mann? Was wollte er von mir? Oder von uns?« Ihre Stimme zitterte leicht, obwohl sie nach wie vor sehr laut sprach.

»Das sage ich dir lieber nicht.« Er sah sie lange an.

»Sag nicht, dass es der, äh …, dieser Dings …«, stammelte sie schockiert.

Er nickte nur bedeutungsvoll.

»Der Frauenmörder hat mich entführt?«, flüsterte sie tonlos. Sie begann jetzt am ganzen Körper zu zittern. »Und er läuft immer noch frei herum?«

»Ja. Aber wir waren an ihm dran. Mein Gott, bin ich heilfroh, dass du wieder hier bist. Wie hast du das nur zustande gebracht? Du hast ihn nicht etwa getötet, oder?« Hans meinte die Frage durchaus ernst. Entsprechend humorlos zeigte sich sein Mienenspiel.

»Ich konnte mich von seinen Fesseln befreien, als er weg war. Dann rannte ich, was das Zeug hielt. Moment,

Hans.« Sie tastete nach ihm. Hielt sich an seiner Schulter fest. »Ich muss mich erst mal setzen. Mir ist auf einmal so seltsam zumute. Hier, halt mal.« Sie drückte ihm Rosis Schinken in die Hände und setzte sich an den Esstisch.

»Schinken? So viel? Aber woher …?«

»Erzähl ich dir später. Mir ist gerade schrecklich schwindlig.«

»Ich hol den Arzt.«

»Das wäre vielleicht das Beste.«

»Ich schicke dir solange Bernd rein, unseren Fahrer. In Ordnung?«

»Ist gut.« Sie nickte schwach. »Gib mir nur ein Glas Wasser und beeil dich.«

»Auf dem Rückweg fahr ich kurz bei Joe vorbei und sag ihm Bescheid, dass du wieder da bist. Leg dich, bis der Arzt da ist, bitte auf die Chaiselongue. Ich muss mich auch noch bei Joe entschuldigen.«

»Wieso?« Sie runzelte fragend die Stirn.

»Ich hab ihn verdächtigt, an deiner Entführung beteiligt zu sein.«

»Du verdächtigst einen Mann, der uns Hühnchen und Käsekuchen schenkt?«

»War wohl etwas voreilig, ich weiß. Ich hab lange nachgedacht. Glaube nicht mehr, dass er was damit zu tun hatte. Er ist viel zu nett.«

»Allerdings.«

»Ich hab ihn fast verprügelt, ich Idiot. Gott sei Dank hielt mich Severin zurück.«

74

»Ich kann es Ihnen nicht sagen, Major. Sonst lasst ihr mich nicht nach Russland gehen.«

»Passen Sie auf, Banks«, mischte sich Jeff ins Gespräch, der die beiden soeben erreicht hatte. »Wir legen Ihnen jetzt Handschellen an. Dann gehen wir zu dritt zu unserem Jeep. Der steht da hinten auf dem Parkplatz. Dort unterhalten wir uns weiter. Ich rate Ihnen dringend, uns vorher zu sagen, wo Sie die Frau hingebracht haben. Sonst werden Sie das bitter bereuen.«

Joe hatte noch nie jemanden gesehen, der bedrohlicher aussah als Jeff im Moment. Er hätte garantiert selbst alles Mögliche gestanden, wenn er ihn in die Mangel genommen hätte.

Banks schien das anders zu sehen. Er schwieg.

»Na gut. Wie du willst, Kumpel.« Joe packte Banks' Arm. Er riss ihn brutal daran hoch.

Sie brachten ihn zum Wagen. Einer links von ihm, einer rechts.

Bevor sie einstiegen, fragte Jeff Banks erneut, wo er Elvira versteckt hielt.

Als er wieder keine Antwort bekam, schlug er hart zu. Ins Genick. In die Nieren. In die anderen Weichteile. Immer wieder.

Banks schwieg beharrlich.

Jeff drückte ihm jetzt die Daumen in die Augen. Zog ihm die Hosen herunter. Packte seine Hoden. Drückte mit aller Kraft zu.

Immer noch keine Reaktion. Nur leises Stöhnen.

Höchst erstaunlich. Die Schmerzen mussten unerträglich sein.

Jeff schlug noch einmal mit voller Kraft zu.

Kein Laut kam über Banks' Lippen.

Joe konnte deutlich hören, wie beim nächsten Schlag eine Rippe brach. Dann noch eine.

Er entfernte sich ein Stück weit von den beiden.

Zum einen wollte er Sorge dafür tragen, dass sich ihnen keine ungebetenen Zeugen näherten. Zum anderen waren Jeffs knallharte Foltermethoden selbst für ihn als Zuschauer nur schwer auszuhalten.

Verstehen konnte er den vor Wut rasenden Detective natürlich. Ein Ungeheuer, das so viele junge Frauen auf dem Gewissen hatte, verdiente keine bessere Behandlung. Außerdem mussten sie wirklich dringend erfahren, wo Hans' Frau steckte.

Natürlich würde er die Sache hier später decken, sodass einer gerechten Verurteilung von Banks nichts im Wege stünde. Die offizielle Version würde lauten, dass er sich der Verhaftung widersetzt hatte.

Im Moment hielt er aber lieber weiterhin Abstand und sah in die andere Richtung.

75

Eine gute Stunde war vergangen. Hans kam aufgeregt ins Wohnzimmer zurück.

»Sie schläft«, empfing ihn Bernd mit an die Lippen gelegtem Zeigefinger.

»War der Doktor da?«

»Ja.« Bernd nickte. »Dem Kind und ihr geht es so weit gut. Sie sei lediglich total erschöpft, meinte er.«

»Gott sei Dank.« Hans bekreuzigte sich unwillkürlich. »Sie haben den Kerl übrigens.«

»Den Killer?« Natürlich war Bernd als ihrem ständigen Fahrer der aktuelle Verlauf der Ermittlungen nicht entgangen.

»Ja. Und Elviras Entführer in einer Person.«

»Sehr gut.«

»Joe und Jeff sind bereits mit ihm im Büro. In der Menterschwaige haben sie ihn erwischt. Stell dir das mal vor. Geht der Kerl eiskalt in einen öffentlichen Biergarten und trinkt dort in aller Seelenruhe eine Maß. Wie deppert kann einer sein?«

»Unglaublich.«

»Ich habe Ihnen natürlich gleich berichtet, dass Elvira wieder zu Hause ist. Die waren vielleicht erleichtert. Banks wollte einfach nicht damit herausrücken, wo er sie hingebracht hatte. Jeff hätte ihn wohl totgeschlagen, wenn er ihn weiter deswegen verhört hätte. Das meinte zumindest Joe.«

Hans näherte sich Elvira vorsichtig. Hörte sie leise schnarchen, als er sich über sie beugte.

»Erholt euch gut, meine beiden Lieblinge«, sagte er.

Anschließend ging er mit Bernd zur Tür und löschte das Licht.

Er dachte kurz darüber nach, was wohl los gewesen wäre, wenn sie sich nicht hätte befreien können.

Ließ den Gedanken aber gleich wieder fallen. Wusste nur, dass er es niemals verwunden hätte, wenn sie gestorben wäre. Sein Leben wäre ohne seine große Liebe keinen Pfifferling mehr wert gewesen.

76

Samstag, 7. August 1948

»Samstag, der siebte August 1948. Es ist 9.20 Uhr, Ortszeit München. Anwesend beim Verhör sind Major Joe Singer von der US-Army, Oberinspektor Hans Weinberger von der Münchner Kriminalpolizei, Kriminalassistent Severin Maier, ebenfalls von der Münchner Kriminalpolizei, sowie der des mehrfachen Frauenmordes und der Entführung verdächtige Sergeant Banks.«

Von Jeffs Anwesenheit sprach Joe nichts aufs Band,

da der sich offiziell hier im Urlaub befand. Also strenggenommen gar nicht im Raum sein durfte.

Hans hatte sich gleich bei der Begrüßung noch einmal ausführlich bei Joe für sein unmögliches Benehmen entschuldigt.

»Schon gut, Hans«, hatte der abgewinkt. »Schlechte Nerven. Frau schwanger und so. Kann man irgendwo sogar fast verstehen.« Seine Stimme klang dennoch distanziert. Lange nicht so anteilnehmend und freundlich wie bisher.

Hans schämte sich. Er hätte einen solch haltlosen Verdacht niemals aussprechen dürfen. Kein Wunder, wenn ihm Joe von nun an nicht mehr vertraute. Aber da musste er jetzt durch. Ohne Wenn und Aber. Selbst schuld.

»Erste Frage des Verhörführers Major Singer an den Verdächtigen. Sie sind Sergeant John Banks. Seit 1935 bei der US-Army. Ist das richtig?«

Banks schüttelte den Kopf.

»Bitte reden Sie laut und deutlich. Wir schneiden das Verhör auf Tonband mit.«

»Nein«, murmelte Banks.

»Nein? Wer sind Sie dann? Bitte sprechen Sie laut und deutlich.«

»Rainer Schwarz ist mein richtiger Name. Das mit der Army stimmt aber.«

»Tatsächlich? Na gut, Herr Schwarz. Wie Sie meinen. Der Einfachheit halber spreche ich Sie aber trotzdem weiter mit Banks an. Sie sind damals also unter falschem Namen der Army beigetreten?«

Hans meinte zu erkennen, dass Joe dem Verdächtigen genauso wenig glaubte wie er selbst.

Rainer Schwarz. Dass ich nicht lache. Bestimmt auch wieder nur ein falscher Name.

Wahrscheinlich log Banks aus reiner Gewohnheit.

»Richtig.« Banks nickte.

»Ist es wahr, dass Sie im Jahr 1918, gleich nach dem Ersten Weltkrieg, drei junge blonde Frauen in München ermordeten, sie aufschnitten und geschnitzte Holzfiguren in ihren Bauchhöhlen platzierten?«

»Das stimmt einerseits«, erwiderte Banks alias Rainer Schwarz. »Andererseits stimmt es so nicht ganz.«

»Wiederholen Sie Ihre Antwort noch einmal laut, eindeutig und deutlich. Töteten Sie diese drei Frauen damals?«

»Ich tötete sie nicht wirklich«, sagte Banks mit fester Stimme. »Ich schickte die drei Engel nach Hause ins Paradies zu den Ihren.«

Den vier Ermittlern fielen vor Staunen gleichzeitig die Kinnladen herunter. Das ging gerade wirklich unerwartet einfach. So wenig der Kerl gestern Abend nach seiner Verhaftung über die Entführung reden wollte, schien er heute, was seine Morde betraf, kooperieren zu wollen.

Wahrscheinlich rechnete er nach wie vor fest mit seiner Trumpfkarte Elvira und freiem Abzug nach Russland. Es hatte ihm ja auch niemand gesagt, dass sie längst in Sicherheit war.

»Engel? Nach Hause geschickt? Erklären Sie uns, was Sie damit meinen. Damit wir Sie besser verstehen lernen.«

Joes Augen verengten sich zu Schlitzen. Er war gespannt auf das, was jetzt käme.

77

»Noch einen Tee?« Elvira sah ihre beste Freundin Agathe fragend an.

»Gerne, Elvira. Aber erzähl mir vorher bitte ganz schnell noch mal, wie genau du dich von deinen Fesseln befreien konntest. Das klingt alles so unfassbar unglaublich.« Agathe rutschte, unruhig vor Neugierde, auf ihrem Sessel hin und her.

»Na ja. Ich hab wie gesagt meine rechte Hand losgemacht und dann den Rest. Wenn ich ganz ehrlich bin, weiß ich gar nicht mehr genau, wie das alles vor sich ging.«

»Und dann bist du davongelaufen? Mitten in der Nacht im Dunkeln?«

»Ja.« Elvira nickte. »Und hab mir die Füße aufgerissen, wie man unschwer erkennen kann.« Sie zeigte nach unten.

»Mein Gott, du hast gar keine Schuhe an«, staunte Agathe.

»Tun mir weh. Strumpfsockig geht gerade so. Aber jetzt hol ich uns erst mal eine neue Kanne Tee.«

Als Elvira aus der Küche zurückkam, hatte sie für jede von beiden auch noch ein paar schöne Streifen Schinken im Gepäck.

»Wo hast du denn den her?«, staunte Agathe. »Schwarzmarkt? Er muss sündhaft teuer gewesen sein. Haben sie Hans etwa befördert?«

»Eine gute Fee hat ihn mir geschenkt. Erzähl ich dir gleich auch noch. Aber jetzt lassen wir uns das späte Frühstück erst mal schmecken.«

78

»Der Herr trug mir auf, all diese Engel in die Ewigkeit nach Hause zu schicken.«

»Mit Engeln meinen Sie die toten Frauen?«, fragte Joe.

»Es ist eine immens wichtige Aufgabe, die mir der Herr übertragen hat. Sie muss ohne Wenn und Aber erfüllt werden.«

Hans schüttelte den Kopf. Ein religiöser Spinner. Darauf wäre er nicht gekommen.

Banks sprach munter weiter.

»Zunächst konnte ich mir nicht vorstellen, wie es ist, es tatsächlich zu tun«, sagte er. »Doch dann begann der Herr mit mir zu reden und ich schickte meinen ersten Engel zu den seinen. Bis dahin war ich blind gewesen. So wie Sie es immer noch sind, meine Herren.«

»Was taten Sie genau?«, fragte Joe.

»Ich sandte meine Mutter in den Himmel hinauf.«

»Warum?« Joe blickte seine drei Kollegen erstaunt an. Die blickten ebenso erstaunt zurück.

»Sie sollte es dort oben besser haben als hier.« Banks nickte langsam. Er sprach frei heraus, als berichte er ihnen von seinem letzten Urlaub. »Sie war ein sehr unglücklicher Mensch.«

»Sie töteten also Ihre eigene Mutter. Ist das richtig?«, fragte Joe noch einmal nach.

»Ja.« Banks nickte erneut.

»Also gut.« Joe atmete durch. »Blieb es 1918 bei den

drei jungen Opfern hier in München oder waren da noch weitere?«

»Es waren insgesamt 17 Engel in Amerika. Zehn in Japan. Drei hier in München nach dem ersten Krieg und drei weitere hier in den letzten Tagen.«

»Sie brachten also tatsächlich … 33 junge Frauen um, die ihr ganzes Leben noch vor sich hatten?« Joe betrachtete ihn mit dem neutralen Blick eines Insektenforschers.

»Sie haben es jetzt allesamt besser.« Banks nickte.

Hans war angeekelt und zugleich auf seltsame Weise beeindruckt.

Die Faszination des Grauens.

»Aha.« Joe blieb gelassen. Obwohl er bestimmt genauso unangenehm berührt war wie die anderen. »Warum haben Sie die Leichen der Opfer eigentlich nicht versteckt oder vergraben, sondern sie, für jeden gut sichtbar, am Tatort liegen gelassen?«

»Die ganze Welt sollte von meinem Werk erfahren. Dem Herrn zum Wohlgefallen.«

»Dem Herrn zum Wohlgefallen. So,so.«

Keinem der anwesenden Ermittler fiel dazu noch etwas ein.

»Ja, so ist das.« Banks lächelte beseelt. »Wollen Sie denn gar nicht mehr wissen, wo ich Herrn Weinbergers Frau versteckt habe?«

79

»Rosi nahm mich also auf ihren Hof mit. Dort verband sie meine Füße und dann fuhr mich ihr Mann Otto mit dem Pferdefuhrwerk heim. Vorher hat sie mir noch den Schinken geschenkt. So eine verrückte Geschichte hast du noch nie gehört, stimmt's?« Elvira sah Agathe erwartungsvoll an.

»Stimmt.«

»Und weißt du, was noch passiert ist?«

»Nein?« Agathe schüttelte mit großen Augen den Kopf.

»Es wird bald Nachwuchs geben.«

»Wo?«

»Na, wo wohl?« Elvira zeigte auf ihren Bauch.

»Du meinst, du bist … schwanger?« Agathe fiel vor freudigem Schreck fast die Teetasse aus der Hand.

»Sieht ganz so aus.« Elvira nickte mit einem stolzen Lächeln im Gesicht. »Und stell dir vor: So wie es aussieht, wird es ein Junge. Ein echter Stammhalter.«

»Woher weißt du das?«

»Rosi hat es gesagt.«

»Rosi, aha.« Agathe schluckte. Sie stellte ihre Teetasse auf dem Tisch ab. »Ist sie Hellseherin?«

»Keine Ahnung.« Elvira nahm sich noch einen Streifen von dem köstlichen Schinken. »Sie meinte, man würde es sehen.«

»Das ist ja eine tolle neue Freundin, die du da hast.« Agathe schien ihre Zweifel an Rosis Fähigkeiten zu haben.

Elvira war das egal. Sie freute sich. Und selbst wenn

es kein Junge wurde, sondern ein Mädchen, würde das auch so bleiben.

»Was wohl Tante Annie dazu sagen wird, wenn sie es erfährt?«, sagte sie.

»Du hast es ihr noch nicht gesagt?« Natürlich kannte Agathe Elviras einzige noch lebende Verwandte.

»Wann denn? Es ist ja andauernd was anderes.«

80

»Zu Herrn Weinbergers Frau kommen wir noch, Banks. Erzählen Sie erst mal weiter. Wie war das alles genau in Amerika?« Joe sah seinem Verdächtigen kurz in die Augen. Dann wandte er sich schnell wieder von ihm ab.

Hans entging es nicht.

Wahrscheinlich hat er Angst, dass der Irrsinn des Kerls ansteckend ist. Völlig zu Recht, meiner Meinung nach.

»Sie waren nicht so hübsch wie die Engel hier in München«, erwiderte Banks. »Aber der Herr hat sie trotzdem zu sich genommen. Die und die japanischen. Der brutale Detective dort war mir nahe auf den Fersen.« Banks zeigte auf Jeff. »Aber er erwischte mich nicht. Er ist gewalttätig, jedoch nicht sonderlich intelligent.«

Jeff, der schweigend an der Wand des Verhörraumes gelehnt hatte, trat mit rotem Kopf einen Schritt vor. Er hob seine Faust zum Schlag.

Joe bedeutete ihm mit Blicken und Gesten, ruhig Blut zu bewahren.

»Sehen Sie«, meinte Banks. »Wie ich es sage. Ein prügelnder Dummkopf. Meine Tarnung war übrigens perfekt«, berichtete er, an Joe gewandt, weiter. »Lange Zeit wusste niemand, wer ich bin. Als mir der brutale Kerl hier fast auf die Spur kam, trat ich in die Army ein, um ihm zu entkommen.« Er deutete erneut auf Jeff.

»Was geschah dann?«, fragte Joe.

»Ich machte hauptsächlich Dienst im Ausland. Schickte in Japan zehn wunderschöne Engel nach Hause. Ich setzte ihnen blonde Perücken auf, bevor ich sie ausweidete. An den dunklen Augen störten der Herr und ich uns nicht weiter. Ich stach sie ihnen einfach aus. Dann war wieder Pause.« Banks kicherte.

»Was ist so lustig?«

»Der Herr hat sich zwischenrein erneut bei mir gemeldet. Er meinte, ich müsse meine Aufgabe schneller zu Ende bringen. Sonst würde nichts aus unserer Abmachung werden.«

»Das ist so lustig?«

»Ja.« Banks lachte erneut. »Er hat mir nämlich früher einmal versprochen, dass ich selbst die Zeitpunkte bestimmen dürfe.«

»Warum waren Ihnen die zehn Jahre Abstand zwischen den Mordserien denn so wichtig? Und warum mussten jeweils zehn Frauen sterben? Was steckt dahinter?«

»Die Zahl zehn ist die Zahl des in sich Vollendeten, Ganzen. Die zehn Finger und Zehen. Die zehn Gebote. Die zehn wartenden Jungfrauen. Die zehn geheilten Aussätzigen. Es ist eine ganz wunderbare heilige Zahl.«

»Aha.« Joe schüttelte den Kopf. Das sollte verstehen, wer wollte. Er ganz sicher nicht. »Was war das für eine Abmachung, die Sie mit Gott getroffen hatten?«

»Wenn ich meine Aufgabe vollendet habe, darf ich bis in alle Ewigkeit an seiner Seite regieren.«

»*Sie* an der Seite Gottes? Bis in alle Ewigkeit?« Joe schüttelte zum wiederholten Mal ungläubig den Kopf. »Sind Sie sicher, dass der liebe Gott mit Ihnen gesprochen hat und nicht der Teufel?«

»Natürlich. Das hat der wahre und einzige Herr des Himmels zu mir gesagt.« Banks zuckte die Achseln.

»Was hat es mit den Innereien und den geschnitzten Holzengeln in den Opfern auf sich?«

»Die Innereien waren göttliche Nahrung für meine Seele. Machten mich stark und glücklich. Meistens zumindest. Besonders das Herz und die Leber. Die Holzengelchen waren meine Zwillingsbrüder. Sie sollten die großen Engel auf ihrem Weg zu den Sternen beschützen.«

»Was bist du nur für ein jämmerliches, krankes Arschloch«, zischte Hans leise.

Hoffentlich wurde der Kerl trotz seiner offensichtlichen Geisteskrankheit seiner gerechten Strafe zugeführt und nicht einfach nur in die nächstbeste Irrenanstalt weggesperrt.

»Ich bin ein guter Mensch, Herr Weinberger.« Banks hatte ihn offenbar verstanden. »Wenn Sie mich gleich laufenlassen, verrate ich Ihnen auch, wo Ihre Frau ist.«

»Das interessiert uns nicht mehr, Banks.« Joe sah ihm ungerührt ins Gesicht.

»Was? Ihr wollt sie nicht zurück?« Banks sprang überrascht auf. »Ja, aber warum denn nicht? Wozu erzähle ich euch das alles dann überhaupt? Ihr wollt mich doch nicht etwa einsperren? Ihr habt mir freies Geleit nach Russland versprochen.«

»Niemand hat Ihnen irgendetwas versprochen, Banks.«

»Aber das geht doch so nicht.«

»Es geht, glauben Sie mir«, sagte Joe.

Jeff eilte herbei. Er drückte Banks unsanft wieder auf seinen Stuhl.

»Seid ihr völlig verrückt geworden?«, fuhr Banks im Sitzen fort. »Ihr könnt sie doch nicht einfach so sterben lassen.«

»Warum nicht?«, fragte Joe, der ihn nun ganz offensichtlich noch weiter herausfordern wollte.

»Weil, weil, … es geht einfach nicht!«, brüllte Banks. »Sie ist kein Engel.« Er schüttelte vehement den Kopf. Dann sprach er auf einmal ganz ruhig weiter. So als hätte jemand einen Kippschalter in seinem Kopf umgelegt. »Wissen Sie, was meine Mutter an meinem zwölften Geburtstag zu mir gesagt hat?«

»Natürlich nicht«, erwiderte Joe. Er runzelte, sichtlich erstaunt über den plötzlichen Stimmungs- und Themenwechsel, die Stirn.

»Sie war wieder mal sturzbetrunken vor lauter Kummer und Sorgen. Da meinte sie, dass sie mich am liebsten nicht geboren hätte.«

Die Frau kann ich gut verstehen, dachte Hans, ohne es laut zu sagen. Er wollte das Geständnis natürlich nicht mit einer unprofessionellen Bemerkung unterbrechen. Jetzt, wo es gerade so gut lief.

»Na und?«, meinte Joe. »Den Spruch kennen bestimmt viele von uns. Jeder hat eine Mutter, die mal schlechte Laune hat. Ich sehe darin nichts Besonderes.«

Banks meinte, dass ihn das aber damals sehr betroffen gemacht hätte. Er hätte sich immer wieder den Kopf darüber zermartert, was sie wohl so unglücklich machte. »Monate später trug sie mir auf, Zigaretten zu besorgen«, fuhr er fort. »Ich weigerte mich, weil sie wieder mal ihren starken Husten hatte. Daraufhin sagte sie erneut, dass sie mich am besten nicht auf die Welt hätte bringen sollen. Ich sei ein jämmerlicher Versager. Genau wie mein Vater. Mein Gott. Sie war so unglücklich.«

»Und daraufhin brachten Sie sie dann um?« Joe hörte sich sehr sachlich an. Offenbar ahnte er, dass jetzt und hier ein vorwurfsvoller oder geschockter Tonfall fehl am Platz gewesen wäre. Banks hätte bestimmt sofort sämtliche Jalousien heruntergelassen.

Ein echter Profi, dachte Hans. Wie konnte ich Vollidiot mich nur so grundsätzlich in ihm täuschen?

»Ich würde es anders ausdrücken: Ich befreite sie von der schweren Last mit mir und dem Leben.« Banks strahlte Joe mit einem beseelten Lächeln im Gesicht an. »Ich erlöste und rettete sie.«

»Tat Ihnen das jemals leid?«

»Ich verstehe die Frage nicht. Sie hätten dieses arme Wesen einmal sehen sollen. Schrecklich, wie ihr Unglück sie leiden ließ. Aber sie war selbst noch im Tod eine wunderschöne Frau. Einer Heiligen gleich. Nicht besonders groß, aber schlank, blauäugig, blond.«

»Also keine Reue.« Joe nahm es kopfschüttelnd hin.

»Wie ging es weiter?«

»Ich schnitt sie in Stücke, kochte sie und aß sie auf. Mir war in dem Moment einfach danach, verstehen Sie? Ihre abgenagten Knochen vergrub ich in einem kleinen Waldstück draußen vor der Stadt tief unten in der Erde. Sie schmeckte gar nicht mal schlecht.«

Hans wandte sich voller innerem Ekel ab.

Gleich wird mir schlecht.

»Nur der Herr allein schenkt uns den Glauben«, fuhr Banks mit pathetischer Stimme fort. »Er tröstet uns auf all unseren Wegen.« Freudentränen liefen ihm über die Wangen.

Joe rief die Wachsoldaten vor der Tür herbei, um ihn in seine Zelle zurückzubringen.

Vorerst hatten sie alle genug gehört und gesehen.

81

Sobald sie nur noch zu viert waren, nahm Hans Joe beiseite, um sich noch mal ausgiebig für seinen unmöglichen Verdacht gegen ihn und den eigentlich unverzeihlichen Ausraster gestern Abend zu entschuldigen.

»Ich weiß gar nicht, was mit mir los war. Die panische Angst um meine Frau und unser Ungeborenes muss mich einen Moment lang völlig unzurechnungsfähig gemacht haben. Bitte, Joe. Es wäre mir sehr wichtig, dass wir die Sache endgültig vergessen. Ich schätze dich außerordentlich als Kollegen und Menschen. Und ich gebe offen zu, dass ich mich wie ein totaler Vollidiot benommen habe.«

»Das hast du allerdings wirklich, Hans.« Joe nickte. »Sei froh, dass du Severin an deiner Seite hast. Er ist schwer in Ordnung. Aber gut. Schwamm drüber. Endgültig.« Er lächelte freundlich.

Hans atmete erleichtert auf. Er schüttelte ihm begeistert die Hand.

Dann wandte er sich mit Tränen in den Augen ab. Ein Weinberger hatte maßgeblich dabei geholfen, die ›Bestie von Bogenhausen‹ zu überführen. Wenn das sein Großvater noch erlebt hätte. Er wäre sicher unendlich stolz auf ihn gewesen.

Tief in unserem Inneren bleiben wir anscheinend alle Kinder. Der eine so, der andere so.

»Kommt, Leute!«, rief Joe in die Runde. »Nichts wie raus hier. Ich gebe einen im Biergarten aus. Das haben wir uns jetzt redlich verdient. Außerdem haben wir einiges zu feiern.«

Er lächelte Hans vielsagend zu, der sich gerade laut in sein kariertes Stofftaschentuch schnäuzte.

»Das lassen wir uns allerdings nicht zweimal sagen.« Severin öffnete schnell die Tür. »Hab ich recht?«

82

Donnerstag, 14. Juni 2017

»Mich interessiert die Sache aber brennend.« Die Münchner Journalistin Julia Weinberger schlug ärgerlich mit der flachen Hand auf ihren frischgeputzten weißen Schreibtisch. »Schließlich hab ich sie auch entdeckt.«

Es regnete seit Tagen. Ihrer Laune war schlechtes Wetter grundsätzlich abträglich. So auch heute.

»Hast du nicht«, erwiderte der Redaktionsleiter Regionales bei der Münchner Zeitung, Hartmut Spieß, am anderen Ende der Leitung. »Selbst ich weiß längst Bescheid.« Als guter Chef hatte er seine eigenen Informanten bei der Polizei, die ihm den Fall bereits geschildert hatten. »Du willst also einem brutalen Mörder, der im Englischen Garten junge Frauen umbringt, auf die Spur kommen? Ausgerechnet du? Bist du dir da ganz sicher?«

»Natürlich bin ich mir sicher. Oder willst du mir etwa gerade durch die Blume sagen, dass eine querschnittsgelähmte Rolli-Fahrerin so etwas nicht kann?« Ihr Tonfall wurde spitz.

»Nein, Julia. So hab ich es nicht gemeint. Das weißt du auch.«

»Es hörte sich aber so an.« Sie lehnte sich ein Stück weit in ihrem Rollstuhl zurück.

Oberkörper, Kopf und Arme konnte sie Gott sei Dank noch bewegen. Sie hätte die Freisprechfunktion ihres Telefons gerade also gar nicht unbedingt gebraucht. Aber so konnte sie sich wenigstens problemlos während eines Gesprächs Notizen machen oder im Zimmer umherfahren, wenn ihr danach war.

»Sollte es aber nicht.« Hartmuts Stimme klang weich. Sie wusste, dass er sie im Grunde seines Herzens von jeher respektierte und mochte. Er war damals nach ihrem schweren Unfall vor sieben Jahren als Erster an ihrem Krankenhausbett gestanden und hatte ihr Mut gemacht. Dennoch schien er ihr im Moment nicht gerade besonders viel zutrauen zu wollen. Wieso zum Teufel konnte er seine übervorsichtigen Bedenken nicht einfach bleiben lassen.

»Ich kann Basketballspielen und selbstständig ohne irgendwen durch die Gegend pesen«, erklärte sie ihm bestimmt zum zehnten Mal, seit sie wieder bei ihm in der Redaktion angefangen hatte. »Warum sollte ich also nicht in einem Mordfall recherchieren können?«

»Weil es sehr gefährlich ist«, erwiderte er laut. »Was willst du denn machen, wenn der Kerl dir auf die Spur kommt? Warten, bis er dich genauso brutal aufschlitzt wie seine beiden bisherigen Opfer? Die waren auch blond und gutaussehend, genau wie du.«

»Aber 15 Jahre jünger. Für eine 36-Jährige scheint keine größere Gefahr zu bestehen. Noch dazu, wenn sie im Rollstuhl sitzt. Ich krieg die Story hin, kannst du mir glauben. Ich hab bisher noch jede Story hingekriegt, die ich machen wollte. Oder etwa nicht?«

Julia starrte durch das Fenster ihres mit allen Schikanen wie PC, High-Speed-Internet, Laserdrucker, Kopierer, Fax, TV, Regalen und Büroschränken eingerichteten Homeoffice auf die Straße hinaus.

Menschen auf zwei Beinen liefen dort aufrecht vorbei. Vor nicht allzu langer Zeit war sie eine von ihnen gewesen.

Egal. Damit abfinden. Weiterleben.

Ihr Absturz beim Bergwandern hatte von einer Sekunde auf die andere ihr gesamtes Leben verändert. Dabei hatte sie nicht einmal besonders viel riskiert. Nur ein winziger Fehltritt und schon war es 30 Meter mit ihr abwärtsgegangen.

Anfangs war es ein unfassbarer Schock gewesen. Nach den stundenlangen Operationen an ihrer Wirbelsäule und an den Beinen litt sie wochenlang unter schweren Depressionen.

Wäre am liebsten tot gewesen.

Doch sie hatte, auch dank ihrer über die Maßen engagierten Betreuer in der Reha, schon bald gelernt, positiv mit allem umzugehen. Ihr neues Leben mit all seinen Einschränkungen und Möglichkeiten anzunehmen.

Mit genau dieser Einstellung hatte sie sich ein Jahr später schließlich auch ihren Job als Journalistin in Hartmuts Redaktion bei der Zeitung zurückgeholt.

Ihre neue Situation als Rollstuhlfahrerin hatte dabei sogar noch einen großen Vorteil. Sie durfte nun von zu Hause aus arbeiten, anstatt, wie die Kollegen, stundenlang in der muffigen und immer viel zu lauten Redaktion sitzen zu müssen.

Herrgott noch mal. Wenn das alles schon so gut lief, sollte Hartmut sie diesen Job gefälligst auch richtig machen lassen. Ohne Wenn und Aber.

Ihr Freund Mark, der beim Absturz kurz hinter ihr gegangen war, hatte ihr bei seinen seltenen Besuchen im Krankenhaus ebenfalls immer Mut zugesprochen. Doch sie hatte das Gefühl gehabt, dass es ihm schwerfiel, sie so daliegen zu sehen. Er schien innerlich immer mehr auf Abstand zu gehen.

Eine Trambahn fuhr mit laut quietschenden Bremsen vor ihrem Fenster vorbei. Sie nahm es schon gar nicht mehr wahr. Hatte sich in den fünf Jahren, in denen sie hier gleich ums Eck vom Münchner Ostbahnhof wohnte, daran gewöhnt. Genauso wie an die beiden vierjährigen Zwillinge in der Wohnung über ihr, die an manchen Tagen wie eine Büffelherde durch ihren Flur trampelten.

»Stimmt schon«, erwiderte Hartmut jetzt. »Du hast bisher immer hervorragende Arbeit geleistet. Auch im Rollstuhl, wohlgemerkt. Aber es ist nun mal Sache der Polizei, Morde aufzuklären. Nicht deine als Journalistin. Außerdem haben wir im Moment sowieso eine Nachrichtensperre.«

»Wieso das?«

»Die Staatsanwaltschaft will nicht, dass die Sache an die Öffentlichkeit kommt. Die haben wohl Angst, dass dann noch mehr passiert.« Er stöhnte entnervt. Das Gespräch schien ihn langsam, aber sicher anzustrengen.

»Aber ich will doch nur ein bisschen dabei helfen.« Julias Stimme bekam auf einmal einen unschuldig bettelnden Klang. »Es muss ja erst mal nichts an die Öffentlichkeit gelangen.«

Sie wusste, dass es Hartmut schwerfallen würde, auf ihre gekonnte Kleinmädchentour nicht hereinzufallen. Seine harte Schale trug er lediglich mit sich herum, um vor der Entdeckung seiner Schwächen geschützt zu sein. Oft genug hatte er ihr das bereits bei den verschiedensten Gelegenheiten gezeigt.

»Erzähl mir nichts«, sagte er.

»Na gut. Hast recht. Wenn eine sensationelle Reportage dabei herauskommt, bin ich natürlich auch nicht böse. Außerdem hast du Ralf vergessen.«

»Ralf?«

»Meinen Helfer?«

»Wie meinst du das?«

»Er kann mich verteidigen. Ist kräftig gebaut. Der perfekte Beschützer.« Sie trank einen Schluck Kaffee aus der Tasse in ihrer rechten Hand.

Kaffee war inzwischen zu ihrem Lebenselixier geworden. Am liebsten mochte sie Espresso, aber auch Filterkaffee kam infrage. Hauptsache, der Nachschub war gesichert. Einziger Nachteil: Sie musste den Beutel ihres Katheters wegen des hohen Flüssigkeitsaufkommens oft leeren.

»Willst du den etwa auch noch in die Sache hineinziehen? Du spinnst echt total, Julia.« Hartmut brüllte jetzt laut in den Hörer. »Und andauernd kann er auch nicht auf dich aufpassen. Oder ist er etwa gerade bei dir?«

»Natürlich nicht. Ich brauche ihn auch nicht ständig um mich. Aber er hat mir neulich eine Pistole mitgebracht.«

»Sag mal …, wirst du langsam total wahnsinnig? Wenn dich die Polizei damit erwischt, gehst du in den Knast. Das weißt du schon?«

»Ach, echt? Wusste ich jetzt gar nicht.« Julia musste grinsen. Hartmut lief gerade mal wieder richtig zur Hochform auf. Wie leicht man ihn nur immer wieder auf die Schippe nehmen konnte. Natürlich besaß sie keine Pistole. Sie würde sich auch so zu helfen wissen.

»Sehr witzig«, knurrte er. »Denk immer dran. Auch meine Geduld hat Grenzen, Schätzchen.«

»Mach dir mal keinen Kopf, Chef. Ich hab natürlich einen Waffenschein für das Ding. Also?«

»Also was?«

»Krieg ich die Story?« Julia trommelte ungeduldig mit den Fingerspitzen auf ihrer Armlehne herum.

»Na gut. Von mir aus, du alter Quälgeist. Aber pass auf. Sobald es gefährlich wird, gehst du zur Polizei, versprochen?«

»Alles gut.« Sie nickte langsam und legte nachdenklich auf.

Natürlich war ihr, sobald sie heute Morgen über ihren Informanten bei den Rettungsfahrern von den Morden gehört hatte, sofort eingefallen, dass ihr geliebter Opa Hans und ihr Ururopa Karl es einmal mit ähnlichen Fällen zu tun hatten.

Leider waren sie beide schon tot und konnten ihr nicht mehr helfen. Ihre damaligen Unterlagen hatte sie sogleich in der ganzen Wohnung gesucht, allerdings nirgends gefunden.

Dann war ihr der Keller eingefallen. Irgendwo dort unten mussten sie sein. Ihr Opa hatte sie ihr gegeben, bevor er starb. Das wusste sie ganz genau. Sie würde Ralf gleich nach dem Spiel deswegen losschicken. Mit ihrem Rollstuhl kam sie beim besten Willen nicht die Stufen hinunter. Vor allem nicht wieder hinauf. Der Aufzug ging erst im Erdgeschoss los.

Das alles konnte Hartmut natürlich nicht wissen. Sie sprach grundsätzlich mit niemandem über ihre Recherchen, bevor alles absolut wasserdicht war.

Ihr fiel ein, dass sie Ralf, der in einer Stunde bei ihr sein würde, mit einem selbstgemachten Nudelsalat überraschen könnte. Er liebte Nudelsalat über alles, und sie liebte es, anderen eine Freude zu machen.

Er war ein witziger Mensch. Half ihr wirklich sehr. Drängte sich dabei aber nie auf oder sie in die Unselbstständigkeit. Wiewohl er ihr gelegentlich auch reichlich schrullig vorkam. Seltsame Blicke. Zögernde Antworten. Lacher an der falschen Stelle.

Aber Hand aufs Herz. Wer hatte keine Macken. Sie selbst eingeschlossen. Toleranz war das Zauberwort, das Menschen im Guten miteinander auskommen ließ.

Alles in allem war Ralf ein appetitlicher junger Mann. Wäre sie nicht behindert gewesen, hätte sie ihn sicher längst angebaggert und mit ihm geschlafen. Obwohl er zehn Jahre jünger war.

In ihrem jetzigen Zustand war ihr der Gedanke daran aber eher peinlich. Sie hatte keinerlei Erfahrung mit Sex im Rollstuhl oder wo auch immer. Wusste nicht mal, ob sie etwas spüren würde. Schließlich war ab dem Bauchnabel abwärts alles ohne Gefühl.

Viele sagten zwar, dass es trotzdem möglich wäre. Eventuell auch ganz anders als bisher. Konnte man alles überdies nachlesen.

Aber sie traute sich seit dem Krankenhaus einfach nicht an die Sache heran. Erst recht nicht, nachdem Mark sie ein Jahr nach dem Unfall endgültig verlassen hatte.

War ihm wohl letztlich alles in allem zu viel Verantwortung gewesen mit einer Rollstuhlfahrerin.

Sie trug es ihm nicht mehr großartig nach. Konnte ihn aus dem Abstand heraus jetzt sogar zum Teil verstehen. Es war nun mal nicht die große Liebe gewesen zwischen ihnen, wie sie damals fälschlicherweise angenommen hatte.

Damit hatte sie sich endgültig abgefunden.

Allerdings hatte sie trotzdem Angst davor, sich wieder ernsthaft zu verlieben. Was, wenn sie erneut verlassen wurde?

Damals hatte sie wegen Mark wochenlang täglich mit den Tränen gekämpft. Kaum geschlafen.

Wer ging schon freiwillig gern ein zweites Mal durch diese Hölle.

Nudeln, Gewürze, Tomaten, Zwiebeln, Gurken, Mais, Mayonnaise, Eier, Erbsen und Möhren waren im Vorratsschrank. Also ran an den Speck. Beim Kochen hätte sie außerdem genügend Zeit, weiter über die Morde an den beiden Mädchen nachzudenken.

Sie rollte hinüber in ihre kleine, aber feine Küche, die sie sich genau auf ihre speziellen Bedürfnisse hin hatte schreinern lassen.

Ein teurer Spaß, wie die ganze neu renovierte und exklusiv eingerichtete Dreizimmerwohnung im Erdgeschoss.

Gott sei Dank hatte ihre Mutter ihr einen dicken Batzen Geld hinterlassen, als sie vor zehn Jahren viel zu früh an ihrem Lungenkarzinom starb. Ein Lottogewinn. Sechser mit Zusatzzahl.

Normalerweise sicher noch unwahrscheinlicher als ein Absturz in den Bergen oder sich den verdammten Krebs einzuhandeln. Aber es war nun mal, wie es war.

Von dem Geld wussten nur sie und der Notar ihrer Mutter. So sollte es auch bleiben. Sie lebte unauffällig.

Machte keine großen Sprünge. Ihr genügte es vollständig, zu wissen, dass sie finanziell abgesichert war und sich bestimmte Dinge leisten könnte, wenn sie nur wollte.

Vielleicht gab es am Ende tatsächlich eine Art ausgleichende Gerechtigkeit auf der Welt.

Oder war alles, was geschah, doch nur reiner Zufall? Diesbezüglich wollte sie sich nicht so genau festlegen.

Musste sie auch nicht. Sie hatte im Moment andere Probleme.

Der Täter hatte ihrem Informanten nach mitten im Englischen Garten zwei junge blonde Frauen aus Schwabing erschlagen, ihnen den Bauchraum aufgeschlitzt und alle Organe entnommen.

Genau wie dieser Massenmörder Banks, den ihr Opa nach dem Zweiten Weltkrieg verhaftet hatte und der auch schon nach dem Ersten Weltkrieg drei Münchner Mädchen auf ähnliche Weise umgebracht hatte. Etliche weitere Frauen starben im Laufe der Jahre durch seine Hand.

Ihre Gedanken kreisten nun unaufhörlich um dieses Thema.

Ihr Opa Hans hatte ihr von seinen damaligen Ermittlungen erzählt. Als sie 21 und in seinen Augen offenbar alt genug dafür war. Auch davon, wie sie Banks endlich verhafteten.

Die Sache hatte ihn offenbar bis an sein Lebensende kurz nach ihrem 23. Geburtstag traumatisiert.

Ihrem Ururopa musste es Opas Erzählungen nach damals sogar noch schlechter gegangen sein.

Ralf musste die alten Unterlagen nachher einfach finden.

Von ihrem alten Freund aus Studientagen, Hauptkommissar Reinhold Schnellinger, hatte sie heute Nachmittag am Telefon noch erfahren, dass der Täter seinen Opfern, anders als Banks damals, außerdem die Augen ausgestochen und ihnen die Ohren, Zungen, Nasen und Finger abgeschnitten hatte.

Ob vor oder nach ihrem Tod, war der Polizei anscheinend noch nicht bekannt. Zumindest hatte Reini nichts weiter darüber verlauten lassen.

Für Julia sah es zunächst so aus, als wollte der Mörder die Frauen damit symbolisch ihrer Sinne berauben. Aus welchem geisteskranken Grund auch immer.

Von ihrer spannenden Familiengeschichte hatte sie Reini genau wie Hartmut vorsichtshalber noch nichts erzählt. Nicht, bevor sie die offiziellen Unterlagen gefunden hatte und damit alles wasserdicht war.

Sie hatte schlichtweg keine Lust, sich zu blamieren. Schon gar nicht vor dem alten Besserwisser Reini Schnellinger.

83

Zwei Opfer innerhalb von drei Tagen. Seine bisherige Bilanz konnte sich durchaus sehen lassen, vermerkte er stolz.

Er kaute dabei genüsslich eine Doppelportion Leber mit Zwiebeln und Apfelringen. Dazu ein feines Kartoffelpüree. Mit etwas Sahne in der Milch angerührt. Muskatnuss, Butter, Salz.

Es schmeckte ähnlich wie in Berlin, wo er das Gericht einmal in einem Restaurant bestellt hatte. Einfach köstlich.

Er war gerade sehr dankbar für die Inspiration, die ihm Jörg Maria Siebenbrenner alias die ›Bestie von Bogenhausen‹, alias Rainer Schwarz, alias Sergeant John Banks gegeben hatte.

Er würde so weitermachen, wie er gerade begonnen hatte.

Würde die anfängliche Spannung auskosten.

Die vorfreudige Aufregung.

Die Glücksgefühle beim Töten und beim Essen.

84

Freitag, 15. Juni 2017

Julia machte sich einen Kaffee, nachdem sie, wie jeden Morgen, erst einmal die zahlreichen neuesten Meldungen und Nachrichten in den sozialen Netzwerken, denen sie angehörte, gecheckt hatte.

Die Website, die sie für Behinderte betrieb, die Rat oder Trost suchten, wurde rege besucht. Dementsprechend groß war auch dort die Anzahl von Mails, die sie erreichten.

Um alles zusammen zu beantworten, benötigte sie jeden Tag mindestens zwei Stunden.

Ralf hatte die Unterlagen der alten Fälle ihres Opas und die ihres Ururopas gestern Abend tatsächlich noch im Keller aufgestöbert. Sie hatte sich also richtig erinnert. Bei ihrem Umzug hierher hatte sie sie zu den alten Sachen aus der Wohnung im Lehel getan. Sie schienen vollzählig zu sein, soweit sie es überblicken konnte.

Jetzt verglich sie die Daten aus den alten Ordnern mit denen über andere Massenmorde im Internet. Zum Beispiel mit dem, was über Carl Friedrich Wilhelm Großmann bekannt war. Der hatte in den Jahren nach dem Ersten Weltkrieg 23 Frauen auf bestialische Weise umgebracht. Wie dieser Banks, hinter dem bereits ihr Ururopa her gewesen war.

Mit dem kleinen Unterschied, dass Großmann insgesamt zehn Frauen weniger als Banks tötete und bald gefasst wurde.

Banks dagegen wurde erst Jahrzehnte später von ihrem Opa Hans und drei anderen Polizisten erwischt und überführt. Bis zu diesem Zeitpunkt hatte er es auf die traurige Bilanz von insgesamt 33 Opfern gebracht.

Julia versuchte, sich ein Bild von der Psyche solcher Serienmörder zu machen.

Was brachte sie dazu, so zu handeln, wie sie es taten?

Wie wurde man solch ein Mensch? Kam man bereits mit diesen Anlagen auf die Welt?

Sie würde wohl noch viel lesen und recherchieren müssen, um Antworten zu bekommen, die ihr einigermaßen plausibel erschienen.

Großmann hatte sich damals nur kurze Zeit nach seiner Verhaftung in seiner Zelle erhängt.

Konnte er mit seiner Schuld nicht weiterleben?

Hatte er andere Gründe?

Während ihrer weiteren Recherchen stellte sie fest, dass Errungenschaften wie die Gentechnologie und all die anderen technischen Mittel der heutigen Kriminallabors damals bestimmt hilfreich gewesen wären. Möglicherweise hätte es weit weniger Opfer gegeben.

Ururopa Karl musste nach dem Ersten Weltkrieg noch ohne all das bei seinen Ermittlungen auskommen. Hatte deswegen wohl auch keinen Erfolg mit diesem Fall. Zeit seines Lebens war er ein hochdekorierter Ermittler gewesen. Bis zu Banks' ersten grausamen Frauenmorden in München.

Sie konnte verstehen, dass er letztlich dem Trübsinn und der Verzweiflung anheimgefallen war, weil er den grausamen Verbrecher nicht dingfest machen konnte. Noch dazu war ihr Uropa, Karls Sohn Bernhard, erst kurz zuvor im Krieg gefallen.

Heftig.

Wenn das Schicksal derart brutal auf einen einprügelte, sah man ganz schnell mal nur noch schwarz. Kannte sie von sich selbst.

Geliebte Menschen verlieren.

Die eigene Bewegungsfreiheit verlieren.

Großer Mist das alles.

Zogen die Weinbergers schon immer das Pech an oder war das der ganz normale Lauf der Dinge?

Nächste Frage.

Wo konnte sie nur bei den heutigen Morden ansetzen? Jeder Tag, der ins Land ging, barg die Gefahr eines weiteren Opfers. Eile war geboten.

Ihr Telefon klingelte.

»Julia, wer spricht?«

Niemand meldete sich. Sie vernahm jedoch, dass jemand atmete.

»Hallo? Hallo!«

Keine Antwort.

Nur Atmen und lautes Rauschen. Wie von einer stark befahrenen Straße oder wenn man sich eine große Muschel ans Ohr hielt.

Sie legte kopfschüttelnd wieder auf.

Wahrscheinlich ein Telefonstreich.

Irgendwelche Kinder. Bestimmt lachten sie sich gerade kaputt.

Na wartet, wenn ich euch erwische, ihr Racker.

Sie lächelte gutmütig.

Zehn Minuten später läutete das Telefon erneut.

»Wer spricht?« Ihren Namen nannte sie sicherheitshalber nicht mehr. Vielleicht war das vorhin gar kein Telefonstreich gewesen. Es war genauso gut möglich, dass sie jemand ausspionieren wollte.

Ein Einbrecher zum Beispiel. Hörte man immer wieder.

»Nicole hier, Schatz. Was treibst du?«

Gott sei Dank.

Julia atmete langsam erleichtert aus. Nicole Reinberger war ihre beste Freundin und ebenfalls querschnittsgelähmte Rollstuhlgefährtin.

Ursprünglich kennengelernt hatten sie sich in der Reha. Seitdem brachte sie nichts und niemand auseinander.

Nicole hatte damals einen schweren Autounfall gehabt. Ein Geisterfahrer in der Nacht auf der A 9 von Nürnberg nach München. Nach dem heftigen Frontalzusammenstoß hatte die Polizei die gesamte Autobahn für fünf Stunden gesperrt.

Der Geisterfahrer war auf der Stelle tot gewesen.

Julia hatte mit zwei gebrochenen Lendenwirbeln und einem mehrfachen Beckenbruch überlebt. Ob das letztlich gut oder schlecht sei, wüsste sie nicht, meinte sie jedes Mal, wenn sie darüber sprach.

Jedenfalls hatte sie sich seit zwei Tagen nicht mehr bei Julia gemeldet. Die freute sich jetzt wie immer, ihre Stimme zu hören.

»Hey, Lieblingsfreundin. Schön, dass du dich mal wieder meldest. Warst du krank oder verreist?« Julia grinste breit.

»Jetzt mach aber mal einen Punkt, Madame«, motzte Nicole. »Ich hab dich erst vorgestern angerufen.«

»Echt? Ich dachte, es war vor zwei Wochen. Hab dich schon vermisst.«

»Spinner.«

»Selbst Spinner. Gehen wir auf einen Kaffee?«

»Kannst du neuerdings Gedanken lesen?«

»Wusstest du das nicht?« Julia lachte laut.

»Um 10.30 Uhr im Café Mozart?«

»Ich bin da.«

Nachdem Julia aufgelegt hatte, schaltete sie schnell den Computer aus, rollte ins Bad und machte sich frisch.

Die Sonne schien seit langem wieder. Dem Wetterbericht nach war es warm. Sie würde nur eine Bluse und eine leichte Jacke brauchen. Also keine lange Umziehorgie. Gut so. Wenn sie in einer Stunde im Café sein wollte, musste sie sich sputen. Das Sendlinger Tor war nicht gerade der nächste Weg von hier aus.

Nur wenig später legte sie sich ihre Handtasche in den Schoß, verließ die Wohnung und sperrte zu. S- und U-Bahn würden sie sicher ans Ziel bringen.

Also auf zum Ostbahnhof.

Nachdem die lahme Fußgängerampel endlich Grün anzeigte, überquerte sie die Orleansstraße.

Welche Schlafmütze sorgte eigentlich für die Taktung der Münchner Ampeln? Der- oder diejenige gehörte auf jeden Fall gefeuert.

»Ich dich schieben?«, fragte eine ältere Frau, die neben ihr ging, in breitem bayrischem Dialekt.

»Wie bitte?«, Julia sah sie überrascht an.

»Ich dich schieben, dann du schneller. Husch, husch.« Die Frau lächelte freundlich.

»Wieso reden Sie so komisch? Kommen Sie aus dem Ausland?« Julia runzelte die Stirn. »Ich verstehe leider nur Deutsch und Englisch.«

Es war nicht das erste Mal, dass Passanten sie wie ein unmündiges Baby behandelten. Warum taten diese Leute das nur?

Sie saß im Rollstuhl, klar. Aber deswegen war sie nicht total schwachsinnig. Selbst wenn, hätte sie ganz normales Deutsch bestimmt besser verstanden als irgendein grammatikalisch total verquastes Gefasel.

»Nein. Ich aus München«, erwiderte die Frau. »Also, ich komm aus München. Ich dachte bloß, äh, na ja, also …«, stammelte sie weiter, während sie nervös an ihrem Jackenkragen herumnestelte. »Sie würden vielleicht Hilfe brauchen, dachte ich.«

Sie wurde rot.

Dann eilte sie grußlos davon.

Julia fuhr kopfschüttelnd weiter.

Na ja. Wenigstens wollte sie helfen. Das muss man ihr auf jeden Fall zugutehalten.

Den schlaksigen blonden Mann in Bluejeans und weißem T-Shirt, der sie die ganze Zeit über von der gut zwanzig Meter entfernten Bushaltestelle aus beobachtete, sah sie nicht.

85

»Kannst du mir mal erklären, wer so was Abartiges macht?« Der dunkelhaarige Hauptkommissar Reinhold Schnellinger von der Münchner Mordkommission sah seinen rothaarigen Kollegen, Hauptkommissar Alfons Pfetner, über seinen Computerbildschirm hinweg an.

»Auf jeden Fall jemand, der nicht alle Tassen im Schrank hat. Für mich sieht es nach dem Beginn einer Mordserie aus. Beide Frauen wurden auf die gleiche Art und Weise misshandelt.« Der dicke Alfi, wie ihn die meisten hier auf dem Revier nannten, lehnte sich kopfschüttelnd in seinem stabilen Bürostuhl zurück. »Also vermutlich ein Serienkiller. Schätze mal, dass wir das nächste Opfer bald erwarten können.«

»Sollten wir lieber nicht. Mir reichen zwei brutal ums Leben gebrachte junge Frauen. Ich würde den Kerl gerne vorher erwischen.« Reinhold machte ein ernstes Gesicht.

»Das will ich auch, Reini«, versicherte ihm Alfons schnell. »Aber wie soll das geschehen, ohne den geringsten Anhaltspunkt? Was nützen uns Gene und Fingerabdrücke, wenn wir den dazu passenden Menschen nicht haben?«

Genüsslich grinsend öffnete er den ersten der drei großen, in Reihe stehenden Erdbeerjoghurts mit extra viel Zucker neben seinem Computerbildschirm.

Einen für jede Tageszeit.

Morgens, mittags, spätnachmittags.

Er kaufte sie jedes Mal auf dem Weg zur Arbeit in dem kleinen Supermarkt bei ihm ums Eck. Damit er wenigstens etwas hatte, auf das er sich freuen konnte.

Früher war er einer der besten Ermittler auf Landesebene gewesen. Überall hatte man seinen Rat, seine überragende Intelligenz und sein Durchhaltevermögen bewundert und geschätzt. Wo andere entnervt aufgaben, hatte die Arbeit für ihn erst begonnen.

Heute machte ihm der Job keinen Spaß mehr.

Zu viele Irre, Wahnsinnige und Psychopathen auf dieser Welt, sagte er sich immer wieder.

Aber es wäre denkbar dämlich gewesen, jetzt, so kurz vor der Pensionierung mit seinen 62 Jahren, endgültig das Handtuch zu werfen. Schließlich wollte er auch als Rentner mal in den Urlaub fahren oder sich ein Auto leisten.

Nach einer Frühpensionierung wäre das sicher nicht so einfach gewesen. Sie hätten ihm wohl einiges an Bezügen gestrichen.

Eine Frau, die sein Dasein mitfinanzieren könnte, hatte er nicht mehr. Seine Roswitha war vor fünf Jahren nach langer schwerer Krankheit gestorben. Also blieb ihm nichts anderes übrig, als bis zum bitteren Ende weiterzumachen.

»Vom Joghurtschlürfen kommt der passende Mensch sicher nicht angeflogen.« Reinhold schüttelte genervt den Kopf. Seine grünen Augen blitzten ärgerlich.

Er war 25 Jahre jünger als Alfons, und er wollte noch etwas erreichen.

»Weiß ich selbst. Was schlägst du also vor?« Alfons löffelte unbeirrt weiter.

»Wir brauchen Tatzeugen. Wenn wir die nicht finden, sollten wir wenigstens die Archive gründlich nach ähnlichen Fällen durchgehen. Irgendwas müssen wir doch tun.«

»Die Archive hab ich bereits durchgearbeitet.« Alfons blickte von seinem Joghurt auf. »Nichts Besonderes gefunden, bis auf die üblichen bekannten Fälle. Ist aber auch zu dumm, dass es im Englischen Garten keine Überwachungskameras gibt.«

»Deine blöden Witze kannst du dir sparen, Alfi. Vielleicht wurden die Frauen vorher irgendwo in der Stadt mit ihm aufgenommen.«

»Soll ich mir jetzt etwa sämtliche Überwachungsvideos Münchens anschauen?« Alfons schnaubte entrüstet. »Da bin ich ja in zehn Jahren noch nicht fertig. Das darfst du schön selbst machen, Herr Streber. Ich lieg in zehn Jahren auf den Malediven und lass mir die Sonne auf den Bauch scheinen.«

»Gut, ich kümmere mich darum. Aber dann ackerst du wenigstens noch mal gründlich unsere Datenbanken durch, okay? Beweg deinen Arsch auch ruhig mal in den Keller runter ins analoge Archiv. Leichte Bewegung schadet deinem Kreislauf auf gar keinen Fall.«

Reinhold sprang auf.

Er lief unruhig von einem Ende des kleinen Raumes zum anderen und wieder zurück. »Vielleicht hast du irgendwas übersehen«, fügte er hinzu.

»Kann ich mir zwar nicht vorstellen, aber gut. Möglicherweise hast du sogar recht. Das ist alles schließlich ein Haufen Zeugs.«

»Ich geb auf jeden Fall eine Meldung mit den Bildern der Toten an sämtliche Medien raus. Wer hat diese beiden Frauen zuletzt gesehen? War jemand bei ihnen? Münchner Frauen, geht nicht mit fremden Männern mit. Und so weiter. Auf eine eventuelle Panik können wir keine Rücksicht mehr nehmen.«

»Na gut, wie du meinst. Ich bin dabei.« Alfons aß weiter. »Wenn ich nur wüsste, nach was genau ich in den Archiven suchen soll«, meinte er noch zwischen zwei besonders gehäuften Löffeln.

»Schau intensiv nach ähnlichen Fällen, auffälligen Personen, die hinter jungen blonden Frauen her waren oder es aktuell sind. Bekannte Serienkiller. Muss ich als Jüngerer dir jetzt deinen Job erklären?«

»Natürlich nicht. Ich hab auch bloß gefragt, weil ich dachte, dass du nach etwas Speziellem suchst. Hätte ja sein können.«

»Verdammte Scheiße, Alfi.« Reinhold ballte seine Hände zu Fäusten, bis die Knöchel weiß hervortraten. »Wir haben nicht viel Zeit.«

»Weiß ich, Reini. Wird schon werden. Gleich nach dem Joghurt häng ich mich voll rein, versprochen.«

86

»Hallo, Liebes. Schön, dich zu sehen.« Julia parkte ihren Rollstuhl neben Nicole auf der mit hellen Steinplatten ausgelegten Terrasse des Café Mozart.

Wie meistens um diese frühe Tageszeit, war es angenehm ruhig hier. Lediglich zwei Amseln unterhielten sich munter zwitschernd in den Ästen der Kastanie über ihnen. Wahrscheinlich ging es dabei um die dummen Zweibeiner, die nicht einmal wussten, wie man aus eigener Kraft flog.

»Hallo, Julia. Tolles Wetter, stimmt's?«

»Und ob. Wurde auch höchste Zeit. Was trinken wir?«
Julia setzte ihre Sonnenbrille auf.

»Was du trinkst, weiß ich nicht. Ich hab mir jedenfalls
einen Espresso bestellt.« Nicole grinste breit. Sie hatte
ihre Sonnenbrille längst auf der Nase.

»Espresso ist immer gut. Einen Doppelten bitte«, sagte
Julia zu der Kellnerin, die sich gerade an ihrem Tisch ein-
gefunden hatte. »Und haben Sie auch braunen Zucker?«
Die junge Frau nickte.

»Na, was treibst du zurzeit, wenn du nicht mit mir
Kaffee trinkst?«, fragte Nicole, sobald sie wieder allein
waren.

»Ich hab da eine heiße Sache am Laufen.«

»Hört sich sehr konkret an.« Nicole grinste erneut.

»Zwei junge Münchner Frauen um die zwanzig wurden, so wie es aussieht, vor Kurzem auf bestialische Weise
von ein und demselben Täter ermordet.« Julia senkte
ihre Stimme. Niemand musste ihnen bei diesem heiklen
Thema zuhören. »Ich bin an der Sache dran.«

»Um Himmels willen! Warum stand denn darüber
nichts in deiner Zeitung?« Nicole sprach schlagartig
ebenfalls leise. Sie grinste nicht mehr. Blickte stattdessen schockiert drein.

»Vorläufige Nachrichtensperre. Aber so geht's ja auch
nicht. Wird sicher bald aufgehoben.«

»Hoffentlich. Die müssen die Frauen hier in München
doch warnen, wenn so ein armer Irrer rumläuft.« Nicole
schüttelte ungläubig den Kopf.

»Eben.« Julia nickte, während sie noch leiser fortfuhr:
»Das habe ich Reini gestern auch gesagt.«

»Du meinst den schönen Reini?« Nicole sah sie hellwach an.

Julia wusste, dass Nicole den dunkelhaarigen Hauptkommissar, den sie ebenfalls seit Langem kannte, unwiderstehlich fand. Er wäre genau ihr Typ, meinte sie jedes Mal, wenn das Gespräch auf ihn kam. So südländisch temperamentvoll, so herrlich romantische Augen. Und er sei noch nicht vergeben.

Leider hätte er sie bis heute aber immer nur übersehen.

»Genau den.« Julia nickte mit einem Lächeln auf den Lippen.

»Ach ja«, seufzte Nicole. Sie starrte einen Moment lang versonnen ins Nichts. Dann zündete sie sich eine Zigarette an. »Wie wurden die Frauen denn umgebracht?«, fragte sie anschließend.

»Das sage ich dir lieber nicht.« Julia rührte zwei große Löffel Zucker in den Espresso, den die Kellnerin gerade vor ihr abgestellt hatte. »Ich weiß aber so einiges, was Reini helfen könnte.«

»Warum erzählst du es ihm dann nicht, Miss Marple?«

»Mach ich schon noch. Muss vorher nur erst mal alles in meinem Kopf ordnen.«

87

Er war Julia Weinberger vom Ostbahnhof aus unauffällig bis hierher ins Café Mozart gefolgt.

Da sie mit ihrem Rollstuhl kein allzu großes Tempo vorlegte, war es ihm nicht weiter schwergefallen, an ihr dranzubleiben.

Jetzt saß er einige Meter von ihr entfernt und beobachtete sie und ihre Bekannte, die nicht minder hübsch war als sie selbst.

Er sollte Rache an ihr nehmen. Sie umbringen. Schließlich war es ihr Großvater gewesen, der den großen John Banks gefasst hatte, und den konnte er nicht mehr zur Rechenschaft ziehen.

Er war längst tot.

Andererseits hatte sie nichts mit den damaligen Taten ihres Großvaters zu tun. Sie war noch nicht einmal auf der Welt gewesen.

Es wäre also nicht unbedingt richtig gewesen, sie zu töten. Außerdem war sie kein typischer Engel im Sinne von John Banks. Viel zu alt.

Ein Rollstuhl war auch nicht vorgesehen.

Er würde genau überlegen müssen, bevor er handelte.

Ihre Adresse über das Internet herauszufinden, war ein Kinderspiel für ihn gewesen.

Sie betrieb eine eigene Website für Behinderte. Wie bei allen Websites stand im Impressum ihre Adresse samt Telefonnummer.

Einfacher ging es nicht.

Ob die gehirnlosen Bürokraten, die den Inhalt des Impressums vorschrieben, wussten, dass sie damit ohne Weiteres dem Missbrauch durch Verbrecher Vorschub leisteten? Sicher nicht. Sonst wären sie ja nicht gehirnlos, sondern hätten eins.

Er grinste amüsiert.

So war die Welt von heute. Man musste nicht mal Einstein heißen, um den anderen einen Schritt voraus zu sein.

Auf jeden Fall wusste er jetzt, wo er Julia Weinberger finden würde.

88

»Sag mal, siehst du den Typen dahinten im Schatten?«, wollte Nicole wissen. »An dem Tisch bei der Hauswand. Nicht gleich hingucken.«

Julia wartete eine Minute. Dann drehte sie sich unauffällig um. Tat dabei so, als mache sie sich an der Armlehne ihres Rollstuhls zu schaffen.

»Meinst du den im weißen T-Shirt?«, fragte sie halblaut, nachdem sie sich wieder Nicole zugewandt hatte.

»Ja.«

»Was ist mit ihm?«

»Ich glaub, der beobachtet uns.«

»Echt? Vielleicht steht er ja auf eine von uns.« Julia kicherte wie ein Teenager.

»Das ist nicht witzig.« Nicole schüttelte vehement den Kopf. »Er sieht andauernd zu uns her. Sein starrer Blick macht mir voll Angst. Zum Glück hab ich meine Sonnenbrille auf.«

Sie versicherte sich schnell mit der Hand, ob das auch tatsächlich so war.

Ja, war so. Dem Himmel sei Dank.

»Ich beschütze dich, wenn er dich anspricht, versprochen. Du weißt, wie laut ich schreien und schimpfen kann.« Julia lachte erneut.

»Verscheißer mich nicht, Liebes. Mit dem stimmt was nicht. Das spür ich ganz genau.« Nicole drückte unruhig ihre erst halb fertiggerauchte Zigarette im Aschenbecher aus. Sie zündete sich sofort eine neue an.

»Ich glaub, du hörst die Flöhe husten. Der sieht doch total harmlos aus.« Julia nahm sich ebenfalls eine von Nicoles Kippen.

Sie inhalierte tief. Atmete lange aus.

Eigentlich hatte sie nach ihrem Unfall mit Rauchen aufgehört. Aber ab und zu eine zum Kaffee. Da konnte sie einfach nicht widerstehen. Gott sei Dank war Nicole schwer nikotinsüchtig und hatte immer genug Vorrat dabei.

»Hoffentlich ist er es auch.« Nicole traute dem Frieden immer noch nicht. »Vielleicht ist er dir ja hierher gefolgt.«

»Hör schon auf, Spinner. Lass uns lieber den herrlichen Vormittag genießen. Wie lange hatten wir keine Sonne mehr? Bestimmt zehn Tage, stimmt's?«

Tatsächlich. Es war der erste sonnige Tag seit einer gefühlten Ewigkeit. Nicht untypisch für Mitte Juni in München und somit eigentlich nicht weiter erwähnenswert. Aber das häufige Regenwetter konnte auch gewaltig nerven. Vor allem, wenn es gar nicht mehr aufhören wollte. Jeder in der bayerischen Landeshauptstadt kannte das.

»Hast recht. Ich glaub, die Sache mit deinen Frauenmorden hat mich ein wenig hysterisch gemacht. Da, schau hin. Er bezahlt sowieso gerade.« Sie zeigte unauffällig mit dem Kopf zur Hauswand hinüber.

»Wenn er jetzt geht, ohne sich persönlich von uns zu verabschieden, werd ich aber sauer.« Julia grinste spöttisch.

»Hör bloß auf. Ich will den gar nicht näher kennenlernen.« Nicole winkte ängstlich ab. »So, jetzt ist er rausgegangen. Ach, Gott sei Dank.« Sie stöhnte erleichtert.

»Na, siehst du«, sagte Julia weitergrinsend. »Der wollte gar nichts von uns.«

»Da bin ich mir nicht so sicher.« Nicole runzelte nachdenklich die Stirn. »Du hättest seinen starren Blick sehen sollen. Echt total unheimlich. Wie ein Irrer, der nicht mehr alle beisammen hat.«

»Jetzt hör aber endlich auf, Nicole. Er hat uns weder angesprochen noch sonst was. Was hast du denn für ein Problem?« Julia hörte auf zu grinsen. Sie fand die albernen Bedenken ihrer Freundin langsam nicht mehr witzig. Eher nervig.

»Ich weiß nicht. Nur ein ganz schlechtes Gefühl. Schau mal. Ich hab sogar überall Gänsehaut.« Nicole hob ihre Arme, auf denen die Härchen kerzengerade in die Luft standen.

89

Die Reihe am Bratwurststand war lang.

Sehr lang.

Zu lang für Reinhold.

Er stöhnte ungeduldig und er schwitzte.

Wäre er bloß nicht mitgekommen. Er hatte mehr als genug mit ihrem Fall zu tun. Außerdem hatte er gar keinen Hunger. Nur einen nervösen Magen.

Alfons, der ihn vorhin im Büro zur Thüringer mit Senf am Viktualienmarkt überredet hatte, stand voller Vorfreude auf das lukullische Mahl neben ihm. Den üblichen Kantinenfraß auf dem Revier würden sie früh genug wieder bekommen, hatte er gemeint.

»Ich glaub, ich nehm gleich drei oder vier Stück«, sagte er jetzt, während er sich den Bauch rieb. »Dann werd ich auf jeden Fall satt. Also gut, vier. Es ist entschieden.« Er lachte kehlig.

Seinem Übergewicht geschuldet, schwitzte er wie immer etwas mehr als Reinhold. Aber es schien ihm heute nicht das Geringste auszumachen.

Reinhold musste unfreiwillig grinsen.

»Gute Idee, Alfi. Gerade etwas fester gebaute Leute wie du verhungern wahnsinnig schnell. Ich sag nur: erhöhter Grundumsatz.«

»Du verarschst mich doch bloß wieder«, meinte Alfons leicht gekränkt. »Was soll das überhaupt sein, dieser erhöhte Grundumsatz? Hört sich für mich eher nach viel Geld an.«

»Wer dick ist, verbraucht mehr Kalorien. Das ist tatsächlich so. Die Wissenschaftler sagen es.« Reinhold grinste weiter, obwohl ihm eigentlich gar nicht danach zumute war.

Sein Magen zwickte seit Tagen unentwegt. Heute war es besonders schlimm. Er würde deswegen bald einmal einen Internisten aufsuchen müssen. Nicht dass es sich dabei um etwas Schlimmeres handelte. Man hörte so allerlei über Geschwüre, Autoimmunerkrankungen und Krebs. Nichts von alledem konnte er im Moment gebrauchen. Aber auch schon rein gar nichts.

»Na also. Dann lieg ich mit meinen vier Würsten ja goldrichtig.« Alfons grinste ebenfalls.

Reinhold wollte gerade etwas Ernstgemeintes erwidern, als sein Handy klingelte.

90

»Hallo, Reini. Ich bin's.« Julia war inzwischen wieder zu Hause in ihrem Office.

Bevor sie sich jedoch erneut an den Fall mit den zwei toten Frauen machen würde, wollte sie Reini unbedingt von den alten Ermittlungsakten ihrer Vorfahren erzählen. Nicole hatte völlig recht damit gehabt, dass sie keine wichtigen Informationen zurückhalten durfte.

»Was gibt's? Ich hab leider nichts Neues für dich.« Er klang ungeduldig.

Wollte sie wohl am liebsten schnell abwimmeln.

»Woher willst du wissen, dass ich etwas von dir will? Bist du neuerdings Hellseher?«, gab sie ihm selbstbewusst heraus.

»Nein. Aber wenn du mich anrufst, willst du meistens was von mir, stimmt's?«

»Stimmt. Ich erkläre mich schuldig im Sinne der Anklage. Aber diesmal ist es andersrum. Ich hab was für dich.« Sie grinste kopfschüttelnd.

Immer gleich verschnupft und vorwurfsvoll, der gute Reini. Schon an der Uni war er so. Eine richtige kleine Tussi.

»Was sollte das sein?«, wollte er wissen.

»Dein Tonfall hört sich nicht sonderlich interessiert an. Ich kann auch wieder auflegen. Kein Problem.«

Ich kann auch verschnupft und vorwurfsvoll, mein Guter.

»Nein. Sag schon.«

»Also, hab ich jetzt deine ganze Aufmerksamkeit oder nicht?« Sie machte es bewusst spannend. Sollte er erst mal platzen vor Neugier.

»Jetzt rede halt endlich, Julia. Ich steh mit dem Handy in der einen und einer heißen Bratwurst in der anderen Hand auf dem Viktualienmarkt in der sengenden Hitze.«

»Mein Gott. Wie beim Rommelfeldzug in der Sahara«, amüsierte sie sich. »Also hör gut zu, alter Wüstenfuchs. Es gab hier in München bereits früher ähnliche Morde wie die an den beiden toten Frauen, deren Fälle gerade bei dir auf dem Tisch liegen.«

»Woher willst du das wissen?«

»Mein Helfer Ralf hat alte Akten meines Opas und meines Ururopas in meinem Keller für mich gefunden. Es geht darin um einen Serienkiller.«

»Was? Tatsächlich?« Reinis Überraschung war förmlich durch den Telefonhörer zu spüren.

»Ja, stell dir vor.« Julia konnte nicht aufhören zu grinsen. Aus irgendeinem Grund war es ihr von Anfang ihrer Bekanntschaft an versagt, ihn so ernstzunehmen, wie er selbst es tat. »Ein ähnlicher Fall wie dein aktueller. Vielleicht helfen dir die Akten irgendwie weiter.«

»Gar nicht schlecht.« Reinhold hörte sich jetzt alles andere als ungeduldig an. Seine Stimme klang eher überrascht und unerwartet freundlich. »Wann kann ich die Unterlagen haben?«

»Du kannst sie dir jederzeit hier abholen. Ich hab Wasser, Bier und Pfirsichsaft da. Kaffee gibt es auch. Für dich. Ich hab gerade schon drei doppelte Espressi mit Nicole getrunken.«

»Okay. Ich bin in einer guten Stunde da. Vielleicht auch schon früher. Je nachdem, wie's mir rausgeht.«

»Alles klar. Du findest mich hier in meiner Wohnung. Ralf bringt mir gleich was zu essen. Vielleicht heb ich dir sogar was davon auf.«

»Um Himmels willen. Bloß nicht!«, protestierte er schnell. »Ich krieg nicht mal die fettige Bratwurst hier runter. Mein Magen streikt irgendwie gerade.«

»Dann eben nicht. Aber weißt du eigentlich, was du da verpasst?« Sie griente erneut.

»Nein. Will's auch gar nicht wissen.«

»Auch gut.« Sie legte auf.

Was für eine Mega-Tussi. Dabei gibt es Sushi. Das sollte jeder Magen dieser Welt vertragen.

91

»Mach bitte die Tür auf. Ich bin's, Reini.«

Reinhold hatte nicht lang gefackelt und sich, gleich nachdem sie auf dem Revier zurück waren, die Schlüssel zu seinem Dienstwagen geschnappt. Anschließend war er quer durch die Stadt hierher zum Ostbahnhof gefahren.

Da sie nicht die geringste Spur von dem Mädchenmörder hatten, wollte er Julias Akten auf keinen Fall unbeachtet lassen. Er war schon gespannt, was genau darin stand.

Bereits zweimal hatte er bei ihr geläutet. Aber sie machte nicht auf.

»Das gibt's doch gar nicht!«, stieß er ärgerlich hervor. »Sagte sie nicht, dass ich in einer Stunde vorbeikommen kann? Dreht sie jetzt völlig durch?«

Er klingelte erneut. Länger als die beiden ersten Male.

Klopfte laut. Hämmerte mit der Faust gegen die Tür. Rief dabei immer wieder ihren Namen.

Nichts.

Es half nichts. Hier war eindeutig Gefahr im Verzug. Er musste die Tür aufbrechen.

Als er ins Wohnzimmer kam, stellte er stirnrunzelnd fest, dass dort alles Mögliche großflächig auf dem Boden verstreut lag. Bücher, Schallplatten, CDs, Papiere, zersplitterte Vasen und zerschlagenes Geschirr, umgekippte Hocker und Stühle.

Ein echter Saustall.

Hier hatte jemand regelrecht gewütet.

Er ging weiter in die anderen Zimmer.

Wahnsinn. Die ganze Wohnung war verwüstet.

Da scheint einer aber ganz dringend nach etwas gesucht zu haben.

Sobald er alles durchsucht hatte, wusste er definitiv, dass Julia verschwunden war. Von irgendwelchen alten Akten ihres Großvaters gab es auch keine Spur. Verdammter Mist, auch das noch.

Wenn er eins und eins zusammenzählte, konnte nur das Naheliegende dabei herauskommen: Jemand hatte sie entführt. Womöglich gerade wegen der Akten.

Warum mischten sich diese blutigen Amateure von den Medien auch immer wieder in seine Arbeit?

Aus lauter Geltungssucht und Profitgier natürlich.

Himmel noch mal. Jetzt durfte er nicht nur einen Frauenmörder suchen, sondern auch noch sie. Dass sie eine alte Freundin von ihm war, machte die Sache auch nicht besser. Eher im Gegenteil.

Nachdem er die Spurensicherung verständigt hatte,

eilte er zur nächsten Apotheke. Irgendwas hatten die dort sicher gegen seine Magenschmerzen vorrätig.

Sie waren inzwischen fast nicht mehr auszuhalten.

92

Reinhold packte gleich vor der Apotheke die erste Magentablette aus und schluckte sie. Dabei fiel ihm ein, dass Julia am Telefon gesagt hatte, dass sie mit Nicole Kaffee getrunken hatte.

Wo war das gewesen?

Bei Julia zu Hause? In einem Café?

Er musste Nicole sofort anrufen. Ach was. Am besten, er fuhr gleich zu ihrer Wohnung.

Aber wo wohnte sie?

Wie hieß sie noch mal mit Nachnamen?

Moment mal. Richtig, Nicole Reinberger.

Julia Weinberger und Nicole Reinberger. Julia hatte oft ihre typischen Witze über diesen seltenen Zufall gemacht.

Er ließ sich von der Auskunft Nicoles Nummer geben. Rief bei ihr an.

»Nicole Reinberger?«, meldete er sich, als er hörte, dass jemand abgehoben hatte.

»Wer will das wissen?«, kam es vorsichtig vom anderen Ende der Leitung.

»Ich weiß nicht, ob Sie sich an mich erinnern. Wir haben uns bei einer von Julias Partys kennengelernt. Hier spricht Hauptkommissar Reinhold Schnellinger.«

»Reini? Bist du das wirklich?«, ertönte es ungläubig aus dem Hörer.

»Meine Freunde und näheren Bekannten nennen mich auch Reini, richtig.«

»Was kann ich für dich tun?« Nicoles Stimme klang sanft wie eine warme Brise über spiegelglattem Meer.

»Könnte ich kurz vorbeikommen? Ich hätte da einige Fragen wegen eines Falles.« Er wollte sie bewusst nicht beunruhigen.

Dazu würde es noch früh genug kommen, wenn er bei ihr war. Aber dann konnte er sich wenigstens gleich um sie kümmern. Sie gegebenenfalls beruhigen und trösten.

»Etwa wegen der Mädchenmorde?«

»Ja, auch. Geben Sie mir, … äh, gibst du mir bitte kurz deine Adresse?«

»Na klar, gerne.«

Sie wohnte im Glockenbachviertel, nicht weit vom Gärtnerplatz entfernt. In spätestens 15 Minuten wäre er dort.

93

Julia lag auf einer feuchten Matratze in einem quadratischen Raum. Es roch muffig.

Sie hob mühsam ihren schmerzenden Kopf.

Sah sich um. Es gab keine Fenster. Nur die Eingangstür, durch deren Glasplatte im oberen Drittel fahles Licht hereindrang.

An den Wänden hingen diverse Sägen, Schraubenschlüssel und andere Werkzeuge. Zum Teil sahen sie nach dem Handwerkszeug eines Chirurgen aus. Überall standen Metallregale mit unterschiedlich großen Plastikkästen darin.

Nachdem sich ihre Augen immer mehr an das Halbdunkel gewöhnt hatten, entdeckte sie außerdem zwei hellbraune Drehstühle aus Holz und eine lange Werkbank oder etwas in der Art am Ende des Raumes.

Sie musste in einer Hobbywerkstatt in irgendeinem Keller oder Souterrain gelandet sein.

Aber wer hatte sie hergebracht? Sie erinnerte sich nur noch daran, wie sie vor ihrem PC saß, E-Mails beantwortete und auf Reini wartete. Dann wurde es zappenduster.

Jemand musste sie betäubt haben. Mit Chloroform oder etwas Ähnlichem – oder mit einer Spritze. Sie verspürte stichartige Schmerzen im Genick. Die könnten gut von einem Einstich herrühren.

Dann hatte er sie entführt. Wie es ihrer Oma damals passiert war, als Opa hinter Banks her war.

Ihr fiel der seltsame Kerl ein, der sie und Nicole im Café beobachtet hatte.

Hielt er sie hier etwa gefangen?

War er ihr vom Café aus gefolgt?

Aber er hatte doch, lange bevor sie gingen, bezahlt.

Verflixt, möglicherweise hatte er irgendwo draußen auf der Straße auf sie gewartet. Hinter einem Baum versteckt oder in einer Einfahrt.

Ihr war kalt. Sie blickte langsam an sich hinunter.

Jemand hatte sie splitterfasernackt ausgezogen.

Hatte ihr Entführer sie etwa vergewaltigt, während sie ohnmächtig war? Gab es tatsächlich Menschen, die etwas so Perverses taten?

Etwaige Verletzungen in ihrem Unterleib konnte sie natürlich nicht spüren. Sie müsste schon ertasten, ob alles noch in Ordnung war.

Aber wie? Ihre Hände waren mit Handschellen an ein Heizungsrohr geketet.

Sie zog und rüttelte wie wild daran. Veranstaltete dabei einen Heidenlärm.

Nichts. Keine Chance, sich zu befreien. Die Stahlringe saßen zu fest. Schnitten immer tiefer in ihr Fleisch, je mehr sie daran zog.

Totales Ausgeliefertsein. Widerliches Gefühl.

Wie zu der Zeit vor der Reha, als ihr noch niemand gezeigt hatte, wie sie mit ihrer neuerworbenen Einschränkung leben konnte.

Wenn sie sich doch nur ein kleines bisschen bewegen könnte.

Sie versuchte, mit dem Kopf an ihre Hände zu kommen, um wenigstens den Knebel in ihrem Mund zu entfernen.

Nach drei erfolglosen Anläufen gelang es ihr schließlich doch noch.

Sie atmete tief ein und aus.

Dann rief sie laut um Hilfe.

94

»Hallo, Reini. Das war vielleicht eine Überraschung, als du vorhin angerufen hast.« Nicole strahlte ihn mit unverhohlener Begeisterung von ihrem Rollstuhl aus an. »Komm rein. Immer geradeaus, ins letzte Zimmer links, bitte.«

Sie wartete, bis er an ihr vorbei war.

Dann schloss sie die Tür und folgte ihm in ihre großzügige, weiß, grau und dunkelrot eingerichtete Wohnküche.

»Setz dich. Wie du siehst, ist hier Platz genug für uns.« Sie lachte verlegen.

Was redest du denn für einen Mist, dumme Pute. Biete ihm lieber was zu trinken an.

»Einen Kaffee?«

»Nein, nichts. Danke. Meinem Magen geht es nicht so gut.« Er nahm ihr gegenüber Platz.

»Oh Gott. Was Schlimmeres?«

»Glaub ich nicht.« Reinhold winkte mit beruhigendem Tonfall ab. »Der Stress und so. Ich geh demnächst mal zum Arzt und lass nachschauen.« Er stöhnte unwillkürlich.

Es schien ihm wirklich schlecht zu gehen. Nicole war geneigt, ihm den Arztbesuch noch einmal persönlich dringlich ans Herz zu legen. Mit seiner Gesundheit spaßte man nicht. Das wusste sie zur Genüge aus eigener Erfahrung.

Aber sie hatte Angst, ihn mit ihren ungebetenen Ratschlägen zu verprellen. Also hielt sie sich lieber zurück.

»Was kann ich für dich tun, Reini?«, fragte sie stattdessen und sah ihn dabei verliebt an. »Du bist sicher nicht nur wegen meiner schönen Augen hergekommen.«

Bist du verrückt, Mädchen. Mach ihn nicht so gnadenlos an, sonst läuft er dir gleich wieder davon.

»Es ist wegen Julia.« Reinhold blieb sachlich.

Offensichtlich nahm er ihre mehr als deutlichen Avancen nicht einmal wahr.

Warum sollte es heute auch anders sein als in der Vergangenheit. Schöner Mist. Dabei hatte sie sich so sehr über seinen Besuch gefreut.

»Was ist mit ihr? Ist sie in der Fußgängerzone zu schnell gefahren?« Sie rettete sich in ihren allseits bekannten und bei vielen Freunden nicht immer zwingend beliebten Galgenhumor.

»Kein Spaß, Nicole.« Er machte ein sehr ernstes Gesicht.

Schlagartig wurde sie ebenfalls ernst.

»Was ist mit ihr? Ist ihr was passiert? Sag schon.«

»Ich weiß es, ehrlich gesagt, nicht.«

»Was heißt das, Reini?« Der Schreck fuhr ihr durch alle Glieder. Wenn Julia etwas zustieß, würde sie es nicht überleben. »Wo ist sie?«

»Das ist genau das Problem. Sie ist verschwunden.«

»Um Gottes willen. Wir waren gerade noch Kaffee trinken. Das kann doch gar nicht sein.«

Sie begann vor Aufregung zu schwitzen. Zündete sich mit zitternden Händen eine Beruhigungszigarette an.

»Wart ihr bei ihr zu Hause?«

»Nein. Am Sendlinger Tor. Im Café Mozart.«

»Ist dir dort etwas Besonderes aufgefallen? Könnte euch jemand gefolgt sein?« Reinhold sah sie eindringlich an.

»Na ja.« Sie zögerte.

»Sag mir alles, was du weißt, Nicole. Auch wenn es dir noch so unwichtig erscheint.« Er fixierte sie noch ein gutes Stück eindringlicher als zuvor.

Na gut.

»Also, da war so ein Typ, der andauernd zu uns rübergeschaut hat.« Sie zog beiläufig an ihrem Glimmstängel.

»Und?«

»Er war mir unheimlich.«

»Wie sah er aus? Kannst du ihn beschreiben? Ich kann einen Polizeizeichner kommen lassen.«

»Er ist lange vor uns gegangen. Julia meinte außerdem, ich wäre voll hysterisch.« Sie lächelte flüchtig. »Typisch Julia halt. Obwohl, wahrscheinlich hatte sie sogar recht. Ich bin seit meinem Unfall manchmal tatsächlich etwas überängstlich.«

»Du warst gar nicht hysterisch, würde ich sagen. Er kann irgendwo draußen auf euch gewartet haben. Dann

ist er Julia gefolgt, hat sie in ihrer Wohnung niedergeschlagen und anschließend verschleppt.« Reinhold schritt
nervös in der Küche auf und ab.

»Meinst du wirklich? Um Himmels willen! Hoffentlich tut er ihr nichts an.« Nicole fummelte umständlich
die nächste Zigarette aus der Schachtel auf dem Küchentisch.

Zündete sie an.

Machte einen tiefen Zug.

»Ich ruf den Polizeizeichner an.« Er fischte sein Handy
aus der Innentasche seines Sakkos. »Er kann in einer halben Stunde hier sein. Wir müssen jeder Spur nachgehen.
Verstehst du, Nicole?«

»Wir brauchen keinen Zeichner«, sagte sie. »Ich hab
ihn fotografiert. So was mach ich normalerweise nicht.
Aber der Kerl war mir, wie gesagt, echt unheimlich.« Sie
zeigte ihm voller Stolz das Foto auf ihrem Handy.

»Perfekt«, freute er sich. »Gut gemacht, Nicole. Wir
finden raus, wer das ist, und suchen ihn. Schickst du mir
das Foto aufs Handy?«

»Facebook? WhatsApp? E-Mail?«

»Einfach per E-Mail. Hier ist die Adresse.« Er hielt
ihr das Display seines Handys hin.

»Alles klar.« Sie tippte seine Kontaktdaten ein. »Und
wenn er sie doch nicht entführt hat?«

»Dann suchen wir weiter. So lange, bis wir sie gefunden haben.«

95

»Hier findet das Zeug garantiert niemand.«

Er verschloss die Bodendielen in der Mitte seiner nagelneuen Küche wieder sorgfältig. Breitete den Teppich drüber, den er zuvor zur Seite geschlagen hatte. Stellte den Küchentisch darauf. Die Unterlagen der Weinbergers waren bestens bei ihm aufgehoben, wusste er. Sie gingen niemanden etwas an. Schon gar nicht die Polizei.

Gott sei Dank war es so einfach gewesen, sie zu beschaffen. Ein bisschen bei Julia Weinberger herumgestöbert und schon hatte er sie in der Hand gehalten.

Er überlegte, ob er sich eine Scheibe Herz in die Pfanne hauen sollte. Es war noch genug von dem des letzten Opfers übrig.

»Sie hatte ein wirklich großes Herz«, scherzte er glucksend für sich.

Ach, vielleicht lieber doch nicht. Das konnte auch bis heute Abend warten. Die nächste Blondine wartete bereits auf ihn.

Irgendwo da draußen würde er sie aufspüren.

Möglicherweise könnte er dann Herz und Leber gemischt zubereiten. Das hatte ihm gestern ausgezeichnet geschmeckt. Semmelknödel und frische Waldpilze passten ganz hervorragend dazu.

Die Pilze mit Zwiebeln in Olivenöl angebraten. Anschließend mit Weißwein abgelöscht. Mit Pfeffer und Salz gewürzt.

Etwas Zitronensaft. Sonst nichts. Höchstens ein paar frische Kräuter. Zitronenmelisse zum Beispiel.

Ein Gedicht.

Er schloss die Fenster und die Terrassentür. Steckte seine Geldbörse und den Schlüssel ein. Öffnete die Eingangstür.

War das Leben nicht grandios? Ein einziges spannendes Abenteuer. Welch außerordentliches Privileg, wenn man, wie er, gelegentlich auch noch selbst das Drehbuch dazu verfassen durfte.

96

»Wo mag sie nur stecken?«

»Wir finden sie, Reini. Warte erst mal ab, bis jemand den Typen vom Handyfoto dieser Nicole erkennt. Fernsehen, soziale Medien, Zeitungen. Wir müssen es überall platzieren. Zusammen mit einer Suchmeldung nach ihr.« Alfons lehnte sich gemütlich in seinem Stuhl zurück.

»Das hab ich längst erledigt, solange du deinen Nachmittagsjoghurt geschlabbert hast. Bisher hat sich aber niemand gemeldet.«

»Wird schon.«

»Bevor ich's vergesse: Wir müssen unbedingt auch noch im Archiv im Keller nach Akten über Serienmorde schauen, die von Julias Großvater untersucht wurden. Vielleicht hängt ihr Verschwinden sogar damit zusammen. Sie wollte mir heute Mittag ihre privaten Kopien geben, aber sie sind, genau wie sie, verschwunden.« Reinhold lief aufgebracht hinter seinem Schreibtisch hin und her.

Es fiel ihm von jeher schwer, still zu sitzen. Aber seit er vorhin in Julias durchsuchter Wohnung gewesen war, brauchte er dringender denn je Bewegung. Er hatte das Gefühl, sonst jeden Moment zu platzen.

Alles zusammen wurde ihm gerade zu viel. Die grausamen Morde, Julias Entführung. Er wollte sich gar nicht ausmalen, was Julia zugestoßen sein könnte. Diesbezügliche Erfahrungen hatte er im Laufe der Jahre als Ermittler mehr als genug gemacht.

»Finden wir alles. Jetzt setz dich aber endlich mal. Das macht einen ganz nervös.« Alfons bedachte ihn mit einem ärgerlichen Blick.

»Ich hab's.« Reinhold blieb unvermittelt stehen, als wäre er gegen eine unsichtbare Wand gelaufen.

»Was? Die großartige Erkenntnis, dass man in einem Büro auch sitzen kann?«

»Keine blöden Witze, Alfi. Julia hat kurz vor ihrer Entführung mit mir telefoniert.«

»Und?«

»Sie sagte, dass ihr Helfer gleich kommen würde, um ihr Essen zu bringen. Ralf heißt er.«

»Ralf wie?«

»Keine Ahnung.« Reinhold zuckte die Achseln.

»Soll ich jetzt etwa alle Ralfs, die in München und Umgebung wohnen, für dich herausfinden? Das ist nicht dein Ernst, oder?« Alfons sah ihn entsetzt an.

»Viel besser, Alfi.« Reinhold lächelte zum ersten Mal an diesem insgesamt sehr unguten Tag. »Ich hab seine Nummer und ruf ihn gleich mal an. Julia hat sie mir vor einigen Wochen gegeben, falls ich sie einmal nicht persönlich erreichen kann. Höchste Zeit, das Angebot anzunehmen.«

»Sehr weitsichtig von ihr. Erstaunlich für eine Journalistin«, spöttelte Alfons.

»Lass Julia bloß in Ruhe!«, zischte Reinhold ärgerlich. »Die hat mehr drauf als so mancher von uns. Ich will jetzt keine Namen nennen.« Er nahm sein Handy vom Schreibtisch, wo er es immer ablegte, wenn er hier im Büro war.

»Oha, da scheint jemand richtig verliebt zu sein.«

»Halt einfach deine dämliche Klappe, Alfi.«

Reinhold wählte Ralfs Nummer.

Alfons merkte natürlich, wie unpassend seine Bemerkung gewesen war. Aber er konnte manchmal einfach nicht gegen sein spöttisches Naturell an. Schnell duckte er sich weg und konzentrierte sich pro forma auf seinen Computerbildschirm.

97

»Bitte, lieber Gott. Mach, dass ihr nichts passiert.«

Nicole saß mit gefalteten Händen an ihrem Küchentisch. Sie betete bei Kerzenlicht für ihre beste Freundin. Hoffte inständig, dass es Julia helfen würde. Ihr hatte es nach ihrem schlimmen Unfall schließlich auch geholfen.

Na gut, sie saß gelähmt im Rollstuhl.

Aber immerhin lebte sie. Das war doch schon mal was.

Obwohl. Manchmal konnte sie auf dieses Leben auch gut verzichten.

Vorhin zum Beispiel. Als Reini ihre Zuneigung in keiner Weise erwidert hatte.

Nicht ein einziger kleiner Hoffnung versprechender Blick. Kein noch so winziges Lächeln, das ihr mehr versprochen hätte. Gar nichts. Als hätte er ein Herz aus Stein.

Sie würde sich wohl endgültig damit abfinden müssen, dass er nichts von ihr wollte. Bestimmt hatte er seine Gründe. Wahrscheinlich lag es an ihrer Behinderung. Wer wollte schon eine Frau, die vom Bauchnabel abwärts gelähmt war.

Irgendwo konnte sie ihn fast verstehen. War trotzdem ein netter Kerl. Und er sah blendend aus. Besser als jeder, der ihr bisher über den Weg gelaufen war.

Eine echte Sahneschnitte, wie es so treffend hieß.

Na gut. Was nicht sein sollte, sollte anscheinend tatsächlich nicht sein. Andere Mütter hatten auch schöne Söhne.

Ohne Vorwarnung schossen ihr dicke Tränen in die Augen. Flossen in Strömen über ihre stark geschminkten Wangen.

Was war eigentlich gerecht und was nicht? Gab es überhaupt Gerechtigkeit auf der Welt?

Sie wusste es nicht.

Leise betete sie weiter.

Bestimmt hatte der unheimliche Kerl aus dem Café Julia entführt. Hoffentlich hatte er sie nicht umgebracht.

Sie selbst war vorhin wie eine wilde Hummel durch ihre Wohnung gepest. Hatte sämtliche Fenster geschlossen. Die Rollos heruntergelassen. Alle Lichter gelöscht. Die Eingangstür und die Terrassentür, die in ihren kleinen Garten hinter dem Haus führte, abgesperrt.

Allein in einer großen Wohnung. Noch dazu im Erdgeschoss. Sie wusste, dass das auf die Dauer nichts für sie war. Sie hatte viel zu viel Angst.

Aber solange kein Prinz auf einem weißen Schimmel angeritten kam, würde sie sich wohl oder übel damit abfinden müssen.

Wie auch immer. Auf jeden Fall hatte sie jetzt Reinis E-Mail-Adresse. Das war doch schon mal was.

Sie schaltete schnell ihr Handy ein, um sich davon zu überzeugen, dass sie immer noch gespeichert war.

98

»Spreche ich mit Ralf?«

»Ralf stimmt auf alle Fälle, ja. Wer verschafft mir die Ehre?«

»Also, Herr …«

»Bauerbeck. Ralf Bauerbeck.«

»Herr Bauerbeck. Danke. Mein Name ist Schnellinger, von der Mordkommission München. Entschuldigen Sie bitte die Störung, aber ich hab eine dringende Frage an Sie.« Reinhold lehnte sich mit dem Oberkörper über seinen Schreibtisch. Er stützte erschöpft sein Kinn auf der rechten Hand ab. Der Kreislauf. Die plötzliche Hitze und der Stress machten ihm schwer zu schaffen. Gott sei Dank halfen wenigstens die Magentabletten, die er sich gestern geholt hatte.

»Nur zu.«

»Sie kennen Julia Weinberger?«

»Julia? Na klar. Ich bin ihr Helfer. Um was geht's? Hat sie etwas ausgefressen? Soll ich sie irgendwo abholen?« Ralf klang deutlich beunruhigt.

»Sie ist nirgends zu finden.«

»Was? Das kann nicht sein. Ich war heute Mittag noch bei ihr. Sie ist einfach weg, sagen Sie? Verschwunden? Das gibt's doch gar nicht.« Ralfs Stimme überschlug sich vor Aufregung.

»Ich fürchte, ja«, erwiderte Reinhold. »Ich hoffte, dass Sie vielleicht wüssten, wo sie sich aufhält.«

»Leider nicht. Ich habe ihr vorhin ihr Essen gebracht. Da war alles ganz normal.«

»Wie meinen Sie das?«

»Nichts Besonderes. Alles wie immer. Sie schickte mich gleich wieder weg, weil sie an einem Fall arbeiten wollte, wie sie sagte.«

»Hat sie mehr darüber erzählt? Über die alten Akten zum Beispiel, die Sie ihr aus dem Keller geholt hatten?«

»Woher wissen Sie davon?«, fragte Ralf mit erstauntem Tonfall.

»Ich bin von der Polizei. Wir wissen viel, aber leider nicht alles.« Trotz der ernsten Situation huschte ein Lächeln über Reinholds Gesicht.

»Nein. Über die Akten hat sie nicht weiter gesprochen. Es ginge um eine große Geschichte für die Zeitung, meinte sie. Hat wohl etwas mit Mord zu tun. Mehr weiß ich nicht.«

»Sie erwähnte auch nicht, dass sie vorhatte, irgendwohin zu fahren? Jemanden Bestimmten zu treffen?« Reinhold schwitzte vor Aufregung.

Immer wieder hörten sie hier auf dem Revier von Leuten, die spurlos von einem Tag auf den anderen verschwanden. Aber wenn die betreffende Person eine gute persönliche Bekannte war, stellte sich das dann auf einmal in einem ganz anderen Licht dar.

Er machte sich wirklich sehr große Sorgen um Julia. Schließlich kannten sie sich eine halbe Ewigkeit. Noch dazu hatte sie sich bereits des Öfteren als echte Freundin erwiesen. Zum Beispiel, als sie ihm während des Studiums immer mal finanziell ausgeholfen hatte, wenn er knapp bei Kasse gewesen war. Er würde ihr das nie und nimmer vergessen. Natürlich nicht.

»Nicht dass ich wüsste«, erwiderte Ralf. »Ich sollte heute Abend wiederkommen, um ihr beim Zubettgehen zu helfen. Mehr sagte sie nicht. Kann ich sonst irgendetwas tun? Herumtelefonieren?«

»Nein, danke, Herr Bauerbeck. Sie haben mir bereits geholfen. Wir melden uns wieder bei Ihnen, wenn wir noch Fragen haben.«

»Wie erfahre ich, was mit ihr ist?«

»Ich rufe Sie an, sobald wir mehr wissen, okay?«

»Vielen Dank, Herr Kommissar. Schrecklich, die ganze Sache, stimmt's?«

»Ziemlich.«

Reinhold legte auf.

»Wo steckt sie nur?«, sprach er laut mit sich selbst.

»Ich geh gleich noch mal die Datenbanken durch«, bot Alfons in einem seltenen Anfall von Selbstlosigkeit an. »Das darf ja alles gar nicht wahr sein.«

»Was hat die erneute Ortung von Julias Handy ergeben?«, fragte Reinhold.

»Nichts. Ist aber kein Wunder. Einer unserer Leute fand es in ihrer Wohnung. Jemand hat die Karte herausgenommen und es zertrampelt. Was das betrifft, kommen wir also nicht weiter.«

99

Samstag, 16. Juni 2017

Julia hatte schlecht geschlafen. Sie zitterte erbärmlich vor Kälte. War alle halbe Stunde aufgewacht. Nicht einmal eine Decke hatte der Entführer ihr für die Nacht gebracht.

Vorhin hatte sie an sich hinuntergeblickt und festgestellt, dass sie in ihrem eigenen Urin und in ihren Fäkalien lag.

Wollte er sie für irgendetwas bestrafen? Etwa dafür, dass Querschnittsgelähmte wie sie nicht selbst auf die Toilette gehen konnten?

Wenigstens hatte er ihr, während sie schlief, etwas zu essen hingestellt. Es sah aus wie Gulasch.

Schmeckte gar nicht schlecht.

Sie schnappte sich die Stücke mit den Zähnen, während sie sich über den Teller beugte. Um alles aufzuessen, musste sie ihn mit Kinn, Zunge und Lippen in ihre Richtung ziehen.

Wäre er drei Zentimeter weiter entfernt gestanden, hätte sie wegen ihrer angeketteten Arme nur daran riechen können.

Dahinter musste Absicht stecken. Er wollte sie wohl testen. Sie kam sich vor wie eine Laborratte.

Den Knebel hatte er ihr nicht wieder angelegt. Anscheinend konnte sie hier unten sowieso niemand schreien hören.

Wozu sollte das Scheißding dann überhaupt gut gewesen sein?

Fakt war jedenfalls, dass sie mit den Händen an ein Heizungsrohr gefesselt in so etwas wie einem Hobbyraum lag und hier offenbar so schnell auch nicht wieder herauskam.

Wenn sie nur wüsste, was ihr Entführer von ihr wollte.

Von ihrem geerbten Lottogewinn wusste niemand außer dem Notar. Da gab es ganz andere, von denen allgemein bekannt war, dass sie diesbezüglich wesentlich mehr zu bieten hatten als sie.

100

Hartmut tigerte unruhig in seinem akkurat geputzten und aufgeräumten Redaktionsbüro hin und her. Natürlich war er auch am Samstagmorgen hier. Ein guter Chef ging immer selbst mit gutem Beispiel voran. So hatte er das in seiner Anfangszeit damals zumindest noch gelernt.

Die meisten heutigen Vorgesetzten und Firmenleiter setzten da inzwischen augenscheinlich ganz andere Prioritäten. Zumindest wenn man den Medien glauben wollte. Der Satz ›Nach mir die Sintflut‹ fasste sie wohl am treffendsten zusammen.

Na gut. Jeder, wie er wollte und konnte. Hartmut war es außerdem normalerweise herzlich gleichgültig, was andere taten. Solange sie ihn damit nicht direkt oder indirekt tangierten.

Hauptsache, er saß in einem ordentlichen Büro und konnte möglichst ungestört seiner Arbeit nachgehen.

Seine Frau Linda meinte früher immer, er sei ein zwangsneurotischer Pedant und Ordnungsfanatiker, nur weil er es zu Hause genauso gern aufgeräumt mochte wie hier. »Das Genie beherrsche das Chaos« und ähnliche Sprüche kamen immer wieder von ihr.

Er sah das anders. Im Chaos gingen der Welt die besten Ideen verloren, war sein Credo. Aber letztlich ließen sie beide Milde miteinander walten, kamen sich immer wieder entgegen und verstanden sich eigentlich sehr gut.

Bestimmt 20-mal hatte er über den Tag verteilt bei Julia angerufen. Wollte sich erkundigen, wie weit sie inzwischen mit ihren Recherchen gekommen wäre.

Nichts. Sie meldete sich einfach nicht.

Jetzt war es gleich halb acht Uhr abends. Gerade hatte er es noch einmal bei ihr versucht.

Wieder nichts.

Er machte sich ernsthafte Sorgen. Normalerweise hob sie immer nach dem zweiten Rufton ab. Zuverlässig wie eine Schweizer Präzisionsuhr. Wenigstens an ihr Handy musste sie doch gehen. Das trug sie immer bei sich, wie er wusste.

Unvorstellbar, wenn ihr bei den Recherchen zu diesem gefährlichen Serienmörder etwas zugestoßen wäre.

Dabei war er anfangs so sehr dagegen gewesen, dass sie sich auf diese Sache einließ. Zu Recht, wie sich jetzt zeigte. Hätte er sich nur dieses einzige Mal gegen sie durchgesetzt. Warum gab er nur immerzu nach.

Er überlegte, ob er die Polizei einschalten sollte. Normalerweise gab man bei so was doch eine Vermisstenmeldung auf.

Obwohl, das war vielleicht etwas verfrüht. Sie hatten schließlich erst vorgestern noch miteinander gesprochen. Am Ende lachten sie ihn nur aus.

Vielleicht war sie aufs Land gefahren, um jemanden zu besuchen. Bekanntermaßen gab es dort draußen unzählige Funklöcher. Konnte schon passieren, dass man da mal für ein, zwei Tage nicht erreichbar war.

Nicole fiel ihm ein. Sie war Julias beste Freundin. Er kannte sie seit gut zwei Jahren ebenfalls. Von den verschiedensten Treffen und Partys her. Wenn jemand wissen konnte, wo sich Julia herumtrieb, dann sie.

Er wählte ihre Nummer.

»Hallo, Nicole«, begrüßte er sie freundlich. »Hartmut hier. Julias Chef, du weißt schon.«

»Hallo, Hartmut. Klar weiß ich, wer dran ist. Was verschafft mir die seltene Ehre?«

Klang da etwa ein leiser Vorwurf in ihrer Stimme mit? Wohl kaum. Sie waren keine engen Freunde. Da war es völlig normal, dass man nicht allzu oft miteinander Kontakt hatte.

»Ich mach mir Sorgen um Julia. Kann sie nicht erreichen. Weißt du, wo sie ist?«

»Oh Gott, du hast wohl noch gar nicht davon gehört?«, erwiderte sie.

»Von was gehört?«

»Julia ist verschwunden.«

»Wie, verschwunden?« Er ließ sich fassungslos in seinen Bürosessel fallen.

»Sieht so aus, als wurde sie entführt. Ich hab die ganze Nacht kein Auge zugemacht.«

»*Was*? Tatsächlich? Aber wie …?«

Wusste ich's doch.

»Ich geb dir die Nummer von Hauptkommissar Schnellinger. Der kann dir sicher mehr sagen als ich.« Sie schniefte leise.

»Danke, Nicole. Geht es dir gut?«, erkundigte er sich ehrlich besorgt. »Kann ich dir irgendwie helfen?«

»Ich komm schon klar.«

101

Etwa eine Stunde, nachdem sie gefrühstückt hatte, ging die Tür auf.

Eine vermummte Gestalt näherte sich ihr mit staksigen Schritten. Den Schultern und Hüften nach war es ein Mann.

Julia konnte nicht sagen, ob sie ihn schon einmal gesehen

hatte. Er trug einen knielangen Arztkittel. Darunter Bluejeans. Sein Gesicht steckte hinter einer Chirurgenmaske. Über den Augen trug er eine verspiegelte Sonnenbrille.

Offensichtlich wollte er nicht, dass sie ihn erkannte oder später wiedererkannte. Hieß das etwa, dass er sie irgendwann wieder freilassen würde? Heilige Scheiße, das hieß es doch, oder?

In der rechten Hand trug er einen Putzeimer. In der linken Handtücher und ein T-Shirt, soweit sie es erkennen konnte.

Er sperrte ihre Handschellen auf.

Dann zog er sie an den Händen von der Matratze auf den kalten Steinboden hinunter.

Verlor kein Wort dabei.

Zündete ein Räucherstäbchen an. Stellte es neben ihrem Kopf in ein kleines Glas, das er mitgebracht hatte.

Begann, sie überall mit dem Wasser aus dem Eimer zu waschen.

»Was soll das alles?«, fragte sie ihn. »Ist das irgend so ein perverser religiöser Scheiß? Wenn du mich umbringen willst, dann tu es einfach. Aber hör mit dem albernen Quatsch auf.« Sie hustete. Hatte sich letzte Nacht offenbar erkältet.

Er legte nur den Finger an seinen Mundschutz. Zeigte anschließend auf den Knebel, der nach wie vor neben ihr lag.

»Alles gut. Ich bin schon ruhig.« Sie hob abwehrend die Hand.

Er nickte und machte weiter.

Als er sie vollständig gesäubert hatte, trug er die verschmutzte Matratze aus dem Zimmer.

Wenig später war er mit einer neuen zurück.

Er legte sie darauf. Zog ihr das T-Shirt über. Fesselte sie wieder ans Heizungsrohr.

Ging wortlos hinaus.

»Der Kerl hat sie doch nicht mehr alle«, flüsterte sie, nachdem er weg war. »Soll das mit der neuen Matratze genauso werden wie mit der alten? Wenn sie voll ist, tauscht er sie aus? Hat er etwa ein Matratzengeschäft und das Ganze ist eine Art Extremtest für die Dinger? Lieber Gott, was hab ich nur in meinem letzten Leben verbrochen, dass ich im jetzigen so gestraft werde.« Ihr liefen zum ersten Mal, seit sie hier aufgewacht war, heiße Tränen über die Wangen. »Hoffentlich komme ich nächstes Mal als Vogel auf die Welt. Ich würde mir den ganzen Mist hier auf der Erde liebend gerne einfach nur von ganz weit oben anschauen.«

Sie drehte ihren Kopf zur Seite. Suchte wiederholt nach einer Möglichkeit, sich von ihren Fesseln zu befreien.

Nichts. Er hatte sich perfekt auf ihre Anwesenheit vorbereitet. Sie würde ihm auf keinen Fall entkommen, solange er es nicht zuließ. Ob und wann das so wäre, würde er ganz allein bestimmen.

Es sei denn, Reini suchte bereits mit seinen Kollegen nach ihr und fand sie.

»Bitte macht schnell, Leute!«, schluchzte sie.

102

»Nichts, nichts und noch mal nichts.« Alfons schlug mit der flachen Hand auf die Kante seines Computerbildschirms. Seit sechs Stunden suchte er darin nach nützlichen Spuren.

»Das gibt es nicht, Alfi. Es ist gleich 20.00 Uhr. Wir brauchen irgendwas. Eine Spur. Einen Tipp. Eine Ahnung. Je länger sie verschwunden ist, desto geringer wird die Chance, dass wir sie lebend finden.« Reinhold raufte sich verzweifelt die Haare.

Vor zehn Minuten hatte ihn auch noch Julias Chef angerufen und Druck gemacht. Man müsse doch etwas tun können, hatte er gemeint. Ein Mensch könne nicht einfach so verschwinden. Das sei völlig unmöglich.

Wenn der wüsste, was wir hier auf dem Revier seit Jahren alles erleben.

»Weiß ich auch, Reini«, sagte Alfons jetzt. »Aber was sollen wir machen? Sämtliche Maßnahmen sind angeleiert. Da heißt es abwarten und Tee trinken. Wir können nicht mehr tun. Außerdem haben wir immer noch unsere Mordfälle.«

»Vielleicht hängen die mit Julias Entführung zusammen. Schließlich war sie an der Sache dran. Kennt den Mörder möglicherweise. Der Unbekannte im Café Mozart?«

»Das wär aber viel Zufall auf einmal.«

»Nicht, wenn er ihr von ihrer Wohnung aus gefolgt ist.«

»Aber woher sollte er denn wissen, dass sie darüber recherchiert?«

»Keine Ahnung. Lass es uns rausfinden. Ich kann doch nicht einfach so rumsitzen und hoffen, dass was passiert.« Reinhold sprang zum zehnten Mal in der letzten halben Stunde auf. Er rannte wie ein angeschossener Grizzlybär im Raum hin und her.

»Werden wir wohl oder übel aber müssen.« Alfons schüttelte den Kopf. »Ist total sinnlos, in hektische Betriebsamkeit zu verfallen.«

»Hektische Betriebsamkeit?«

»Blinder Eifer schadet nur. Noch nie gehört? Pass auf. Die Großfahndung nach ihr ist raus. Die Medien sind verständigt und zeigen überall ihr Bild und das des Verdächtigen beim Café Mozart. Unsere Außenteams suchen verstärkt nach Zeugen. Irgendwann ganz bald haben wir Ergebnisse. Mit Sicherheit.«

»Und bis dahin soll ich dir beim Joghurtschlürfen zuschauen, oder was?«

»Warum nicht?« Alfons zuckte die Achseln.

Da er bereits heute Morgen gewusst hatte, dass es ein langer Tag werden würde, hatte er sich wohlweislich mit einer Extraration Joghurt eingedeckt. Insgesamt sechs wunderschöne Becher hatte er sich mitgebracht. Einer davon war noch übrig. Der letzte Mohikaner sozusagen.

»Das schaff ich einfach nicht«, sagte Reinhold. »Ich muss hier raus.«

»Vorschlag zur Güte. Du gehst nach Hause und schläfst dich aus oder du rennst so lange durch die Stadt, bis du dich beruhigt hast. Ich halte hier solange die Stellung. Wollte sowieso noch mal ein paar Daten im Computer abgleichen.«

»Meinst du echt?«

»Hau dich am besten bald aufs Ohr.« Alfons nickte. »Dann bist du morgen wieder fit. Wenn was ist, ruf ich dich sofort an.«

»Das ist super, Alfi. Echt cool von dir.« Reinhold klopfte ihm dankbar auf die Schulter. »Aber nicht, dass du mir verhungerst. Ist nicht gerade üppig, dein Nachtmahl.« Er zeigte auf den einsamen Erdbeerjoghurt auf Alfons' Schreibtisch.

»Hau schon ab, bevor ich es mir noch anders überlege.« Alfons grinste gutmütig.

103

»Ich weiß genau, wer du bist.«

»Na toll. Dann muss ich mich wenigstens nicht vorstellen.« Nicole verdrehte genervt die Augen. Schon wieder irgendein Blödmann, der meinte, seine kindischen Scherze am Telefon absondern zu müssen. Und das auch noch samstagabends um kurz nach acht. »Na los, sag schon. Mit wem spreche ich? Herbi? Jürgen? Basti?«

Kennst du wirklich nicht mehr Jungs? Nein. Wenigstens nicht näher. Oh Mann. Das ist eindeutig zu wenig. Sollte sich schnellstens ändern.

»Ich bin dein Retter.« Kam es erneut seltsam krächzend aus dem Hörer.

»Dann komm ganz schnell her und errette mich von meinem Schwips.«

Was redest du da, Spinnerin? Julia wurde entführt. Vielleicht ist das derselbe Kerl. Reiß dich lieber mal zusammen. Auch wenn's schwerfällt nach einer ganzen Flasche Wein.

Sie hatte gegen ihre Trauer und ihre Angst um Julia einen Kleinen über den Durst getrunken. Aber wenigstens den doppelten Wodka gerade eben hätte sie weglassen sollen. Der war eindeutig zu viel gewesen.

Mutig machte sie der viele Alkohol jedoch allemal.

»Bescheuerter Penner«, fuhr sie fort. Bereute es jedoch im selben Moment. Die Worte hatten sich einfach so über ihre Lippen geschlichen. Ohne dass sie es wollte. Bescheuerte Trinkerei. Was, wenn er sich jetzt dafür an ihr rächte?

»Du kommst schon noch dran. Mach dir da mal keine Sorgen. Aber zuerst wird deine Freundin Julia gerettet.«

»Was sagst du da?« Nicole war mit einem Schlag stocknüchtern. »Was weißt du von Julia? Red schon, du Arschloch.« Jetzt fielen auch noch die letzten Hemmungen bei ihr. Rache hin oder her.

»Ich bin euer Freund und euer Retter«, krächzte die Stimme am anderen Ende der Leitung.

»Wo ist sie, du Schwein?« Nicole schrie, so laut sie konnte.

»Bald schon bin ich bei dir«, säuselte er und lachte dämonisch. »Und vergiss nie: Ich bin ein Geist und kann sogar durch Wände gehen.«

Er legte auf.

Nicole goss sich mit zitternden Händen den zweiten doppelten Wodka ein. Trank ihn auf Ex. Danach nahm sie eine Zigarette aus der Schachtel auf dem Küchentisch und zündete sie an.

104

Hartmut saß auf seiner Terrasse. Julias Verschwinden ließ ihm keine Ruhe mehr. Merkwürdig. Er hatte bisher gar nicht gewusst, wie sehr ihr Schicksal ihm tatsächlich am Herzen lag.

Es war halb neun. Gerade hatte er mit seiner Mutter gegessen. Seit er und Linda sich vor einem Jahr getrennt hatten, kam sie jeden Samstagabend bei ihm vorbei und kochte etwas Feines für sie beide. Dabei besprachen sie die Woche.

Während sie drinnen den Abwasch erledigte, hatte er sich hier draußen seine Wochenendzigarre angezündet, um besser nachdenken zu können.

Vorhin hatte er diesen Hauptkommissar Schnellinger angerufen. Der war offenbar genauso entsetzt über Julias Abwesenheit wie er selbst.

»Wir gehen davon aus, dass sie entführt wurde«, hatte er gesagt. »Ihre Wohnung wurde vollständig verwüstet.«

Er kenne sie schon lange privat, hatte er dann noch gemeint. Seit dem Studium. Sie hätten damals gemeinsam Kurse in Germanistik besucht, bevor er zur Polizei wechselte.

Auf jeden Fall würde er alles Menschenmögliche unternehmen, um sie zu finden und ihren Entführer zu schnappen.

Alles Menschenmögliche! Was hieß das bei einem Hauptkommissar? Würde es genügen?

Hartmut hatte ihn noch darauf hingewiesen, dass Julia über die grausamen Morde an den zwei jungen Münchner Frauen recherchierte.

Das wisse er bereits, hatte Schnellinger gemeint.

»Was kannst du selbst tun, um deine beste Mitarbeiterin und Freundin zu retten, Hartmut Spieß?«, fragte er sich gerade laut. »Einen Detektiv beauftragen? Weitere Suchanfragen nach ihr in die Zeitung bringen?«

Letzteres wäre wohl der effizientere Weg. Was konnte ein Detektiv schon herausfinden, was die Polizei nicht herausfand. Außer es handelte sich um jemanden wie Sherlock Holmes persönlich. Aber der existierte leider nur auf dem Papier, wie so viele andere.

»Nur an deine Arbeit und deine Mitarbeiter kannst du denken«, hätte Linda jetzt bestimmt wieder geschimpft. »Nie kümmerst du dich um mich.«

»Das ist Blödsinn«, hätte er geantwortet und ihr zum hundertsten Mal erklärt, was es hieß, Verantwortung für andere Menschen zu tragen.

»Ich weiß nicht, was du damit meinst«, hätte sie erwidert.

»Einen Kaffee?« Seine Mutter Regina stand wie aus dem Nichts mit einer dampfenden Tasse in der Hand neben ihm.

»Hab dich gar nicht gehört, Mama.« Er sah lächelnd zu ihr hinauf. »Manchmal bist du wie ein Geist.«

»Uns Geister kann man eben nicht hören«, sagte sie und reichte ihm die Tasse. »Außerdem können wir durch Wände gehen. Hast du das nicht gewusst?«

105

»Reini? Nicole hier.«

»Was gibt's, junge Frau?«

»Ich hab einen Anruf bekommen.«

»Ist doch schön.«

Was ist denn mit dem los? Er hört sich so entspannt an. Hat er etwa auch was getrunken?

»Der war jetzt weniger schön«, sagte sie.

»Erzähl schon. Ich bin hundemüde. Wollte mich gerade hinlegen.«

Jetzt klingt er wieder total gehetzt und gewohnt humorlos. Entweder der Alkohol vernebelt mir total die Sinne oder er benimmt sich seltsam. Auch egal.

»Mich hat gerade ein Mann mit verstellter Stimme angerufen«, fuhr sie unbeirrt fort.

»Ich bin ganz Ohr«, versicherte ihr Reinhold.

Aha, jetzt ist er wohl endlich aufgewacht.

»Er sagte, dass er Julia retten wird und dass ich die Nächste wäre.« Sie fummelte fahrig eine Zigarette aus der Schachtel in ihrem Schoß.

Zündete sie an. Inhalierte tief.

»Er will euch *retten?*«

»Ja.«

»Wovor?«

»Keine Ahnung. Das hat er nicht verraten. Aber es sieht so aus, als hätte er Julia. Zumindest klang er so. Zuerst wäre sie dran, dann ich. Er wäre unser Freund und Retter.«

Sie fand, dass ihr ein weiterer Wodka keinesfalls schaden konnte. Nahm die Flasche zur Hand. Schraubte den Deckel ab. Schenkte sich ein.

Natürlich wurde erneut ein Doppelter daraus. Ein einfacher Wodka hätte in dem großen Glas auch zu lächerlich ausgesehen.

»Hat er das wirklich so gesagt?«

»Natürlich.« Sie nickte, obwohl er es nicht sehen konnte. Dann trank sie den Schnaps.

»Hast du dir seine Nummer gemerkt?«

»Nein. Nummer des Anrufers unterdrückt.«

»Das ist schlecht. Pass auf, Nicole. Ich will, dass du genau tust, was ich dir jetzt sage.«

»Alles klar.« Sie traute sich vor Angst nicht einmal mehr, einen ihrer üblichen Scherze anzubringen. Obwohl seine Aufforderung eben geradezu danach lechzte, sehr pointiert von ihr beantwortet zu werden.

»Es ist jetzt viertel vor neun.«

»Ich weiß. 20.47 Uhr, um ganz genau zu sein.«

»Hör mir bitte zu, Nicole.«

»Jawohl, Chef.« Sie nickte erneut.

»Sag mal, bist du betrunken?«

»Ein klein wenig vielleicht. Es nimmt mir die Angst.«

Hört sich gut an, wie du das sagst.

»Bitte versperre alle Türen und Fenster und lass niemanden zu dir herein, bis ich bei dir bin. Hast du das verstanden? Auch nicht deinen Helfer. Du hast doch so einen Typen wie Julias Ralf?«

»Erstens: Ich bin beschwipst, aber nicht blöd.« Sie grinste unentschlossen. »Zweitens: Mein Helfer hat diese Woche frei. Ich brauche ihn nicht andauernd wie Julia ihren Ralf. Ich kann zum Glück noch steuern, wann ich auf die Toilette gehe, und ich kann mich alleine vom Rolli aus ins Bett hieven.« Ein kleines Wunder, meinten sie in der Reha damals. »Wenn ich mich festhalte, kann ich sogar eine Zeitlang stehen. Nur Tanzen geht nicht so toll. Leider.«

Einerseits schlotterte sie vor Angst. Andererseits trieb sie irgendetwas in ihrem Inneren unentwegt an, alberne Sprüche zu machen.

Schon erstaunlich, wie ausdauernd zwei völlig verschiedene Gefühle in einer einzigen Person um die jeweilige Vorherrschaft ringen konnten.

»Du wartest also auf mich?«, erkundigte er sich. »Ich mach mich gleich auf den Weg.«

»Ja, Chef.« Sie kicherte albern. »Drittens hab ich übrigens noch vergessen.«

»Und das wäre?«

»Ich habe bereits alles abgesperrt.«

»Das ist gut.« Er hörte sich an, als würde er mit einem Schulkind reden. »Ich rufe an, sobald ich vor deiner Tür stehe. Bis dahin machst du niemandem auf, okay?«

»Ich hab's schon beim ersten Mal kapiert.«

»Sehr gut. Also, bis gleich.«

»Reini? Die Stimme von dem Kerl …«, fügte sie noch hinzu.

»Was ist mit ihr?«

»Sie kam mir irgendwie bekannt vor. Obwohl er sie verstellte.«

»Wir reden darüber, sobald ich bei dir bin.«

106

»Bin ich da richtig bei der Mordkommission? Annette Reiners spricht hier.«

»Grüß Gott, Frau Reiners. Ja, Sie sind richtig. Hauptkommissar Pfetner ist mein Name.« Alfons löffelte unbeirrt weiter in seinem Joghurt, den er gerade geöffnet hatte. Es wäre ja noch schöner, wenn er sich bei seinem sowieso schon extrem kargen Mahl auch noch stören lassen würde.

Essen und gleichzeitig telefonieren. Die eindeutigen Vorteile einer Freisprecheinrichtung. Der Erfinder musste Alfons vor seinem inneren Auge gesehen haben, als er die Idee dazu hatte.

»Gott sei Dank, Herr Hauptkommissar. Ich habe etwas zu melden.«

»Melden Sie, gute Frau. Ich bin ganz Ohr.« Er schmatzte genüsslich.

»Wir haben da so einen Nachbarn.«

»Tatsächlich? Was es nicht alles gibt.«

»Nein, nicht so, Herr Hauptkommissar.« Sie klang ärgerlich. »Ich meine das ganz ernst. Es ist so ein junger Protestler. Gegen alles und jeden. Ein Bombenlegertyp, sagt mein Holger immer. Lange Haare, zerrissene Bluejeans, den ganzen Tag lang Haschischzigaretten. Verstehen Sie?«

»Was ist mit Ihrem Nachbarn, Frau Reiners?«

Alfons hätte ihr jetzt einen Vortrag über Vorverurteilung, Verleumdung und üble Nachrede halten können. Aber er ließ es bleiben. Witzlos bei Leuten, die gerne jemanden anschwärzten. Die meisten von ihnen waren Wiederholungstäter. Sahen zu viele Krimis oder hatten zu viele Gene ihrer hitlerhörigen Vorfahren aus dem Dritten Reich im Blut.

»Sie haben doch da dieses Bild in der Zeitung von einem jungen Mann, der beim Café Mozart gesehen wurde und den Sie suchen, stimmt's?«

»Stimmt, Frau Reiners. Reden Sie weiter.«

Moment mal. Möglicherweise ist ja doch was dran an der Geschichte.

»Mein Holger und ich, wir sind uns sicher, dass unser Nachbar derselbe Mann ist wie auf dem Foto. Er heißt Frank Besler.«

»Sie beide sind sich da wirklich absolut sicher?« Alfons horchte auf. Vor Schreck fiel ihm sein kleiner Kaffeelöffel in den Joghurt und versank vollständig darin.

Sollten sie ihren Mann tatsächlich haben? Das wäre sensationell.

»Absolut. Ich hätte mich sonst nie getraut, bei Ihnen anzurufen.«

»Ist er jetzt zu Hause?«

»Der Holger?«

»Nein, Ihr Nachbar.«

»Ja, es brennt Licht bei ihm drüben.«

107

»Wir haben sofort einen Einsatz in Solln. Eine Frau will in ihrem Nachbarn den Kerl auf Nicoles Foto erkannt haben. Sieht ganz so aus, als hätten wir Julias Entführer.«

»Was, echt, Alfi?« Reinhold staunte nicht schlecht. Er bog gerade in die Reichenbachstraße ein. Mit allem hätte er gerade gerechnet, nur damit nicht. »Ich bin auf dem Weg zu Nicole. Sie hat einen merkwürdigen Drohanruf bekommen.«

»Sag ihr, sie soll alles gründlich absperren, die Rollos herunterlassen und auf dich warten. Wir machen uns schon mal auf den Weg in die Herterichstraße. Von dort aus fahren wir zusammen weiter.«

»Okay, bis gleich.«

Reinhold wendete. Er schaltete einen Gang runter und das Blaulicht ein. Sein dunkelblauer Dienstwagen machte einen pantherähnlichen Satz nach vorne. Kein Wunder bei 280 Pferdestärken nur für ihn alleine.

Schon ein Wahnsinn, wenn man bedachte, dass die normalen Streifenpolizisten noch bis weit nach dem Zweiten Weltkrieg zumeist auf Pferden, zu Fuß oder mit dem Fahrrad unterwegs gewesen waren. Auf jeden Fall war die Mobilität der Einsatzkräfte von heute kein Vergleich mehr mit den alten Zeiten.

Er wählte schnell Nicoles Nummer.

»Es wird etwas später«, sagte er ohne Begrüßung.

»Na gut. Trinke ich halt weiter Wodka.«

»Tu das bitte nicht. Und hab keine Angst. Die ist vielleicht sowieso schon bald total überflüssig.«

Er bremste scharf, weil ein Radfahrer von links die Vorfahrt nicht beachtet hatte. Der Kerl konnte froh sein, dass Reinhold es so eilig hatte. So stark, wie er auf seinem Drahtesel hin- und herschwankte, schien er einiges intus zu haben.

»Warum das?« Sie lallte fast.

»Es sieht so aus, als hätten wir Julias Entführer.«

Er gab erneut Vollgas. Konzentrierte sich auf die Fahrbahn. Preschte mit 80 Sachen in die nächste Kurve. Wäre er nicht bei der Polizei gelandet, hätte er sich auch eine Karriere als Rennfahrer vorstellen können.

»Echt?«

»Wir sind gerade auf dem Weg zu ihm. Lass bei dir zu Hause weiter alles geschlossen und warte auf mich. Ich komme auf jeden Fall noch vorbei, okay?«

»Mach ich, Reini. Nur eins noch.«

»Ja?«

»Der Kerl vorhin am Telefon ...«

»Was ist mit ihm?«

»Er sagte, er sei ein Geist und könne durch Wände gehen.«

»Blödsinn, das kann niemand. Oder glaubst du ernsthaft an Geister?«

»Nach einer Flasche Wein und vier doppelten Wodkas liegt das durchaus im Bereich des Möglichen.«

»Bis später, Nicole.«

Er legte auf.

In die Herterichstraße in Solln. Das sollte er in zehn Minuten schaffen. Er musste nur über die Lindwurmstraße und den Harras auf die Wolfratshauser Straße gelangen. Das war von hier aus der kürzeste Weg.

An der Isar entlang ginge alternativ allerdings auch.

Ach was. Er blieb bei seiner Entscheidung für den Harras.

108

»Ein frohes Halali dem erfolgreichen Jäger!« Er prostete sich selbst zu. Trank einen großen Schluck von dem vorzüglichen Rotwein auf seinem Balkontisch. Ein 2008er Bordeaux aus bester Lage.

Ein lauwarmer Sommerabend. Ideal für einen guten Schluck und ein fangfrisches Herz vom Grill.

In schmale Scheiben geschnitten, hatte er es fünf Stunden lang in Honig, ein wenig Knoblauch und frischem Salbei mariniert. Anschließend hatte er die Scheiben mit Salz und Pfeffer gewürzt und rundherum mit ein wenig Olivenöl benetzt.

Dann hatte er sie von beiden Seiten scharf angegrillt.

Auf die Kruste aus Brotbröseln, Senf und Kräutern hatte er diesmal bewusst verzichtet. Sie verfälschte nur den Geschmack, hatte er die letzten beiden Male festgestellt.

Herz vom Grill. Dazu der hervorragende Wein. Ein wahres Gedicht für jeden Feinschmecker.

Er sah zu den Sternen hinauf.

Wie klein der Mensch doch war, verglichen mit der unendlichen Weite des Weltalls. Und wie wichtig er sich nahm mit seinen albernen Aufgaben hier auf Erden.

Die meisten Tätigkeiten, denen die sich selbst so grandios überschätzenden Erdenbürger nachgingen, erfüllten keinen größeren Zweck. Sie waren vielmehr als profan und überflüssig zu bezeichnen, wie die Ausführenden selbst.

Aber das wollte hier natürlich keiner erkennen. Der seelische Absturz ins Bodenlose wäre vorprogrammiert.

Immer größer und spektakulärer wurden stattdessen die Denkmäler, mit denen sich die Ärmsten im Geiste unsterblich machen wollten.

109

Alfons war vorausgefahren, nachdem sie sich am Anfang der Herterichstraße getroffen hatten. Jetzt stoppte er vor einem freistehenden Einfamilienhaus mitten in Solln, nicht weit vom Isarhochufer entfernt.

Die Besatzungen der vier Einsatzwägen stiegen mit ihnen gemeinsam aus.

»Hier muss es sein, Leute.« Alfons sah ein wenig seltsam aus in seiner schusssicheren Weste, die er offenbar über dem Bauch nicht zubekam. »Drei Mann hinters Haus. Die anderen mit Reini und mir zur Haustür.«

Sie schlichen lautlos durch den Vorgarten.

Reinhold klingelte.

Kurz darauf wurde ihnen geöffnet.

»Um Himmels willen, Sabina!«, rief der langhaarige

junge Mann mit dem blonden Vollbart über seine Schulter hinweg ins Innere. »Es ist so weit. Die Russen sind da.« Er sprang sichtlich erschrocken einen Schritt zurück. Blickte mit erhobenen Händen ängstlich von einem zum anderen. »Nicht schießen, bitte.«

»Frank Besler, sind Sie das?«, fragte ihn Reinhold mit der Waffe im Anschlag. Er sah ihn scharf über den Lauf seiner Pistole hinweg an.

»Ich bin der Frank, ja.« Frank nickte langsam. »Woher sprechen Sie so gut Deutsch?«

»Kripo München, Herr Besler. Schnellinger mein Name.« Reinhold ließ seine Waffe sinken. Er bedeutete den anderen, es ebenfalls zu tun. Der Kerl vor ihnen war ganz offensichtlich total bekifft und harmlos. Unbewaffnet war er obendrein, wie selbst ein ungeschulter Ermittler mit einem kurzen Blick hätte erkennen können. »Seit wann tragen Sie Ihren Vollbart?«

»Deshalb rücken Sie hier mit einer ganzen Armee an? Wegen meinem Bart?« Frank starrte ihn entgeistert an.

»Darf ich mal daran zupfen?« Reinhold machte ein ernstes Gesicht.

»Daran zupfen?« Franks Mund blieb offen stehen.

»Ja. Daran zupfen. Nur mal ganz kurz.«

»Na gut, bitte. Aber reißen Sie nicht zu fest.« Frank trat zwei Schritte vor. Er hielt Reinhold, immer noch zitternd vor Angst, sein Gesicht hin.

Reinhold zog kräftig an den langen dichten Kinnhaaren.

»Autsch. Das tut weh!«, protestierte Frank.

Reinhold ließ wieder los.

»Der Bart ist echt«, stellte er, für alle Anwesenden vernehmlich, fest. »Lasst uns wieder abhauen, Leute. Entschuldigen Sie die späte Störung, Herr Besler.«

Es war sinnlos, hier auch nur eine Sekunde länger zu bleiben. Der Verdächtige auf Nicoles Foto hatte keinen Bart. Kein Mensch der Welt konnte sich von vorgestern auf heute einen solch buschigen Vollbart wachsen lassen. Außerdem hatte er viel kleinere Augen und buschigere Brauen als die Person auf dem Bild.

Der wahre Täter war nach wie vor auf freiem Fuß. Schlich irgendwo durch die Nacht und nahm möglicherweise sein nächstes Opfer ins Visier.

Sie rückten alle zusammen schweigend ab.

»Natürlich ist der Bart echt!«, rief ihnen Frank mit wackeliger Stimme nach. »Warum auch nicht? Ich hab ihn seit Jahren. Ein schöner Bart. Er ist nicht mal gefärbt. Lang lebe die Revolution! Legalize it!«

110

Reinhold fuhr auf dem schnellsten Weg in die Stadt zurück. Nicole wartete sicher schon ungeduldig auf ihn. Nicht zu fassen. Da schickten einen irgendwelche übereifrigen Zeugendeppen wie so oft in die Irre, und darüber versetzte man dann auch noch andere in Angst.

Man sollte voreilige Leute wie diese Frau Reiners, von der ihm Alfons vorhin berichtet hatte, hart bestrafen. So lange ins Gefängnis sperren, bis sie ihre leichtfertige Dummheit und ihre lächerlichen Vorurteile bereuten.

Andererseits waren sie bei ihren Ermittlungen immer wieder auf Zeugen angewiesen. Wenn all diese Leute abgeschreckt wurden, erwischten sie wohl bald gar keine Kriminellen mehr.

Er legte noch einen Zahn zu. Die Sirene des Dienstwagens heulte durch die Nacht.

Sein Handy machte sich bemerkbar.

Nicole. Gott sei Dank. Er wollte sie gerade schon selbst anrufen.

Er hob ab.

»Herr Schnellinger? Hartmut Spieß hier.«

Also doch nicht Nicole. Was will der denn schon wieder?

»Woher haben Sie meine Handynummer?«

»Man hat so seine Beziehungen. Was ist mit Julia? Sind Sie einen Schritt weitergekommen?«

»Leider nicht. Wir haben gerade einen Verdächtigen aufgesucht. Leider ein Fehlalarm.« Reinhold bog in den mittleren Ring ein. Er trat das Gaspedal voll durch.

»Aber so geht das nicht, Herr Hauptkommissar. Sie müssen sie einfach finden.« Hartmuts Stimme hatte etwas merkwürdig Zwingendes.

Reinhold kannte das zur Genüge von den Oberen in der Ettstraße. Er mochte es nicht, auf diese überhebliche Art angesprochen zu werden. Schon gar nicht von einem Zeitungsfuzzi, der bekanntermaßen keine Gelegenheit ausließ, die Münchner Polizei in seinem Schmier-blatt schlechtzumachen.

»Das ist leichter gesagt als getan, Herr Spieß. Wir tun alles, um sie zu finden, glauben Sie mir.«

»Dann ist alles eben nicht genug«, echauffierte sich Hartmut. »Noch eine Nacht in den Händen ihres Ent-führers überlebt sie vielleicht nicht.«

»Wir sind rund um die Uhr dran, Herr Spieß. Mehr kann ich Ihnen dazu nicht sagen.« Reinholds Tonfall wurde nun ebenfalls hörbar ungeduldig. Es fehlte nicht mehr viel, und die Grenze zur Unhöflichkeit wäre über-schritten.

»Da bin ich aber mal gespannt, was der Bürgermeis-ter zu Ihrer erfolglosen Arbeitsweise sagt.«

»Lecken Sie mich am Arsch, Herr Spieß.«

Reinhold legte auf.

Was zu viel war, war zu viel. Scheiß auf die Konsequen-zen. Wenn es überhaupt welche gab. Meistens drohten solche Wichtigtuer nur. Wenn es dann ums Ganze ging, kniffen sie feige den Schwanz ein.

Andererseits konnte er die Aufregung des Redak-tionsleiters verstehen. Ihm selbst ging es schließlich nicht anders. Auch er machte sich immer größere Sor-gen um Julia.

111

Der Vermummte war zurück.

Seit seinem ersten Besuch mussten mindestens acht Stunden vergangen sein. Wenn nicht mehr. Wegen ihrer unbequemen Lage war Julia immer wieder nur minutenweise völlig erschöpft eingeschlafen.

Der neuen Matratze unter seinem Arm nach zu urteilen, schien er mehr als genug von den Dingern vorrätig zu haben.

Also doch ein Großhändler in Sachen Schlafunterlagen?

Er kniete sich schweigend neben sie. Holte eine Spritze und ein Gummiband aus der Seitentasche seines Arztkittels hervor.

»Bitte tun Sie mir nicht weh«, flehte sie mit ängstlichem Blick.

Er legte, wie bei seinem letzten Besuch, nur den Finger vor seinen Mundschutz, um ihr zu bedeuten, dass sie schweigen solle. Streifte ihr das Gummiband, das er mitgebracht hatte, über den Oberarm.

Zog es straff.

Wartete eine Weile.

Dann stach er wie ein Profi mit der Nadel der Spritze in ihre Vene und nahm ihr Blut ab.

Was will er denn um alles in der Welt mit meinem Blut? Eine Suppe kochen?

Als er damit fertig war, holte er eine große Schachtel mit Stecknadeln aus seiner Tasche.

Er nahm sie einzeln heraus.

Hielt sie kurz mit der Spitze in die Flamme seines Feuerzeugs.

Dann versenkte er sie bis zur Hälfte in ihren Beinen.

Bis diese aussahen wie eine Kreuzung aus Boa Konstriktor und Stachelschwein. Sie konnte so einwandfrei als Außerirdische in jedem Fantasyfilm durchgehen.

Das war doch alles nicht zu fassen.

War sie einem durchgeknallten Mediziner in die Hände gefallen? Einer Art Doktor Frankenstein der Neuzeit?

»Bitte nicht«, flehte sie immer wieder. »Tun Sie mir nichts an.« Spüren konnte sie dort unten natürlich nichts. Aber die Sache machte ihr zusätzlich Angst.

Was sollte das alles nur?

Sie konnte sich nicht den geringsten Reim darauf machen.

112

»Nicole, ich bin's, Reini. Ich stehe vor deiner Tür. Du kannst jetzt aufmachen.« Seine feste Stimme wirkte sofort beruhigend auf sie.

»Reini, bist du's wirklich?«

»Natürlich.«

»Gut, dass du endlich anrufst. Ich hab mir vor Angst fast in die Hosen gemacht.«

Seit einer guten Stunde wartete sie hier im Flur auf ihn. Keinen Mucks hatte sie gemacht, damit sie auch ja niemand außerhalb der Wohnung hören könnte. Hatte nicht mal ihren Namen genannt, als sie gerade ans Handy gegangen war.

Es dauerte einige Minuten. Dann hatte sie ihre drei unabhängigen Türschlösser samt Riegel geöffnet.

»Komm rein«, forderte sie ihn auf.

»Alles gut so weit?«, fragte er besorgt, während er hinter ihrem Rollstuhl her in die Küche ging.

»Alles gut bis auf den Suff, danke. Was war mit eurem Verdächtigen?«

»Leider falscher Alarm.« Er hob bedauernd die Hände. Legte dabei die jeweiligen Daumen- und Fingerspitzen seiner Hände aneinander.

Mein Gott, wie gut er aussieht, wenn er diese italienischen Gesten macht. Er könnte glatt ein echter Römer sein.

»Mist.«

»Kann immer mal vorkommen. Wir finden Julia trotzdem. Ganz bestimmt. Mach dir keine Sorgen.«

»Ich glaube, ich bin viel zu betrunken, um mir über irgendetwas Sorgen zu machen.« Sie zündete sich eine Zigarette an, ohne sich die Finger zu verbrennen. Eine echte Leistung in ihrem Zustand, wie sie fand. »Hörst du es? Ich lalle. Kann nicht mal mehr richtig reden. Schrecklich.«

»Möchtest du sicherheitshalber heute bei mir übernachten? Mir wäre es ganz lieb. Dann hätte ich eine Sorge weniger.« Er kratzte sich mit abwartender Miene am Hinterkopf.

»Ich? Bei dir? Übernachten? Ist das dein Ernst?« Sie staunte ihn ungläubig mit großen Augen an. »Also, das wäre ja ... äh, ganz ... toll. Super wäre das.«

Reiß dich zusammen, Nicole Reinberger. Das hier ist gerade alles andere als lustig. Denk lieber mal an Julia. Wahrscheinlich liegt sie irgendwo und leidet Höllenqualen.

»Na, dann komm. Ich helfe dir beim Packen deiner nötigsten Sachen.«

»Willst du nicht einen Polizisten hierlassen?«, fragte sie erstaunt.

»Wozu?«

»Falls der Kerl, der mich angerufen hat, herkommt, könnte er ihn sozusagen in flagranti verhaften. Sagt man das so? In flagranti? Ja, sagt man so, oder?« Sie grinste benebelt.

»Sehr gute Idee, Nicole. Du hast völlig recht. Ich werde gleich jemanden herbestellen.« Er holte sein Handy hervor.

113

»Die war auch schon mal besser«, murmelte Alfons, nachdem er seine Pizza aufgegessen hatte. Er wischte sich den Mund ab. Dann steckte er den mit Tomatensauce und Käse verschmierten Karton, in dem sie geliefert worden war, fein säuberlich zusammengefaltet in seinen Papierkorb.

Es war 22.15 Uhr. Sie hatten abgemacht, dass Reinhold Nicole in Sicherheit bringen würde, während er im Büro endlich seine Daten durch den Computer jagen wollte.

Der Fall hatte wider Erwarten seinen alten Ehrgeiz geweckt.

Außerdem war es bis zu seiner Pensionierung noch eine Weile hin. In der Zwischenzeit konnte er ebenso gut arbeiten. Dann verging die Zeit sogar noch schneller, wie er gerade feststellte.

Er wollte nochmals alle Studiengänge sämtlicher europäischen und auch sonstigen Unis weltweit nach dem Studium der Kriminologie und der Geschichte mit dem Schwerpunkt auf Serienmörder überprüfen. Auch die juristischen Fakultäten nahm er mit hinein. Man sollte nicht meinen, wie viele kriminelle Ideen sich unter Anwälten und Richtern fanden.

Ach ja. Reinholds seltsame Weinberger Akten musste er auch noch suchen.

»Es gibt viel zu tun. Fangt schon mal an«, scherzte er halblaut vor sich hin.

Flott gab er die nötigen Suchbefehle ein und startete

das Analyseprogramm, das er vor Jahren gemeinsam mit einigen Fachleuten von der EDV entwickelt hatte.

Natürlich hatten die es inzwischen perfektioniert. Aber er war an der Urfassung beteiligt gewesen, immerhin. Hatte sich dafür auch ein besonderes Lob und eine Urkunde von seinem Vorgesetzten eingehandelt. Zusammen mit zwei Kinokarten für die Spätvorstellung.

Na, das war doch mal eine tolle Anerkennung.

Verdammte Geizhälse. Warum schütteten sie nicht wenigstens für eine dermaßen hilfreiche Erfindung mal eine Prämie aus? Fast ein ganzes zusätzliches Jahr Arbeit hatte ihn die Sache gekostet. Wutentbrannt hatte er die Kinokarten in den Papierkorb geworfen und die nächsten zwei Wochen krankgemacht. Im Biergarten, versteht sich.

Während der Computer alleine vor sich hin suchte, schlurfte er gemütlich in ihre kleine Abteilungsküche, um sich einen Kaffee zu holen.

Pech. Leider keine Filter mehr da. Mit dem Kaffee war es also Essig.

Aber im Kühlschrank befand sich immer noch die Flasche Sekt, die seit Tagen darin stand. Hatte wohl jemand nach seiner Geburtstagsfeier dort vergessen.

Ihm sollte es recht sein. Sekt oder Kaffee. Beides hatte aufputschende Wirkung. Genau das brauchte er jetzt.

Er nahm sie kurzentschlossen mit. Herrenlose Flaschen gehörten dem Finder. So war das schon immer gewesen.

Der Computer war mit seiner Analyse längst noch nicht fertig, stellte er fest, sobald er wieder an seinem Platz war.

Also genügend Zeit, um in aller Ruhe das erste Schlückchen Blubberwasser zu genießen.

Er öffnete die eiskalte Flasche mit einem lauten Plopp. Schenkte das Wasserglas voll, das er sich aus der Küche mitgenommen hatte. Trank mit einem hocherfreuten Grinsen im Gesicht.

114

Die Matratze von heute Morgen war natürlich längst wieder eingenässt.

Er zerrte sie langsam unter ihr hervor. Stellte sie beiseite. Dann zog er ihr das T-Shirt aus und wusch sie schweigend. Die Stellen an ihren Beinen, wo er die Stecknadeln platziert hatte, ließ er aus.

Julia sagte seit einer geraumen Weile ebenfalls nichts mehr.

Besser, sie sprach ihn nicht an. Möglicherweise machte ihn das wütend und er schlug sie. Oder noch schlimmer, er amputierte ihr die Beine oder etwas Ähnliches. Einem Verrückten wie dem war alles zuzutrauen.

Dann schon lieber die Stecknadeln, die sie sowieso

nicht spürte. Obwohl es wirklich übel aussah, was er da unten angerichtet hatte.

Was, wenn sich die Einstichstellen trotz der Säuberung der Nadeln durch die Feuerzeugflamme entzündeten? Das konnte Wundbrand oder eine Blutvergiftung geben. Hoffentlich kam sie möglichst schnell wieder hier raus. Verflixt noch mal. Reini musste dem verdammten Kerl doch jeden Moment auf die Spur kommen. Er war ein guter Polizist. Ein bisschen steif von der Art her vielleicht, aber ein hervorragender Ermittler. Die Lösung etlicher ganz großer Kriminalfälle durch ihn bestätigte das.

So hatte er einmal nahezu im Alleingang eine ganze Russenbande ausgehoben. Drogen- und Waffenhandel, Prostitution, Mord, Erpressung, Diebstahl, Geldfälscherei. Die sauberen Herren aus dem Osten hatten so gut wie jedes bekannte Verbrechen in ihrem Portfolio gehabt. Er war sogar an die normalerweise unsichtbare Führungsriege herangekommen. Hatte sie alle überführt und letztlich hinter Gitter gebracht, wo sie hingehörten.

Als er während der letzten Semester ihrer gemeinsamen Studienzeit monatelang damit haderte, ob er mit ihr weiterstudieren sollte oder besser zur Polizei ging, hatte sie ihm Mut zum Wechsel gemacht. Germanistik war einfach nichts für ihn gewesen. Auch wenn er es erst sehr spät bemerkte. Er hatte sich immer tödlich gelangweilt. Wollte die Sache wohl lediglich wegen der Erwartungshaltung seiner Eltern zu Ende bringen. Beide hatten nicht studiert und wünschten sich, dass er es einmal besser hatte als sie.

Wenn Reinhold den verrückt gewordenen Kerl hier erst mal erwischt hätte, wäre es bestimmt ein Leichtes für ihn, ihr Versteck zu finden.

Mach schon, Reini. Hol mich hier raus.

Genauso gut konnte das aber noch eine Zeitlang dauern.

Mit Beten kannte sie sich nicht sonderlich gut aus. Nicht mal nach ihrem schweren Unfall war sie dem Glauben und dem lieben Gott ein Stück nähergekommen. Kein Bedarf. Weder seelisch noch vom Verstand her.

Allerdings wäre im Moment möglicherweise keine schlechte Gelegenheit, um damit anzufangen.

Kalter Angstschweiß trat ihr auf die Stirn.

Waschung beendet.

Gott sei Dank. Es war mehr als entwürdigend, völlig hilflos und nackt vor einem Fremden zu liegen.

Er warf seinen Lappen in den Putzeimer, den er vorhin ebenfalls wieder mitgebracht hatte.

Trocknete sie sorgfältig mit einem Handtuch ab.

Dann gab er ihr zu trinken. Streifte ihr das T-Shirt wieder über. Legte sie anschließend auf die neue, trockene Matratze, die er mitgebracht hatte.

Er achtete dabei peinlich genau darauf, dass sich die Stecknadeln in ihren Beinen nicht verbogen oder noch tiefer in ihr Fleisch gedrückt wurden.

Anschließend erhob er sich und ging wortlos hinaus.

Eine Decke ließ er ihr auch diesmal nicht hier.

Warum hatte er ihren Katheter entfernt? Wieso bekam sie keine Windel von ihm angezogen? Er hätte sich die andauernde Matratzenwechslerei sparen können.

War er komplett gaga?

Was würde wohl als Nächstes kommen? Eine Elektro-
therapie mit Starkstrom?

115

»Das ist also deine Wohnung.« Nicole sah sich ausgiebig in Reinholds lieblos mit praktischen Billigmöbeln
eingerichteter Zweizimmerwohnung um. »Ein bisschen
Farbe könnte nicht schaden. Hier und da eine Zimmer-
pflanze wäre auch nicht schlecht.« Sie zeigte auf die leeren Fenstersimse. »Ach, und einen Balkon gibt es auch
noch. Da schau her.«

»Da sitze ich manchmal abends und schau mir die
Sterne an oder ich haue mir ein schönes Stück Fleisch
auf den Grill.«

»Gar nicht übel. Könnte man was draus machen.«

Es war kurz nach halb elf. Er war wie der Blitz quer
durch die Stadt mit ihr hierhergesaust.

»Freut mich, wenn es dir gefällt.« Reinhold überg-
ing ihre Verbesserungsvorschläge geflissentlich. »Du
kannst mein Bett im Schlafzimmer haben. Ich penn auf
der Couch hier.« Er zeigte auf das kleine, durchgele-

gene Sofa, das in zwei Metern Entfernung vor seinem Fernseher stand.

»Kommt gar nicht infrage.« Sie schüttelte vehement den Kopf. »Ich schlafe hier. Das geht schon irgendwie.«

»Keine Widerrede.« Reinhold erhob mahnend den Zeigefinger. »Das Bett gehört dir. Kann ich dir irgendwie beim Umziehen helfen? Was muss ich machen?«

Er zog seine Jacke aus. Hängte sie über einen der hellbraunen Stühle am Esstisch. Krempelte die Ärmel seines Baumwollhemds hoch.

»Da gibt es schon so einiges«, erwiderte sie. »Ist mir gerade aber irgendwie peinlich.«

»Nichts Menschliches ist peinlich. Du sagst einfach, was ich machen soll, und ich mache es, okay? Wird schon schiefgehen.« Er lächelte zuversichtlich.

»Na gut, wie du meinst.«

Er wird mich nie wieder ansehen, wenn er mir erst mal beim Waschen geholfen hat. Bestimmt ist er geschockt und will es nie wieder tun.

»Also?« Er zog fragend die Brauen hoch.

»Ich müsste erst mal auf die Toilette.«

»Okay.« Er machte Anstalten vorauszugehen.

»Dazu brauch ich dich nicht. Kann ich alleine.«

»Na klar!« Er lächelte nicht weniger zuversichtlich als zuvor.

»Aber wenn du mir danach beim Ausziehen und Duschen helfen würdest, das wäre super. Hast du einen alten Hocker, der nass werden darf?«

»Kriegen wir hin. Kein Ding.« Er winkte lässig ab.

Sie fuhr ins Bad. Als sie sich im Spiegel sah, erschrak

sie zunächst einmal. Ihre Augen und das ganze Gesicht waren mit schwarzer Schminke verschmiert.

Du siehst aus wie eine Pennerin, Nicole Reinberger. Ein Wunder, dass er dich so überhaupt mitgenommen hat.

Reinhold folgte ihr wenig später, als sie ihn hereinrief. Nachdem sie mit allem fertig waren und Nicole ihr buntbedrucktes Nachthemd anhatte, schob er sie ins Wohnzimmer zurück.

»Hast du Hunger?«, fragte er.

»Ja.« Sie nickte. »Essen wäre super. Mein Magen knurrt schon die ganze Zeit. Ich hab den ganzen Tag vor lauter Angst nichts runtergekriegt.«

»Ich kann uns Pizza bestellen oder was vom Chinesen.«

»Pizza wäre toll.«

»Okay.« Er sah sie lange an.

»Was ist los?« Sie wurde rot.

Da war auf einmal etwas in seinen Augen, das sie vorher nicht gesehen hatte. So ein merkwürdiger Glanz.

»Nichts Besonderes.« Er schüttelte den Kopf. Wandte sich schnell von ihr ab. »Du hast schöne Haare, finde ich«, sagte er mit dem Rücken zu ihr. »Ich ruf den Pizzadienst an. Welche magst du?«

»Eine mit scharfer Salami.«

»Prima. Die mag ich auch am liebsten. Sag mal, du meintest doch, du hättest die Stimme des Entführers erkannt.«

»Nicht wirklich. Aber die Art, wie er bestimmte Worte betonte, kam mir bekannt vor. Ganz ähnlich, wie du das machst.«

»Na, dann hast du gerade wohl den schlimmsten Fehler deines Lebens begangen.«

»Wieso?« Sie sah ihn erstaunt an.

»Weißt du das nicht selbst?«

»Nein …« Ihre Hände begannen zu zittern.

116

Sonntag, 17. Juni 2017, 8.00 Uhr

Alfons schlief den Schlaf der Gerechten. Frei nach dem Motto: Der Büroschlaf ist der gesündeste. Vor allem am frühen Morgen.

Im selben Moment, als Reinhold fröhlich pfeifend zur Tür hereinkam, wachte er auf. Rappelte sich augenreibend hoch. Schaute verwirrt auf seinen dunklen Computerbildschirm.

Standby-Modus.

Er schaltete den PC schnell wieder ein.

»Scheiße, Mann«, sagte er kurz darauf zu Reinhold, der ihn zuvor, augenscheinlich in allerbester Sonntagslaune, überschwänglich begrüßt hatte. »Das hab ich gestern gar nicht mehr mitbekommen.« Er zeigte auf den

Bildschirm. »Hör zu, Reini. Es gibt da anscheinend eine echt heiße Spur.«

»Was denn? So eine wie gestern?«

»Komm zu mir rüber. Ich zeig's dir. Geht schneller.«

»Ich eile, ich fliege.« Reinhold stellte sich neben ihn. *Was ist denn mit dem heute los? Hat er Antidepressiva eingeworfen?*

»Der Typ auf Nicoles Foto hat in Regensburg Kriminologie studiert. Horst Steinhauser heißt er. Studienschwerpunkt: Serienkiller. Er hat besonders intensiv über einen gewissen John Banks alias Jörg Maria Siebenbrenner recherchiert.«

»Wer war das?«

»Ein Serienmörder mit einem krankhaften Mutterkomplex, der bereits nach dem Ersten Weltkrieg hier in München junge Frauen ermordet hat. Er hat seinen 33 Opfern den Bauch aufgeschlitzt, die Innereien entnommen und geschnitzte Engelfiguren stattdessen hineingelegt. Er hieß John Banks. War Sergeant bei der US-Army. Nach dem Ersten Weltkrieg hat er sich auch Siebenbrenner genannt.«

»Erzähl weiter.« Reinhold holte seinen Stuhl. Er setzte sich neben Alfons.

»Er hat auf dieselbe Art gemordet wie unser Mörder«, fuhr der schnell fort. »Allerdings stach Banks keinem seiner Opfer die Augen aus. Auch schnitt er ihnen nicht Nase, Ohren und Finger ab. Aber alles andere lief damals genauso ab wie heute. Sogar das Opferprofil ist identisch. Weiblich, blond, blauäugig, um die zwanzig Jahre alt und klein.«

»Das muss er sein, Alfi. Das ist unser Trittbrettfahrer.

Garantiert. Wieso hast du mir das denn nicht früher mitgeteilt?« Reinhold sah ihn verwundert an. »Heute Nacht zum Beispiel. Hättest mich doch anrufen können.«

»Ich bin wohl vor Erschöpfung über der vielen Arbeit eingeschlafen.« Alfons stellte erleichtert fest, dass er die leere Sektflasche und das Glas gestern noch in den Papierkorb unter seinem Tisch befördert hatte. Warum er das mit dem Glas gemacht hatte, wusste er nicht mehr genau. Auch egal. Hauptsache, es kam ihm niemand auf die Schliche. Vor allem Reini nicht. Der war immer gleich so hysterisch bei jeder Kleinigkeit. Normalerweise zumindest.

»Mann, Alfi«, kam Reinholds diesmal eher ungewohnt schwacher Protest. Wohl seiner ausnehmend guten Grundstimmung geschuldet. »Da hätten wir aber auch wirklich schon früher draufkommen können. Also los geht's. Jede Sekunde zählt. Großfahndung nach diesem Horst Steinhauser. Hast du eine Adresse?«

»Es gibt nur eine in Regensburg. Wir könnten erst mal die Kollegen vor Ort fragen, ob sie noch aktuell ist.«

»Machst du das kurz?« Reinhold nahm seinen Stuhl. Er setzte sich wieder vor seinen eigenen Schreibtisch.

»Kein Problem.« Alfons nahm den Hörer seines Dienstapparates in die Hand. »Weißt du übrigens, was das Beste an der ganzen Sache ist.«

»Nein.« Reinhold schüttelte den Kopf.

»Julias Großvater hat diesen Banks gemeinsam mit drei Kollegen überführt.«

»Woher weißt du das?«

»Es steht hier.« Er zeigte erneut auf seinen Bildschirm.

»Jetzt wird mir alles klar.« Reinhold fasste sich an die Stirn. Er setzte sich.

»Die Adresse ist nicht mehr aktuell«, sagte Alfons keine zwei Minuten später, nachdem er mit Regensburg telefoniert hatte. »Der Kerl wohnt seit zwei Wochen nicht mehr dort.«

»Dann müssen wir den Fahndungsdruck unbedingt erhöhen. Lass uns all unseren Streifenbeamten ein Foto von ihm aufs Handy schicken. Und vermehrte Medienpräsenz des Falls.«

»Erledigst du das kurz?« Alfons grinste. »Ich würd mich gern etwas frisch machen. Hab schließlich die ganze Nacht durchgearbeitet.« Er war tatsächlich erschöpft. Hatte schon lange nicht mehr so viel gearbeitet und dann auch noch Sekt getrunken.

»Hauptkommissar Schnellinger.« Reinhold hatte gleich nach dem ersten Schrillen seines Telefons abgehoben. »Was? Verdammter Mist. Okay, wir kommen hin.«

»Was ist los?«, erkundigte sich Alfons, der bereits die Türklinke in der Hand hatte.

»Deine Morgentoilette wird warten müssen.«

»Ist was mit Julia?«

»Kann ich dir nicht sagen«, erwiderte Reinhold. Seine bisherige Fröhlichkeit war schlagartig aus seinem Gesicht gewichen.

»Was ist dann?«

»Wir haben einen neuen Mord im Englischen Garten. Unsere Leute vor Ort wissen nicht, wer es ist. Nur dass es sich um eine junge Frau handelt. Auf jeden Fall müssen wir so schnell wie möglich zum Tatort.«

»Kann ich mir wenigstens die Zähne putzen?«

»Nur wenn du schnell machst.« Reinhold nickte.

»Egal, kann warten.« Alfons winkte ab. »Hast du ein Pfefferminz oder so was?«

»Hier.« Reinhold reichte ihm einen Kaugummi aus der Packung, die er immer bei sich trug.

»So eine verdammte Scheiße. Schlafen die Uniformierten, die da draußen nachts nach dem Rechten sehen sollen, eigentlich? Wozu haben wir denn erhöhte Wachsamkeit angeordnet? So ein Mistladen das alles.«

Alfi knallte sein Waschzeug auf den Schreibtisch. Er schlüpfte blitzschnell in sein dunkelgraues Sakko.

Dann folgte er Reinhold in den Flur hinaus.

117

Nicole trank ihren zweiten Kaffee.

Reinhold hatte ihr, bevor er zum Dienst gegangen war, beim Anziehen und in den Rolli geholfen.

Gestern hatte er ihr vor dem Zubettgehen sogar ein Küsschen auf die Wange gegeben. Hatte sie dabei sehr zärtlich angesehen. Sie hatte deutlich gespürt, dass mehr dahintersteckte als pure Sympathie.

Sie lächelte versonnen.

Natürlich hatte er seinen blöden Scherz mit der Telefonstimme und dass sie den schlimmsten Fehler ihres Lebens gemacht habe, vorher aufgelöst.

Er hatte gesagt, dass er gelegentlich einen sehr schrägen Humor habe, der aber Gott sei Dank nur sehr selten zum Vorschein käme. Manchmal allerdings leider in den unpassendsten Momenten. Wäre wohl den langen Jahren bei der Kripo geschuldet. Möglicherweise habe es auch mit seiner Kindheit zu tun. Nur mit albernen Witzen konnte er den oft wütenden Vater meistens einigermaßen besänftigen. Wenn nicht, setzte es ein Tracht Prügel.

Sie sei bei ihm jedenfalls sicher wie in Abrahams Schoß. Solle keine Angst mehr haben. Er würde immer gut auf sie aufpassen und ganz sicher in nächster Zeit keine geschmacklosen Scherze mehr machen. Das könne er ihr auf jeden Fall versprechen.

Immer gut auf mich aufpassen! Wenn das nicht total vielversprechend klingt, Nicole Reinberger, was dann?

Hoffentlich fanden sie Julia möglichst schnell und er war bald wieder hier. Es durfte einfach nicht sein, dass ihr etwas Schlimmes zustieß. Sie brauchte ihre beste Freundin. Ganz dringend und auf jeden Fall.

Wem sonst sollte sie zum Beispiel erzählen, dass sie vermutete, dass sich Reini ganz plötzlich ein bisschen in sie verliebt hatte?

Tränen schossen ihr in die Augen.

Sie wischte sie schnell mit dem Handrücken weg.

Betete kurz darum, dass Julia nicht irgendwelche schrecklichen Qualen durch ihren Entführer erleiden musste.

An wen erinnerte sie nur diese merkwürdig verstellte Stimme am Telefon? Sie kam und kam nicht darauf.

Allerdings sei bisher noch nirgends eine Lösegeld-
forderung eingegangen, hatte Reinhold gestern noch
gemeint. Was aller Erfahrung nach eindeutig gegen eine
Entführung spräche.

Vielleicht machten sie sich ganz umsonst Sorgen und
sie saß irgendwo und hatte ihren Spaß, hatte er noch
hinzugefügt.

»Und was ist dann bitte mit dem seltsamen Kerl, der
mich gestern angerufen hat?«, hatte sie ihm einigermaßen
aufgebracht entgegnet. »Ich hab das doch nicht geträumt.
Bestimmt hat er sie in seiner Gewalt, dieses miese Dreckschwein.«

Reinhold hatte ihr versichert, dass er sich weiter unter
Hochdruck um die Sache kümmern würde. Sie habe aller-
höchste Priorität, wie er sich ausdrückte.

Sie öffnete das Fenster und zündete sich eine Zigarette an. Er hatte ihr das Rauchen vorhin ausdrücklich
erlaubt. Obwohl er selbst Nichtraucher war.

Auch nicht gerade selbstverständlich. Wirklich ein tol-
ler Typ, der Reini.

Oh Mann! Vielleicht bekam sie doch noch ihren
Traumprinzen.

Nicht zu sehr daran denken. So was forderte das
Schicksal nur unnötig heraus, und alles kam ganz anders,
als man es wollte.

118

11.00 Uhr. Reinhold und Alfons standen in der Oberföhringer Straße kurz vor dem ehemaligen Krankenhausgelände.

»Aufgeschlitzt, Gesicht verunstaltet, kleiner Holzengel in der Bauchhöhle. Alles ist tatsächlich genauso wie bei den ersten beiden Opfern«, wiederholte Alfons gerade noch einmal.

»Aber Gott sei Dank haben wir diesmal einen zuverlässigen Zeugen«, erwiderte Reinhold, während er sich seine schusssichere Weste umschnallte. »Ein Richter a.D. So einer erzählt bestimmt keinen Käse.«

Der ehemalige Richter am Familiengericht, Jochen Schröpfner, hatte vorhin am Tatort im Englischen Garten angegeben, dass er einen Mann mit einem Rucksack davonlaufen sah, bevor er die tote Frau entdeckte. Er hätte dem Fahndungsbild des Mannes vor dem Café Mozart in der Zeitung eins zu eins entsprochen. Auf Reinholds Frage nach einem eventuellen Bart im Gesicht des Verdächtigen oder anderen Auffälligkeiten hatte er entschlossen den Kopf geschüttelt.

»Kein Bart. Es ist genau der Mann, den Sie suchen«, hatte er wiederholt. »Glauben Sie mir, meine Herren.«

Also war Horst Steinhauser tatsächlich der Frauenmörder, den sie suchten, und höchstwahrscheinlich auch Julias Entführer.

Zufällig wisse er auch, dass der Kerl seit Kurzem ganz

in seiner Nähe wohne, war Schröpfner fortgefahren. Er kenne jeden in seiner Straße.

Sogar die genaue Adresse in der Oberföhringer Straße konnte er ihnen geben. Ein gewisser Anton Siebenbrenner hatte das freistehende Einfamilienhaus gemietet, wie die Kollegen auf dem Revier schnell herausfanden.

Reinhold und Alfons war somit schlagartig alles klar gewesen. Siebenbrenner. Einer der falschen Namen, die Banks benützt hatte. Ihr Trittbrettfahrer war identifiziert und lokalisiert.

»Stimmt, Reini. Der erzählt keinen Blödsinn«, bestätigte Alfons jetzt.

»Obwohl es mich schon wundert, dass ein Täter so nahe bei seiner eigenen Wohnung zuschlägt«, meinte Reinhold, während er dem merkwürdigen Treiben seines langjährigen Kollegen kopfschüttelnd zusah. »Das ist ja quasi bei ihm ums Eck.«

»Reiner Zufall, wenn du mich fragst.« Alfons gab seine wiederholten Bemühungen um den Reißverschluss seiner schusssicheren Weste auf. Er ließ sie halb offen stehen. »Warum sollen wir nicht auch mal Glück haben? Pech haben wir wahrlich oft genug bei unseren Fällen. Wo bleiben die Jungs vom SEK bloß wieder?«

»Da sind sie doch.« Reinhold zeigte auf die zwei Mannschaftswägen, die sich ihnen langsam von Süden her näherten.

»Passt mir nur auf, dass ihr Julia nicht verletzt«, sagte Reinhold noch, bevor sie stürmten. »Keine unnötigen Schüsse.«

Als sie alle gemeinsam das Haus betraten, fanden sie

Horst Steinhauser alias Jörg Siebenbrenner in seinem Bett vor.

Er ließ sich ohne nennenswerte Gegenwehr abführen.

Die Spurensicherung fand kurz darauf überall menschliche Innereien. Auch Julias Unterlagen, die unter zwei lockeren Dielen in der Küche versteckt waren, entdeckten sie.

Nur Julia selbst fanden sie nicht.

119

13.10 Uhr. »Noch mal fürs Protokoll. Sie heißen Horst Steinhauser? Ist das richtig?« Reinhold sah den jungen blonden Mann, der vor ihnen im Verhörzimmer saß, lange an.

»Ja.« Horst nickte bereitwillig.

»Ist es auch richtig, dass Sie insgesamt drei junge Frauen im Englischen Garten umbrachten?«

»Wie gesagt. Das Werk von John Banks hat mich inspiriert. Leider wurde ich nun genau wie er verhaftet, bevor ich mein Werk zu Ende bringen konnte.«

»Sie haben die Frauen also getötet?«

»Ja.« Er nickte. »Sie waren sehr lecker.«

»Warum ließen Sie die Leichen einfach für jeden sichtbar liegen?«

»Weil es Banks genauso gemacht hat. Ist doch klar.«

»Und warum schnitten Sie ihnen auch noch Ohren, Nase, Zunge und die Finger weg und stachen ihnen die Augen aus?«

»Neue Rezepte ausprobieren. Meine persönliche Note, wenn Sie so wollen. Weitere Körperteile fehlen mir jetzt leider. Ich hätte sehr gerne weitergemacht.«

»Das war alles?«

»Ja.« Horst zuckte teilnahmslos die Achseln.

»Töteten Sie Julia Weinberger ebenfalls?«

»Nein.«

»Wie kommen Sie dann an ihre Unterlagen?«

»Ich stahl sie ihr.«

»Warum?«

»Es standen Informationen über Banks darin, die niemanden etwas angingen. Sie hätten zu mir als Täter führen können.«

»Aber Sie können das, was in den Unterlagen steht, überall im Internet nachlesen. Wir selbst haben die Akten sogar im Polizeiarchiv.«

»Wie lange haben Sie gebraucht, um das herauszufinden?«

»Wir wissen es. Das reicht.« Reinhold sah ihn unverwandt an.

Was für ein eiskalter Kerl. Ihm scheint nichts von dem, was er getan hat, auch nur im Geringsten leidzutun.

»Wahrscheinlich wissen Sie es noch nicht lange. Sonst wären Sie schon früher auf mich gekommen. Sehen Sie. Das war der Vorsprung, den ich brauchte. So konnte ich immerhin drei wunderschöne Frauen genießen. Ich erwäge übrigens, ein Kochbuch über Innereien herauszugeben.«

»Wo ist Julia Weinberger?«

»Ich weiß es nicht.« Horst schüttelte den Kopf.

Reinhold schaltete das Mikrofon aus, über das das Verhör mitgeschnitten wurde. »Red keinen Scheiß, du Dreckschwein!«, fuhr er ihn an.

»Ich weiß es wirklich nicht. Sie ist mit einem Typen davongerollt, bevor ich die Akten aus ihrer Wohnung holte. Ich hatte sie zuvor am offenen Fenster belauscht. Sie hat wegen der Akten telefoniert. Mehr weiß ich nicht.« Horsts Stimme zitterte leicht.

»Was war das für ein Typ?«, fragte Reinhold. »Red schon, du Weichei, oder ich kann auch ganz anders. Nicht so zärtlich wie bisher.«

»Okay, okay.«

»Also?«

»Es war der, der ihr das Essen gebracht hat.«

»Ralf, ihr Helfer? Jetzt wird's aber immer bescheuerter. Lass dir gefälligst was Besseres einfallen.«

120

»Dein neuer Freund. Keine Ahnung, warum er auf meinem Apparat gelandet ist.« Alfons reichte Reinhold seinen Hörer.

»Schnellinger«, meldete sich Reinhold.

Der hat mir gerade noch gefehlt.

»Herr Schnellinger, Hartmut Spieß hier. Was ist mit Julia? Haben Sie sie endlich?«

»Nein, Herr Spieß. Wir vermissen sie immer noch. Leider können wir inzwischen auch Mord nicht mehr ausschließen.«

Horst Steinhauser hatte zuletzt immer wieder nur behauptet, dass er unschuldig an ihrer Entführung sei. Egal wie sehr sie ihm gedroht hatten. Also hatten sie erst mal resigniert und ihn in seine Zelle bringen lassen, um eine Pause einzulegen.

»Das klingt gar nicht gut, Herr Schnellinger. Was machen wir jetzt bloß?«

»Wir können im Moment nur abwarten, bis sich der nächste Zeuge meldet oder unser Verdächtiger endlich auspackt«, meinte Reinhold. »Da kann auch Ihr Freund, der Bürgermeister, nichts machen. So leid es mir tut, glauben Sie mir.«

»Vergessen Sie das mit dem Bürgermeister mal«, beeilte sich Hartmut, ihm zu versichern. »Das waren nur meine Aufregung und die Sorge um Julia.«

»Kann ich verstehen. Mir geht es nicht anders«, erwiderte Reinhold mit neutralem Tonfall. »Sobald ich etwas

Neues weiß, erfahren Sie als Erster davon, einverstanden?«

»Danke, Herr Schnellinger. Ich weiß das zu schätzen. Werde demnächst ein gutes Wort beim Bürgermeister für Sie einlegen.«

Rein in die Kartoffeln, raus aus den Kartoffeln. Reinhold sollte es recht sein. Zumindest solange es so herum lief und nicht anders.

121

15.30 Uhr. »Du wirst mir nicht entkommen. Da kannst du noch so viele Polizisten vor deine Wohnung stellen, die dich bewachen sollen.«

»Wer spricht da?«, fragte Nicole mit zitternder Stimme. Du liebes bisschen, das war doch wieder dieser unheimliche Kerl.

Gott sei Dank befand sie sich immer noch in Reinis Wohnung und nicht zu Hause. Bestimmt würde er den Polizisten vor ihrer Haustür daheim irgendwie austricksen und dann hätte er sie.

Sie rauchte gerade ihre fünfte Zigarette. Leider war

die Schachtel jetzt leer. Egal. Irgendwo würde sie schon Nachschub herbekommen. Wozu gab es Telefone.

»Morgen hole ich dich«, fuhr die Stimme fort. »Deine Freundin Julia wird bereits erfolgreich behandelt. Du darfst dich ebenfalls darauf freuen, du süßes Häschen.«

»Ralf, bist du das? Das ist echt nicht witzig, hörst du?« Sie horchte mit angehaltenem Atem in ihr Handy hinein.

Das ist er doch. Das ist Ralf. Ganz sicher. Er betont die Worte immer so merkwürdig auf der zweiten Silbe. Das weiß ich ganz genau. Na klar. Spinnt der? Was redet er denn nur für einen ausgemachten Blödsinn? So kenn ich ihn gar nicht.

Statt zu antworten, legte er auf.

Sie drückte schnell ihre Zigarette in dem kleinen kreisrunden Aschenbecher auf dem Küchentisch aus. Dann rief sie Reinhold auf seinem Handy an.

»Nicole hier«, sagte sie, sobald er abgehoben hatte. »Er hat wieder angerufen.«

»Wer?«

»Der Kerl, der Julia hat.«

»Aber den haben wir doch verhaftet. Horst Steinhauser. Er verrät uns jeden Moment, wo er sie versteckt hält. Wir müssen nur weiter die Daumenschrauben bei ihm anziehen.«

»Findet Ralf Bauerbecks Adresse heraus und fahrt sofort dorthin. Er ist der Anrufer. Ich habe ihn gerade eindeutig erkannt.« Kein Zweifel. Sie war sich ihrer Sache hundertprozentig sicher.

»Du hast aber nicht von meinem Whiskey getrunken, oder?«

»Ich bin stocknüchtern. Bitte fahrt ganz schnell zu ihm, Reini. Er ist es. Glaub mir. Er hat Julia.«

»Dann hat der Kerl also doch nicht gelogen«, sagte Reinhold halblaut.

»Wie meinst du das?«, wollte sie wissen.

»Steinhauser meinte, sie sei mit Ralf davongerollt, bevor er selbst in Julias Wohnung einbrach und ihre Akten stahl.«

»Und warum habt ihr ihn dann nicht längst verhaftet und Julia befreit?« Sie zog ungläubig die Stirn kraus.

»Keine Ahnung.« Reinhold räusperte sich offensichtlich verlegen. »Wir waren total auf Steinhauser fixiert. Dachten, er lügt und würde früher oder später schon mit der Wahrheit herausrücken.«

»Warum lasst ihr euch nur so viel Zeit? Julia ist in Lebensgefahr. Ich verstehe das nicht, Reini.«

»Weiß ich auch. Aber Steinhauser ...«

»Er hat recht, verdammt noch mal. Fahrt zu Ralf Bauerbeck. Rettet sie endlich.«

Sie legte auf.

Obwohl sie vor Aufregung keinen Hunger hatte, zwang sie sich dazu, wenigstens ein Wurstbrot zu essen. Wenn sie jetzt hier in aller Stille umkippte, hatte auch niemand etwas davon.

122

Als sie vor Ralf Bauerbecks Zweizimmerwohnung im ersten Stock ankamen, entschlossen sie sich für direkten Zugriff, ohne vorher zu klingeln. Möglicherweise machte sich der Verdächtige sonst irgendwie davon.

Zwei kräftige Männer vom SEK brachen daraufhin blitzschnell die Tür auf. Anschließend stürmten alle mit den Waffen im Anschlag hinein.

Ralf Bauerbeck saß auf seinem Balkon. Er rauchte in aller Seelenruhe einen Joint. Ganz so, als hätte er sie gar nicht hereinkommen gehört.

Er wehrte sich nicht, als sie ihm Handschellen verpassten.

Sie fanden jede Menge Gras in dem Nachtkästchen neben seinem Bett.

Julia fanden sie nicht. Weder in seiner Wohnung noch im Speicher oder im Keller.

Keine Spur von ihr.

Sie fragten Ralf, wo er sie versteckt habe. Er meinte nur, dass er keine Ahnung habe, wovon sie sprächen.

Also hatte sich Nicole getäuscht.

Aber merkwürdig war der Kerl schon. Er druckste andauernd so seltsam herum. Sah niemandem geradewegs in die Augen. Sprach immer wieder leise mit sich selbst.

Sie würden ihn auf jeden Fall mitnehmen und sofort verhören. Allein wegen des vielen Marihuanas war seine vorläufige Festnahme legitimiert. Außerdem hatten sie in Nicole eine Zeugin, die seine Stimme erkannt haben wollte, als er über Julia sprach. Es würde auf jeden Fall eine Gegenüberstellung geben.

»Ich glaube, der Kerl lügt wie gedruckt«, erklärte Alfons, als sie zur Tür gingen. Auf sein Bauchgefühl war normalerweise auch Verlass.

»Untersucht alles peinlich genau. Auch auf Frauenhaare oder fremde DNA. Jede kleinste Spur ist wichtig«, sagte Reinhold noch zu den Leuten von der Spurensicherung, bevor sie ins Treppenhaus hinaustraten.

»Das musst du uns nicht sagen, Klugscheißer!«, rief ihm einer der Männer in den weißen Anzügen hinterher. »Wir sind von der Spurensicherung.«

»Kein Grund, überempfindlich zu werden«, murmelte Alfons. »Oh Mann. Nur noch gottverdammte Tussis unterwegs, wohin man auch schaut.«

123

»Ich bin der Doktor Sauerbruch der Neuzeit, verstehen Sie?«

Ralf saß im Verhörzimmer gegenüber von Reinhold und Alfons. Er blickte sie mit einem irren Lächeln im Gesicht an. Es war auf die Minute genau 16.45 Uhr.

Er würde sie alle von ihrem Leiden erlösen, fuhr er mit beseelter Stimme fort. Alle Behinderten der Welt würden ganz normal leben, dank seiner einzigartigen Genialität. Sobald seine aufsehenerregenden Experimente abgeschlossen wären, würde er seine Erfolge an die Öffentlichkeit bringen. Aber bis dahin müsse alles geheim bleiben, damit ihm niemand seine revolutionierenden Ideen stahl.

»Der hat doch einen kompletten Vollhau«, raunte Alfons Reinhold zu.

»Stimmt, Alfi. Aber er redet wenigstens. Lass uns einfach zuhören.« Reinhold wandte sich erneut Ralf zu. »Herr Bauerbeck: Wo ist Julia?«

»Das darf ich nicht verraten.« Ralf machte ein geheimnisvolles Gesicht.

»Warum nicht?«

»Es würde den Verlauf ihres Heilungsprozesses empfindlich stören.«

»Aber wir könnten sie ins Krankenhaus bringen lassen. Dort kümmern sich die Ärzte ganz bestimmt sehr gut um sie.« Reinholds Stimme klang anteilnehmend. So als würde er Ralfs Besorgnis verstehen.

»Um Gottes willen.« Ralf erhob mahnend den Zeigefinger. »Die Ärzte von heute haben doch allesamt keine Ahnung. Nichts als Scharlatane und Dilettanten. Ein Todesfall nach dem anderen in den Krankenhäusern. Noch nie davon gehört?«

Alfons wurde es jetzt endgültig zu dumm. Sie hatten keine Zeit, hier lockere Konversation zu treiben, während Julia irgendwo lag und auf ihren Tod wartete.

Er schaltete kurzerhand die Kamera und das Mikrofon

aus. Dann baute er sich vor Ralf auf und gab ihm ohne Vorwarnung links und rechts eine schallende Ohrfeige.

Reinhold hielt ihn nicht zurück.

»Du sagst uns jetzt sofort, wo diese junge Frau ist!«, brüllte Alfons. »Sonst schlag ich dir deinen verdammten Schädel ein.«

»Bitte nicht schlagen.« Ralf hob die Hände über seinen Kopf. »Das macht mir Angst. Ich sage Ihnen alles.«

»Also los. Wo ist sie?« Alfons holte erneut aus.

»Sie ist in einem leerstehenden Haus am Stadtrand.«

»Und? Weiter!«

»Also gut. In dem leeren Haus in der Allacher Straße steht ein Regal im Keller. Es verdeckt den Eingang zu einem weiteren Kellerraum. Sie müssen es nur zur Seite schieben. Dahinter ist noch ein Raum, meine Praxis. Dort liegt meine wichtigste Patientin.« Ralf kicherte hysterisch.

»Welche Hausnummer?« Reinhold sah ihn auffordernd an.

Wenn er noch einmal so saudumm lacht, fängt er sich von mir auch gleich noch eine ein.

»Allacher Straße 432. Aber bringen Sie bitte nichts durcheinander. Im Namen der Wissenschaft.«

»Komm schon, Reini. Gehen wir.« Alfons stürmte mit selten gesehener Schnelligkeit voran.

Reinhold veranlasste noch, dass Ralf in die Zelle gleich neben Horst Steinhauser gebracht wurde.

Dann folgte er Alfons, so schnell er konnte.

124

Vier Monate später.

»Für die geschichtlich dokumentarische Aufarbeitung der Morde des Serienkillers Jörg Maria Siebenbrenner alias John Banks und für die Ausführungen über den Trittbrettfahrer und Serienmörder Horst Steinhauser überreichen wir Frau Julia Weinberger hiermit den Bayerischen Pressepreis.«

Julia fuhr langsam nach vorne zur Bühne, wo der Ministerpräsident, der gerade die Laudatio gehalten hatte, auf sie wartete, um ihr ihren Scheck und ihre Urkunde auszuhändigen.

Reinhold, Nicole und Hartmut applaudierten voller Stolz. Sie hatten sie herbegleitet. Alfons hatte Dienst. Er ließ aber über Reinhold grüßen und gratulieren.

Ralf Bauerbeck hatte damals nicht gelogen. Sie hatten sie in dem Haus in der Allacher Straße gleich gefunden und befreit.

Ein Sanitätswagen hatte sie anschließend auf dem schnellsten Weg ins Krankenhaus gebracht. Dort wurde sie eingehend untersucht und die Nadeln aus ihren Beinen entfernt.

Bereits nach drei Tagen Beobachtungsfrist durfte sie wieder nach Hause. Alles war gut verlaufen. Es würden ihr keine Schäden bleiben, hieß es.

Zu Hause hatte sie erst mal neue und sicherere Schlösser einbauen lassen und sich danach sofort an die Arbeit gemacht, für die sie heute ausgezeichnet wurde. Natürlich halfen ihr die Unterlagen ihrer Ahnen und die Abschriften der Verhöre, die ihr Reinhold freundlicherweise zur Verfügung gestellt hatte, enorm dabei.

Horst Steinhauser wartete währenddessen in einer Zelle im Untersuchungsgefängnis auf seinen Prozess.

Bayerischer Pressepreis. Julia freute sich sehr. Das war schon was. Ob Hartmut ihr das vorher jemals zugetraut hätte?

Er rief in letzter Zeit oft bei ihr an. Lud sie zum Essen ein. Ging mit ihr ins Kino oder ins Theater. Scherzte, flirtete, gab sich große Mühe um sie.

Sie registrierte es halb erstaunt, halb erfreut. Mal sehen, was sich noch daraus entwickeln würde.

Warum hatte Ralf sie nur als Maskierter entführt, um sie zu heilen, hatte sie sich in den ersten Tagen nach dem Krankenhaus andauernd gefragt. Er hätte es ihr doch erst mal ganz offen vorschlagen können.

Die Antwort darauf fand sie wenig später in der Abschrift seines Verhörs.

Er hätte Angst gehabt, dass sie ihn nicht ernst nehmen würde, hatte er darin zu Protokoll gegeben. Ihm außerdem bestimmt Vorwürfe machen würde, wenn es nicht geklappt hätte.

Dabei wollte er sie doch unbedingt heiraten.

Er hätte das alles wirklich nur gut gemeint.

Er liebe sie wie keinen anderen Menschen auf der Welt.

Auf die Frage, warum er sie dann ohne Decke frieren ließ, erwiderte er, dass das nun einmal zur Therapie gehörte. Die Kälte und die Nadeln sollten das Gefühl in Julias wunderschönen Beinen zurückbringen.

Wenn die Polizei nicht dazwischengefunkt hätte, wäre sie bestimmt längst wieder ganz gesund.

»Warum machten Sie Julia solche Angst?«, hatte Reinhold ihn noch gefragt.

»Auch die Angst sollte ihr dabei helfen zu genesen. Angst stärkt unser Immunsystem, wissen Sie?«

»Der Typ war echt total verrückt«, meinte Reini vorhin noch mal, als sie alle gemeinsam in Hartmuts großem Auto hergefahren waren. »Stammelte am Schluss nur lauter wirres Zeug von Buddha und Mahatma Gandhi. Die untersuchenden Psychiater und Gutachter meinten einstimmig, er wäre schizophren. Möglicherweise wurde die Krankheit dadurch ausgelöst, dass er sein Medizinstudium nicht geschafft hat. Beide Eltern sind erfolgreiche Ärzte und er in seinen eigenen Augen wohl ein schmählicher Verlierer.«

»Dass er seine Schrullen hatte, wusste ich ja«, hatte Julia erwidert. »Aber von seiner Schizophrenie habe ich wirklich nichts gemerkt.«

»Da sieht man mal, was übertriebener Ehrgeiz anrichten kann«, hatte Nicole hinzugefügt. Sie war neben Reinhold auf dem Rücksitz gesessen.

Er hatte ihre Hand genommen und sie zärtlich gedrückt, was sie mit einem liebevollen Lächeln goutierte.

»Ich bin froh, dass der Kerl jetzt in der Psychiatrie sitzt«, hatte er abschließend noch gemeint. »Da ist er sicher in guten Händen und kommt so schnell nicht wieder raus.«

ENDE

MICHAEL GERWIEN
Schattenrächer
. . . .
978-3-8392-2116-7 (Paperback)
978-3-8392-5475-2 (pdf)
978-3-8392-5474-5 (epub)

DIE BESTIE ZEIGT IHR GESICHT Auf der Flucht. Der Münchner Journalist Wolf Schneider erwacht schwer verletzt mitten in der Nacht auf einer Müllhalde außerhalb von Lissabon aus einer Ohnmacht. Er schleppt sich in die Stadt. Als er seine Halbschwester Eva am Flughafen trifft, fällt ihm eine Schlagzeile in der Washington Times auf, in der es um die Konstruktionspläne für eine revolutionierende Laserwaffe geht. Er vermutet, dass es sich um dieselben Pläne handelt, die sich seit Kurzem in seinem Besitz befinden und wegen denen seine Frau Rebekka vor einigen Tagen sterben musste. Gemeinsam mit Eva fliegt er nach Washington D.?C., um der Sache auf den Grund zu gehen. Und um Rebekkas Tod zu rächen.

GMEINER SPANNUNG

WWW.GMEINER-VERLAG.DE
Wir machen's spannend

MICHAEL GERWIEN
Schattenkiller
....

978-3-8392-1973-7 (Paperback)
978-3-8392-5199-7 (pdf)
978-3-8392-5198-0 (epub)

TÖDLICHE SCHATTEN Rebekka, die Frau des bekannten Münchner Journalisten Wolf Schneider, soll geheimnisvolle Pläne an einen unheimlichen Unbekannten herausgeben. Sie wird von ihm in ihrem eigenen Haus niedergeschlagen. Der Täter droht Wolf wenig später am Telefon mit Rebekkas Ermordung, falls die Pläne nicht ausgehändigt werden. Doch weder Rebekka noch Wolf haben eine Ahnung, was der Mann, der sich immer wieder übers Handy meldet, eigentlich von ihnen will. Sie fliehen gemeinsam aufs Land. Dort nimmt das Unheil nur wenig später seinen Lauf ...

MICHAEL GERWIEN
Stückerlweis
· ·
978-3-8392-1835-8 (Paperback)
978-3-8392-4927-7 (pdf)
978-3-8392-4926-0 (epub)

U-BAHN-TOD München, U-Bahnhof Marienplatz, Feierabendverkehr. Ein Mann stürzt auf die Gleise und wird von der U-Bahn überrollt. Es handelt sich um den Schuldirektor des Pasinger Gymnasiums, Gerhard Bockler. Alles deutet zunächst auf einen Unfall oder auf Selbstmord hin. Zumindest ist auf den Videoaufnahmen vom Bahnsteig zur Tatzeit nichts Auffälliges zu erkennen. Als es innerhalb kurzer Zeit zu weiteren Todesfällen an U-Bahnhöfen kommt, beginnt Exkommissar Max Raintaler am Unfallhergang zu zweifeln. Er macht sich an die Ermittlungen.

GMEINER SPANNUNG

WWW.GMEINER-VERLAG.DE
Wir machen's spannend

Das Neueste aus der Gmeiner-Bibliothek

Unser Lesermagazin

Bestellen Sie das
kostenlose Krimi-
Journal in Ihrer
Buchhandlung
oder unter
www.gmeiner-verlag.de

Informieren Sie sich ...

www ... auf unserer Homepage:
www.gmeiner-verlag.de

@ ... über unseren Newsletter:
Melden Sie sich für unseren Newsletter an
unter www.gmeiner-verlag.de/newsletter

f ... werden Sie Fan auf Facebook:
www.facebook.com/gmeiner.verlag

Mitmachen und gewinnen!

Schicken Sie uns Ihre Meinung zu unseren Büchern
per Mail an gewinnspiel@gmeiner-verlag.de
und nehmen Sie automatisch an unserem
Jahresgewinnspiel mit »mörderisch guten« Preisen teil!

GMEINER SPANNUNG

WWW.GMEINER-VERLAG.DE
Wir machen's spannend